U0509324

海南省哲学社会科学专项课题（HNSK12-8）

海南师范大学学术出版基金资助

海南师范大学文学院中国语言文学一级学科博士点资助

宋代刻书业与宋代词学

薛泉 著

人民出版社

目 录·◆

宋代刻书业与宋代词学，作为一个专门的研究课题，已有不少学者涉猎，且已取得了一定的成就。

专著方面，较有代表性的有朱迎平的《宋代刻书产业与文学》（2008）、钱锡生的《唐宋词传播方式研究》（2009）、谭新红的《宋词传播方式研究》（2010）等。《宋代刻书产业与文学》主要从文集刊刻、文体演进、文派形成、文人参与等四个层面，较为系统地探讨了宋代刻书业对文学的影响。此书对每一种文体的探析，皆有精致之处，但因涉及的文体包括诗、文、小说等多种文体类别，故具体到宋代刻书业与某一类文体，如词体之关系，仍有许多值得深入探讨之处。钱著、谭著，主要从传播学角度，比较全面、细致地剖析了唐宋词的传播方式，多有新论。其中有的章节涉及刻书业与词学之关系，但其关注点主要是传播方式，因体例所限，不可能也没必要过多地探讨刻书业对宋代词学的影响。

至于论文方面，季品锋的硕士论文《印刷术与词体演进关系初探》（2003），较为详尽地论述了印刷术与词体演进之关系，注

意到传播媒介的变化，对词体演进的推动作用。该文认为：唐五
代、北宋时期，"词体音乐性处于领跑地位，而词体的文学性则更
多地扮演着'音乐附庸'的角色；词的音乐性的革新而带动词的
文学性作出相应调整，两者共同推动词体向前发展"。南宋时期，
因词集刻本的大量涌现，"以刻本为主的文本媒介逐渐取代歌妓媒
介的主体地位，成为词传播的主流媒体。而词传播的主流媒介的
转变，影响了'辞''乐'矛盾双方的力量对比，使得词体文学性
在与词体音乐性的斗争中占据了上风。这些转变推动词体最终摆
脱音乐的束缚而向纯文学方向演进"。① 所言较为公允。王兆鹏《宋
代诗文别集的编辑与出版——宋代文学的书册传播研究之一》，主
要从传播学的角度，"探讨宋代文学书册传播中诗文别集（简称文
集）的编印与出版"，② 其中有涉及词集的问题，多有创见。另外，
还有学者从地方文学角度，探究刻书业与文学之关系，如袁庚申
《宋代福建刻书与文学关系研究》。③ 更多的文章与专著研究的重点，
为刻书业及其相关情况，如杨晏平《宋代的江西刻书》，④ 袁庚申、
赵智岗《宋代福建刻书及兴盛原因》⑤ 等。

　　纵观目前研究成果，就笔者所见，尚缺乏较全面、系统地探

---

① 季品锋：《印刷术与词体演进关系初探》，苏州大学 2003 年硕士学位论文，第 2 页。

② 王兆鹏：《宋代诗文别集的编辑与出版——宋代文学的书册传播研究之一》，《华中
　科技大学学报》（社会科学版）2004 年第 1 期，第 75—84 页。

③ 袁庚申：《宋代福建刻书与文学关系研究》，河北师范大学 2010 年硕士学位论文。

④ 杨晏平：《宋代的江西刻书》，《文献》1996 年第 3 期，第 174—188 页。

⑤ 袁庚申、赵智岗：《宋代福建刻书及兴盛原因》，《中国出版》2015 年 7 月下第 14
　期，第 58—61 页。

讨宋代刻书业与词学关系之专著。本书着力围绕这一问题展开论析，以期能为宋代词学研究，略尽微薄之力。

本书所谓刻书业，并非仅指刻书这一单一的行为，而是指整个刻书产业，涵盖编纂、刻印、发行、流通（传播）等诸多环节，以及与之相关的一些支撑产业。本书在前人研究成果基础上，更多关注词集的编纂、刊刻、传播等层面。宋代刻书业与宋代词学之关系，涉及面殊为宽泛，因学识所限，本书仅开列以下五个专题，不求体例之完整，只求尽量解决实际问题。

第一章，宋代刻书业的高度发达。首先简要回顾宋以前刻书业发展概况，然后从印书机构繁多、地域广阔，种类繁杂、精审校勘，藏书量多、公私书目盛行，以及坊肆刊刻书禁忌等四个层面，剖析宋代刻书业的发达状况，作为下文论证的铺垫。

第二章，宋代刻书业与词集的编纂刊刻。首先，以词别集、总集、丛刻为中心，粗略透视宋人编纂刊刻词籍的概况。其次，剖析宋代刻书业与宋人词选编刻之关系，主要围绕着三个层面展开：选源方面，宋代发达刻书业为各类词集的编辑刊刻提供了丰富、便捷的选源；编刻方面，编刻书籍既可扬名，又能获利，故有人乐此不疲；营销方面，为获取利润，以营销为主的书肆主人及专业书商，多乐于为书坊推销书籍。最后，从中小词人词作传世的载体、辑录校勘的可靠源泉与依据两个层面，论析宋代刻书业对保存宋人词籍的贡献。

第三章，宋代刻书业与词体观念的演进。卑体与尊体是宋人词学观念的两个重要层面。卑体意识的产生，主要源于词体固有的娱宾遣兴功能，而宋代风俗文化的高涨，又进一步强化了这一功能。宋人卑体的同时，又从强化与弱化诗词界限两个维度，有限度地推尊词体。整体而言，由卑体到尊体，清晰地展现出宋人词体观念的演进轨迹。词体观念对宋人词集，尤其是对各种类型的词选的编辑与刊刻，有着重要的推动作用。其中，应歌选本在满足人们歌舞娱乐的同时，也成为人们案头阅读的范本。从某种意义上说，这些范本又是推尊词体不可或缺的重要载体，更不待言那些直接为推尊词体而编辑出版的选本、丛刻了。可以说，词选本、丛刻的编纂刻印，强化了词体的阅读功能，在一定程度上加剧了词体与音乐分离的步伐，使词体成为"以文藻为工"的"长短句诗"。当然，刻书业的发达只是词体演进的一个外部因素，切不可夸大其作用。

第四章，宋代刻书业与词人群体。本部分主要以江湖词人群体为中心。江湖词人群体，为广义的江湖诗人的有机组成部分，且二者的身份多有重合。这部分主要从三个层面展开分析：其一，陈起刻书与江湖词人群体。作为书商兼文人，陈起编辑刊刻《江湖集》系列，客观上起到联络、聚集分散的江湖诗人的作用，从而强化了江湖诗人的归属感与群体意识。因受江湖诗祸的影响，一些江湖诗人放弃为诗，转向填词，此举充实、壮大了江湖词人阵营，一定程度上提升了江湖词人创作水准。其二，江湖三选与江湖词人群体。南宋江湖词人三大选本《草堂诗余》《花庵词选》《阳春白雪》的编纂刊印，皆程度不同地烙有江湖印记，从不同维度展示了特定时期刻书业与江湖词人群体的多种关联。《草堂诗余》是江湖词人与民间坊肆、书商合作的产物，选编者既欲体现自家的选词观念，又不得不迁就后者的审美情趣与编纂意图，故而此选呈现出高雅与平俗、豪放与婉约等对立风格并存的格局，尤其值得注意的是，此选既选录高雅之词，也不回避平俗之作，且后者还占据上风。刻书业对词集编刻风貌的影响，由此可略见一斑。《花庵词选》《阳春白雪》是由江湖词人独立选编的词选，选编者的意志、审美情趣、选词观念在这两部选中，得以充分呈示。《花庵词选》是典型的江湖词人选词，其选编主要目的在于为宋词存史，自然也包括为江湖词人存史，故许多仅存词一二首的江湖小词人，也能得以入选。另外，该选中，闽地词人词作入选率相对较高，体现出较为浓郁的地域色彩。《阳春白雪》的编纂意图也有存史之意，主要是要补上《草堂诗余》之后江湖词坛的一段空白，许多名不见经传的江湖小词人及其词作，因是选得以流传于世。更为重要的是，两部词选的编辑者黄昇、赵闻礼，还将一己词作选入其操政的词选。作为江湖词人，他们各自流落江湖的一段心路历程，通过其自选词，展露无遗。其实，这也是当时不少江湖词人生活的缩影。其三，《绝妙好词》与临安词人群体。周密《绝妙好词》是临安词人群体的宣言书、开宗立派的纲领。它进一步总结、强化了以西湖吟社为中心的临安词人群体的构成与存在，确立起共同的审美追求。同时，其中的自选词，也是周密家国忧患意识的自然呈露。如果没有《绝妙好词》的编纂刊刻与传世，后人恐怕难能较为清晰地把握临安词人群体的构成及其审美情趣与价值取向。

余论。宋代刻书业与宋人的词学传播意识。在雕版印本成为文学传播新主流媒介的背景下，宋人的尚名观念发生了较大改观，包括词学在内的文学传播意识，得到进一步强化。宋人词学传播意识集中体现于谨慎的自我传播与自觉的他人传播两个层面。文学传播并非总以传播者的主观意图为转移，而有其偶然性与不可控性，雕版印刷又使得这种不可控性愈加不可控。新媒介背景下的宋人词学传播意识，对宋词传播与保存，以及词体观念的演化、词体的演进，影响深远。

| 第一章　宋代刻书业的高度发达 |

有宋一代，尤其是北宋中叶以降，在前代刻书业发展的基础上，刻书业呈现出前所未有的发达局面。这极大地刺激了包括词籍在内的文学作品的刊刻印行。别集、总集、丛刻等词籍大量涌现，很大程度上促进了词学发展与繁荣。可以说，宋代刻书业的高度发达，是宋代词学繁荣不可或缺的动力。

第一节　宋前刻书业发展述略

说到刻书业，不能不先从雕版印刷谈起。中国雕版印刷术起源，历来众说纷纭，莫衷一是，如东汉说、晋代说、六朝说、隋代说、初唐说、唐中说、唐末说、五代说等。本书无意介入这些观点的纷争与考辨，而直接采用常用的唐、五代说。客观地说，雕版印刷术的发明，并不就等于真正意义上的刻书业诞生。实际上，隋唐之际，雕版印刷术发明后，先是用于雕印单页的佛像、经咒等。至晚唐、五代时，发展至整部佛教典籍的印行，并逐渐推广至社会生活的诸多领域。因此，真正意义上的刻书业诞生，当从晚唐、五代算起。

一、由单页雕印到整书雕刻

晚唐时，佛经的印行，已由单页开始走向整部，乃至大部头的佛教典籍。司空图就声称："自洛城罔遇时交，乃焚印本，渐虞散失，欲更雕锼。"[①] 唐会昌（841—846）年间，唐武宗排佛，"焚印本"当事发于此时，而刻印理应在"焚印本"前。从该文标题下有注"印本共八百纸"来看，当时的确是有"印本"的，而且规模还不算小，惜其已佚。又，唐懿宗咸通九年（868）雕刻的《金刚经》，可算作一部首尾完整的正式书卷。弥足珍贵的是，卷末尚存有明确的标识："咸通九年四月十五日王玠为二亲敬造普施。"这是现存能见到的最早注明刻印时间的一部完整的佛学典籍，因而王玠也就成为现知有文献记载的最早的出资刻印者，具有里程碑式的意义。至五代时，整部佛经的刻印，数量激增，如后唐刊刻的《弥勒下生经》《大随求陀罗尼经》，后晋的《金刚般若波罗蜜经》，后周的《一切如来心秘密全身舍利宝箧印陀罗尼经》，南唐的《楞严经》，等等。[②] 除此，当时也有人刻印宣传道教的书籍。范摅《云溪友议》载：

纥干尚书臮，苦求龙虎之丹十五余稔。及镇江右，

---

① ［唐］司空图著，祖保泉、陶礼天笺校：《司空表圣诗文集笺校》卷九《为东都敬爱寺讲律僧惠确化募雕刻律疏》，安徽大学出版社 2002 年版，第 305 页。

② 参见李致忠：《五代版印实录与文献记录》，《文献》2007 年第 1 期，第 3—14 页。

乃大延方术之士，乃作《刘弘传》，雕印数千本，以寄中
朝及四海精心烧练之者。①

纥干臮，生卒不详，字戚一，雁门人，唐宣宗大中元年至三
年（847—849），任江南西道观察使，其雕印的"数千本"《刘弘
传》，显然是有关道教的书籍。五代前蜀时，雕印的《道德真经广
圣义》，堪称一部完整的道教典籍。日人岛田翰《古文旧书考》指
出："《广圣义》之成，在唐天复元年，而其表上之，则在蜀永平三
年"，"是书初任知玄刻之，起武成己巳，终永平癸酉之春，共成
四百六十余板"。②

不仅如此，晚唐五代时，雕版印刷还渗透到社会生活许多领
域，雕印历书、术数、小学、字书之类的书籍，便是明证。《旧唐
书·文宗本纪》载：太和九年（835）十二月"丁丑，敕诸道府不
得私置历日板"。③历日，即日历、历书，指记载岁时、节气，以
及吉凶宜忌的书籍。朝廷颁令禁止民间私印历书，从一个侧面反
映出，作为日常生活必备的历书，在民间私印的现象，已经非常
普遍。一般来说，上一年冬至后，由司天台推算出下年的新历日，
呈报礼部核准后，由印历所印制，礼部颁行。而实际情况往往是，
朝廷颁布新历日前，民间私印的历书就已先行上市。冯宿《禁版
印时宪书奏》即云：

① ［唐］范摅撰，唐雯校笺：《云溪友议校笺》卷下，中华书局 2017 年版，第 178—
179 页。

② （日）岛田翰撰，杜泽逊、王晓娟点校：《古文旧书考》卷一，上海古籍出版社
2014 年版，第 103、105 页。

③ ［后晋］刘昫等：《旧唐书》卷一七（下），中华书局 1975 年版，第 563 页。

准敕禁断印历日版。剑南、两川及淮南道，皆以版印历日，鬻于市。每岁司天台未奏颁下新历，其印历已满天下，有乖敬授之道。①

当时朝廷新历尚未颁行，从四川到淮南等地，出售民间私印历书者，已比比皆是。这些私历时常相互抵牾，甚至讹误频出。王谠《唐语林》载：

僖宗入蜀。太史历本不及江东，而市有印货者，每差互朔晦，货者各征节候，因争执。里人拘而送公，执政曰："尔非争月之大小尽乎？同行经纪，一日半日，殊是小事。"遂叱去。而不知阴阳之历，吉凶是择，所误于众多矣。②

"印货者"因各历书互有抵牾，发生争执，里人送之于官，执政者却以"一日半日，殊是小事"为由，不加受理。姑且不论执政官不负责任的行为，民间私印历法之混乱，可从由中见之。唐僖宗入蜀，事在中和元年（881），文宗禁令颁布于太和九年（835），已时隔四十余年，可见令禁不止，民间私印历书的风气，并未得以扭转。事实确然，僖宗中和二年（882），成都樊赏家即

<hr />

① ［清］董诰等编：《全唐文》卷六二四，中华书局 1983 年版，第 6301 页。
② ［宋］王谠撰，周勋初校证：《唐语林校证》卷七，中华书局 1987 年版，第 671—672 页。

有历书刊行，现存残页，可以为证。①

晚唐、五代时期，民间刊印的图书，除佛经、历日以外，尚有阴阳、术数、小学、字书等。《国史志》即称："唐末，益州始有墨板，多术数、字学小书。"② 晚唐柳玭《柳氏家训》序也称：

> 中和三年癸卯夏，銮舆在蜀之三年也。余为中书舍人，旬休，阅书于重城之东南。其书多阴阳杂说、占梦相宅、九宫五纬之流，又有字书小学，率雕板，印纸浸染，不可尽晓。③

"重城"，即成都。中和三年（883），唐僖宗正躲避战乱于此。此时成都市面上出售的雕版印刷书籍，多为阴阳五行、术数、字书、小学之属。其印刷质量虽低劣，"浸染不可尽晓"，但意义重大。叶德辉视之为"书有刻板之始"。④ 另外，《切韵》的增订本《唐韵》，以及《玉篇》之类的书籍，懿宗咸通六年（865）前，西川已有刻印本。⑤

---

① 张秀民《中国印刷术的发明及其影响》卷首插图十"唐末私历之一种"残页，其首行有"剑南西川成都府樊赏家历"等字样，次行有小字"中和二年具注历日，凡三百八十四日"等字样。张秀民：《中国印刷术的发明及其影响》卷首，人民出版社 1958 年版。

② ［宋］王应麟辑：《玉海》卷四三，广陵书社 2003 年版，第 815 页。

③ ［宋］叶寘撰，孔凡礼点校：《爱日斋丛抄》卷一，中华书局 2010 年版，第 3 页。

④ ［清］叶德辉：《书林清话》卷一，中华书局 1957 年版，第 19 页。

⑤ 日僧宗睿所编目录，有"西川印子《唐韵》一部五卷，同印子《玉篇》一部三十卷"。"印子"，即印本。宗睿于咸通三年（862）来华，咸通六年（865）回国时，随身携带经卷并《唐韵》《玉篇》等若干杂书。（曹之：《中国出版通史·隋唐五代卷》，中国书籍出版社 2008 年版，第 250—251 页。）

五代时期，刊印书籍逐渐得到朝廷的重视，朝廷开始组织大规模的儒家经典的雕刻工作，从而提升了板印书籍的文化品位。在这方面，后唐成就较为突出。如后唐长兴三年（932）二月，中书门下奏"请依石经文字刻《九经》印板"。①上奏疏者主要有冯道、李愚等人。《册府元龟》记载道：

> 先是后唐宰相冯道、李愚重经学，因言："汉时崇儒有三字石经，唐朝亦于国学刊刻。今朝廷日不暇给，无能别有刊立。尝见吴蜀之人鬻印板文字，色类绝多，终不及经典，如经典校定，雕摹流行，深益于文教矣。"②

冯道等人声称"今朝廷日不暇给"，已经无力刊立石经，不如"雕摹流行，深益于文教"，也就是学习、利用民间的雕版印刷术，印行儒家经典，以有益文教。后唐明宗颇重此事，并敕令国子监召集相关人员，将西京所藏石经本，"各以所业本经句度抄写注出"，仔细校勘，然后让雕字匠人"各随部帙刻印板"，广颁天下。"如诸色人要写经书，并须依所印敕本，不得更使杂本交错"。③如此，以敕令的形式确立了国子监刊本的权威性。这些儒家典籍成为后世监本之始祖，在中国刻书史上意义非凡。可以说，冯道开启了朝廷刊刻儒家经典之先例。叶梦得虽称"世言雕板印书始冯道，此不然"，但也不得不承认，"监本《五经》板，（冯）道为

---

① ［宋］王溥：《五代会要》卷八，上海古籍出版社 1978 年版，第 128 页。
② ［宋］王钦若、杨亿等：《册府元龟》卷六〇八，《景印文渊阁四库全书》第 912 册，台北商务印书馆 1986 年版，第 642—643 页。
③ ［宋］王钦若、杨亿等：《册府元龟》卷六〇八，《景印文渊阁四库全书》第 912 册，台北商务印书馆 1986 年版，第 642—643 页。

之尔"。① 另外，后汉还组织雕印过《九经》，后周雕刻过陆德明的《经典释文》等儒家典籍。除雕印儒家经典外，朝廷还刻印了一些有资于统治的政书。后唐明宗天成二年（927），国子监曾刻印《贞观政要》。汪应辰称，绍兴三十二年（1162）八月，其"偶访刘子驹于西湖僧舍"，寓目刘家珍藏之"后唐天成二年国子监板本"《贞观政要》。② 李致忠认为，"此为现知中央官署中国子监采用雕版印刷技术印制史部书籍的最早记载"。③

　　五代朝廷刊刻儒家经典，是当时国家文化建设工程的重要组成部分，是民间刻书无法承担的。此举为后世提供了儒家经典范本，泽被后学，厥功颇伟，也使雕版印书业步入了一个新台阶。

二、文人诗文集的刻印

　　文人编辑出版自家文集，中唐白居易，可谓较早者之一。元和十年（815）左右，他将自己的诗歌编为十五卷。会昌五年（845），白氏所撰《白氏长庆集后序》称："白氏前著《长庆集》五十卷，元微之为序；后集二十卷，自为序；今又续后集五卷，自为记：前后七十五卷，诗笔大小凡三千八百四十首。集有五本：一本在庐山东林寺经藏院，一本在苏州南禅林寺经藏内，一本在东都胜善寺钵塔院律库楼，一本付侄龟郎，一本付外孙谈阁童。

① ［宋］叶梦得撰，宇文绍奕考异，侯忠义点校：《石林燕语》卷八，中华书局 1984 年版，第 116 页。
② ［宋］汪应辰：《文定集》卷一〇《跋贞观政要》，学林出版社 2009 年版，第 102 页。
③ 李致忠：《五代版印实录与文献记录》，《文献》2007 年第 1 期，第 3—14 页。

各藏于家，传于后。"① 在雕板印书尚未普及的年代，为确保一己作品传世，白居易以复抄本的形式，多处存放，可谓是煞费心机，不失为明智之举。

唐末、五代时，雕版印刷术也开始用于文人作品的印刷，尽管尚属凤毛麟角。唐末，已有单篇文学作品刻印，如徐夤《斩蛇剑赋》《人生几何赋》等。徐夤，一作寅，字昭梦，莆田（今福建莆田）人，昭宗乾宁元年（894）登进士第，授秘书省正字。曾依附于闽王审知，被辟为掌书记。徐夤工于赋，其《人生几何赋》一经传出，"四方传写，长安纸价为高者三日"。② 徐氏《自咏十韵》有曰：

> 只合沧洲钓与耕，忽依萤烛愧功成。未游宦路叨卑宦，才到名场得大名。梁苑二年陪众客，温陵十载佐双旌。钱财尽是侯王惠，骨肉偕承里巷荣。拙赋偏闻镌印卖，恶诗亲见画图呈。③

诗中所提到的"拙赋"，当指其《斩蛇剑赋》《人生几何赋》等赋。"镌印"，即刻印。诗大意为，这几篇赋远近闻名，在东南一隅的莆田，竟然有人刻印传卖；还有人依据其诗意，绘成图画帖窗。可知，晚唐、五代时，闽地就已经有人刻印文学作品。至于完整诗集的刊印，据较可靠资料，要等到前蜀乾德五年（923）。

---

① ［唐］白居易著，顾学颉校点：《白居易集·外集》卷下，中华书局 1979 年版，第 1552—1553 页。
② ［清］郑方坤编辑，陈节、刘大治点校：《全闽诗话》卷一，福建人民出版社 2006 年版，第 38 页。
③ ［唐］徐夤：《徐公钓矶文集》卷六，《四部丛刊三编》本。

昙域序《禅月集》称：

> 葬事既周，哀制斯毕。暇日，或勋贤见访，或朝客
> 相寻，或有念先师所制一篇两篇，或记三句五句，或未
> 闲深旨，或不晓根源。众请昙域编集前后所制歌诗文赞，
> 日有见问，不暇枝梧。遂寻检稿草及暗记忆者，约一千
> 首，乃雕刻成部，题号《禅月集》。

此序后署有时间为"时大蜀乾德五年癸未岁十二月十五日"。[①]
乾德，即前蜀后主王衍的年号，乾德五年，即公元 923 年。据此，
昙域编成《禅月集》后，于乾德五年雕印成帙。《禅月集》当是现
知较早的一部雕版印刷文学作品专集。《四库全书总目·禅月集》
称："书籍刊版始于唐末，然皆传布古书，未有自刻专集者"，"自
刻专集自是集始，是亦可资考证也"。[②]四库馆臣这一表述，很容
易引发歧义。"自刻专集"容易使人理解为自己刊刻自己的专集。
事实上，贯休作的《禅月集》是由昙域编辑并"雕刻成部"的，
并非自刻。非但如此，就连是否为第一部雕刻的文集，也缺乏
证据。

不过，当时的确已有文人刊刻自家专集。五代初年，陈咏就
曾在蜀中刻印自家文集。孙光宪称：

> 唐前朝进士陈咏，眉州青神人，有诗名，善弈棋。
> 昭宗劫迁，驻跸陕郊，是岁，策名归蜀，韦书记庄以诗

---

① ［唐］贯休著，胡大浚笺注：《贯休歌诗系年笺注》附录，中华书局 2011 年版，第
1296 页。

② ［清］永瑢等：《四库全书总目》卷一五一，中华书局 1965 年版，第 1304 页。

贺之……颍川尝以诗道自负……其诗卷首有一对语云：
"隔岸水牛浮鼻渡，傍溪沙鸟点头行"。京兆杜光庭先生
谓曰："先辈佳句甚多，何必以此为卷首？"颍川曰："曾
为朝贵见赏，所以刻于首章。"都是假誉求售使然也。①

　　颍川，盖为陈咏的字或号。陈咏，眉州青神（今属四川）人。
有诗名，颇以诗道自负。唐昭宗天复四年（904）登进士第，不久
返归蜀中。其尝自刻文集，并将"隔岸水牛浮鼻渡，傍溪沙鸟点
头行"，刻于卷首。杜光庭见之讥讽道："先辈佳句甚多，何必以
此为卷首？"杜光庭生于唐宣宗大中四年（850），至陈咏天复四年
归蜀时，已五十五岁，尚称陈咏为"先辈"，可知陈当年长于他。
据此，可知陈咏自刻文集，当不晚于五代初年，早于下文将提及
的和凝自刻文集。陈咏两句诗"曾为朝贵见赏，所以刻于首章"，
颇有假名人声望，推销自家文集的意味，无怪乎孙光宪谓之"都
是假誉求售使然也"。

　　官至后晋中书侍郎同中书门下平章事的和凝，也曾刊刻自家
文集，较早地将歌词的传播与雕板印刷术的应用对接。《旧五代
史·和凝传》称其："平生为文章，长于短歌艳曲，尤好声誉。有
集百卷，自篆于板，模印数百帙，分惠于人焉。"②和凝将自己的作
品集"自篆于板，模印数百帙，分惠于人"，较之陈咏，其求名意
识显然更趋强烈。此举应是和凝年少时所为。孙光宪《北梦琐言》

① ［五代］孙光宪撰，贾二强点校：《北梦琐言》卷七，中华书局 2002 年版，第
　　158 页。
② ［宋］薛居正等：《旧五代史》卷一二七，中华书局 1976 年版，第 1673 页。

记载道:"晋相和凝,少年时好为曲子词,布于汴洛。洎入相,专托人收拾焚毁不暇。然相国厚重有德,终为艳词玷之。契丹入夷门,号为'曲子相公'"。① 和凝卒于后周显德二年(955),故至迟此前其已有自刻本文集行于世。李致忠认为,"此为现知自己手书上版、自己出资雕印的最早的个人别集"。②

　　无论是昙域,还是陈咏、和凝,其所刊刻的文集,规模都不大。晚唐、五代文人士大夫真正成规模地私家刊刻书籍,当始于后蜀宰相毋昭裔。《新编分门古今类事》"毋公印书"条载:

　　　　毋公者,蒲津人也,仕蜀为相。先是,公在布衣日,常从人借《文选》及《初学记》,人多难色。公浩叹曰:"余恨家贫,不能力致,他日稍达,愿刻板印之,庶及天下习学之者。"后公果于蜀显达,乃曰:"今日可以酬宿愿矣!"因命工匠日夜雕板,印成二部之书。公览之,欣然曰:"适我愿兮!"复雕九经诸书,两蜀文字,由是大兴。洎蜀归国,豪贵之族以财贿祸其家者十八九。上好书,命使尽取蜀文籍及诸印板归阙,忽见板后有毋氏姓名,乃问欧阳炯。炯曰:"此是毋氏家钱自造。"上甚悦,即命以板还毋氏。至今印书者遍于海内。於戏!毋氏之志,本欲广学问于后世,天果从之。大凡处重位、居富贵,多是急聚敛,恣声色,营第宅,植田产,以为子孙之计。及一旦失势,或为不肖子所荡,至其后曾无立锥

① 　[五代]孙光宪撰,贾二强点校:《北梦琐言》卷六,中华书局 2002 年版,第 135 页。
② 　李致忠:《五代版印实录与文献记录》,《文献》2007 年第 1 期,第 3—14 页。

之地。独毋氏反以印书致家累千金，子孙禄食。初，其在蜀雕印之日，多为众所鄙笑。及其后，乃往假贷，虽樊侯种杞梓，未可同年而语。仲尼之教，福善余庆，一何伟欤！左拾遗孙逢吉尝语及，因纪之以为世戒。①

孙逢吉为毋昭裔之门人，其言当为可信。又，《宋史·毋守素传》载："昭裔性好藏书，在成都令门人勾中正、孙逢吉书《文选》《初学记》《白氏六帖》镂板，守素赍至中朝，行于世。"②毋昭裔布衣时向人借书，人面有难色，他便立志自己发达之后刻印书籍，以惠及读书之人。显达于蜀后，他便招募工匠刊刻《文选》《初学记》《白氏六帖》等大部头的书籍，终遂宿愿。毋昭裔出任后蜀宰相在明德二年（935），故其雕版印行以上书籍，当在此年或稍后。此举不仅泽被子孙，也能惠及后世读书人，对宋初文化与文学建设的贡献，不可磨灭。

晚唐、五代文人士大夫关注、参与刻印书籍，为当时的刻书注入了新鲜的血液，增添了活力。一方面，此举拓展了雕版印刷的运用领域与印书范围，提高了刻印书籍的质量，提升了版印书籍的文化意蕴与品位；另一方面，又成为后世大规模雕印文学典籍之先鞭。

随着雕版典籍的印行，晚唐、五代逐渐形成了一些刻书集中之地。除两京以外，以长江流域最为盛名。从长江上游的剑南两

① 宋某:《新编分门古今类事》卷一九,《丛书集成新编》第83册,新文丰出版股份有限公司1985年版,第142页。
② [元]脱脱等:《宋史》卷四七九,中华书局1977年版,第13894页。

川，至中游的江南西道，再到下游以扬州为中心的淮南道等地，都出现了不少雕版印书籍。晚唐、五代雕版印书范围的拓展，刻书业的初步发展，为宋代刻书业的繁荣与词学发展，奠定了良好的基础。

第二节　宋代刻书业发达的标志

宋代是一个封建文化高度发达的时代。王国维《宋代之金石学》即称："天水一朝，人智之活动，与文化之多方面，前之汉唐，后之元明，皆所不逮也。"[①] 陈寅恪《邓广铭宋史职官志考证序》更明确宣称："华夏民族之文化，历数千载之演进，造极于赵宋之世。"[②] 邓广铭《北宋文化史述论·序引》也有类似表述："宋代文化的发展，在中国封建社会历史时期之内达于顶峰，不但超越了前代，也为其后的元明之所不能及。"[③] 作为宋代文化的重要组成部分，刻书业是非常发达的，已成为公认的事实。明人方以智《通雅》："雕本印书也，隋唐有其法，至五代而行，至宋而盛。"[④] 清人于敏中："考镂版书籍，始于周显德间，或据柳玭之言，以为唐已

① 王国维:《静安文集续编》,《王国维遗书》第 3 册, 上海古籍出版社 2011 年版,第 709 页。

② 陈寅恪:《金明馆丛稿二编》, 上海古籍出版社 1980 年版, 第 245 页。

③ 陈植锷:《北宋文化史述论》, 中国社会科学出版社 1992 年版, 第 7 页。

④ [明] 方以智:《通雅》卷三一,《景印文渊阁四库全书》第 857 册, 台北商务印书馆 1986 年版, 第 600 页。

有之。而刊行大备，要自宋始。"①叶德辉《书林清话叙》："书籍自唐时镂版以来，至天水一朝，号为极盛。"②孙毓修："书籍之有雕版……实肇自隋时，行于唐世，扩于五代，精于宋人。"③

当然，宋代刻书业的"极盛"，不是一蹴而就的，而是有一个渐进过程。英宗治平年间（1064—1067）以前，印书多为官府垄断，朝廷禁止民间私印。当然，朝廷禁止，并不等于民间不存在私印书籍行为。宋人罗璧即云："宋兴，治平以前，犹禁擅镂，必须申请国子监。"④淳化（990—994）后，雕印书籍者日益增多："国朝淳化中，复以《史记》《前后汉》付有司摹印，自是书籍刊镂者益多。"⑤所谓"有司"，即有刊印书籍资质的官方机构。虽说淳化后"书籍刊镂者益多"，但至治平、熙宁（1068—1077）以前，仍然以官刻本居多，少有私人刻书。就如南宋洪迈所言："国初承五代乱离之后，所在书籍印板至少。"⑥当时，一般读书人要想读到版印书籍，非常不易。据史料笔记记载，韩琦少年时，"印板

---

① ［清］于敏中等著，徐德明标点：《天禄琳琅书目》卷四，上海古籍出版社 2007 年版，第 97 页。

② ［清］叶德辉：《书林清话》卷首，中华书局 1957 年版，第 1 页。

③ ［清］孙毓修：《中国雕板源流考》，上海古籍出版社 2008 年版，第 1 页。

④ ［宋］罗璧：《罗氏识遗》卷一，《丛书集成新编》第 12 册，新文丰出版股份有限公司 1985 年版，第 432 页。

⑤ ［宋］叶梦得撰，宇文绍奕考异，侯忠义点校：《石林燕语》卷八，中华书局 1984 年版，第 116 页。

⑥ ［宋］洪迈撰，孔凡礼点校：《容斋随笔·容斋五笔》卷七，中华书局 2005 年版，第 908 页。

书绝少"。①欧阳修谪居夷陵时，"方壮年未厌学，欲求《史》《汉》
一观，公私无有也。无以遣日，因取架阁陈年公案，反覆观之"。②
穆修"晚年得《柳宗元集》，募工镂板，印数百帙，携入京相国
寺，设肆鬻之"，③在当时已算是惊人之举，尽管其目的主要是为宣
传自家古文主张。姑且不论私人刻书需要花费大量资金，仅是要
向国子监申请，就会让不少人因而却步。

英宗熙宁以后，这种状况得到改观。宋人罗璧有言："熙宁后，
方尽弛此禁。"④向国子监申请印书的禁令之解除，并不意味着任何
书籍皆可印行；那些有碍于朝廷统治的书籍，仍在严行禁印之列。
虽然如此，伴随着商品经济的发达，宋代刻书业还是逐渐繁荣起
来。景德二年（1005），真宗视察国子监书库，问国子监祭酒邢昺
"书板几何"。邢昺回答道：

> 国初不及四千，今十余万，经史正义皆具。臣少时
> 业儒，观学徒能具经疏者百无一二，盖传写不给。今板
> 本大备，士庶家皆有之，斯乃儒者逢时之幸也。⑤

这主要是指朝廷颁布印行的"经史正义"一类的书籍，与民

---

① ［明］焦竑撰，葛剑雄点校：《焦氏笔乘·续集》卷四，上海古籍出版社 1986 年版，
　　第 300-301 页。

② ［宋］吴曾：《能改斋漫录》卷一三，上海古籍出版社 1979 年版，第 393 页。

③ ［宋］魏泰撰，李裕民点校：《东轩笔录》卷三，中华书局 1983 年版，第 30 页。

④ ［宋］罗璧：《罗氏识遗》卷一，《丛书集成新编》第 12 册，新文丰出版股份有限公
　　司 1985 年版，第 432 页。

⑤ ［宋］李焘撰，上海师范大学古籍整理研究所、华东师范大学古籍整理研究所点
　　校：《续资治通鉴长编》卷六〇，中华书局 2004 年版，第 1333 页。

间印书关涉不大。至哲宗元祐（1086—1093）时期，北宋的刻书业已非常繁荣，板印书籍不再难觅。苏轼《李氏山房藏书记》即有言：

> 自秦、汉以来，作者益众，纸与字画日趋于简便，而书益多，世莫不有，然学者益以苟简，何哉？余犹及见老儒先生，自言其少时，欲求《史记》《汉书》而不可得，幸而得之，皆手自书，日夜诵读，惟恐不及。近岁市人转相摹刻诸子百家之书，日传万纸。学者之于书，多且易致如此。[①]

板印书籍的易得，免除了文人学士手抄口诵之苦累，也是北宋中后期以来刻书业繁荣的一个缩影。这主要得益于私人印书禁令的解除，以及封建经济的繁荣。福建、浙江、四川，已成为当时的印书中心。

时至南宋，刻书业的发展，更是突飞猛进，进入黄金时期，达到高度繁荣。魏了翁《眉山孙氏书楼记》即称："自唐末、五季以来，始为印书，极于近世，而闽、浙、庸、蜀之镂梓，遍天下。"[②]孝宗淳熙六年（1179）二月，朱熹作《建宁府建阳县学藏书记》也称："建阳版本书籍行四方者，无远不至。"[③]宋末，更是

① ［宋］苏轼撰，［明］茅维编，孔凡礼点校：《苏轼文集》卷一一，中华书局 1986 年版，第 359 页。

② ［宋］魏了翁：《重校鹤山先生大全文集》卷四一，《宋集珍本丛刊》第 77 册，线装书局 2004 年版，第 153 页。

③ ［宋］朱熹撰，戴扬本、曾抗美校点：《晦庵先生朱文公文集》卷七八，《朱子全书》第 24 册，上海古籍出版社、安徽教育出版社 2010 年版，第 3745 页。

"坟籍大备，比屋弦诵"。[①] 仅就刻书地点而言，"北宋刻书之地可考者不过三十余处，而南宋则约近二百处"。[②] 宋代刻书业高度发达的表征是多层面的，至少可从如下几个层面描述：其一，机构繁多，地域广阔；其二，种类繁杂，精审校勘；其三，藏书量多，书目兴盛。另外，刻书的诸多禁忌，也从一个侧面映射出宋代刻书业的繁荣。本节主要讨论前三个层面，最后一个层面，留待下节专论。

一、机构繁多，地域广阔

叶德辉《书林清话叙》称："书籍自唐时镂板以来，至天水一朝号为极盛，而其间分三类，曰官刻本，曰私宅本，曰坊行本。"[③] 叶氏在此将北宋中期后形成的刻书机构，明确分为三大类别，即官刻、私宅刻、坊刻，这是以刻书地点分。若就刻书之公私性质言，"私宅本""坊行本"，皆可属于私刻本。尽管如此，本书仍采用官刻、私刻、坊刻的说法。

其一，官刻，指朝廷和地方官府，以及学校出资雕板印行的书籍。宋代官刻机构中，中央级别的有国子监、崇文院、秘书监、德寿殿、太医局等，其中以国子监刻本最为著称。地方刻书机构，更为繁多。宋代地方行政机构分为州郡（包括州、府、军、监）、

---

① ［宋］刘克庄著，辛更儒笺校：《刘克庄集笺校》卷八九《建阳县厅续题名记》，中华书局 2011 年版，第 3801 页。
② 张秀民著，韩琦增订：《中国印刷史》，浙江古籍出版社 2007 年版，第 44 页。
③ ［清］叶德辉：《书林清话》卷首，中华书局 1957 年版，第 1 页。

县两级，州郡之上又设置路一级监察区，内置安抚使司（别称帅司）、转运使司（别称运司、漕司、漕台、计司、计台等）、提点刑狱司（又称宪司、宪台、臬司、臬台等）、提举常平司（或称提举常平茶盐司，又称仓司、庾司、庾台等）等相互平行，而又互相监督的机构，这些机构都可以刻书。宋代有刻印书籍记录的官方机构，现据叶德辉《书林清话》，大体开列如下。

司库：两浙东路茶盐司、两浙西路茶盐司、浙东庾司、浙右漕运司、浙西提刑司，福建转运司、漳州转运使、建安漕司、福建漕司，淮南东路转运司，荆湖北路安抚使、荆湖北路茶盐司，广西漕司，江东仓台，江西计台、江西漕台，淮南漕廨，广东漕司，江东漕院，江西提刑司；吉州公使库、明州公使库、沅州公使库、抚州公使库、春陵郡库、台州公使库、信州公使库、泉州公使库、鄂州公使库

州府县：江宁府、杭州、明州、温陵州、吉州、绍兴府、临安府、平江府、严州、余姚县、盐官县、眉山

郡府学：临安府学、平江府学、严州府学、安陆郡学、池州郡学、池阳郡学、泉州府学、镇江府学

州军学：江阴军学、宣州军州学、黄州州学、婺州州学、惠州军州学、抚州州学、剑南州州学、庐州州学、建昌军学、扬州州学、兴化军学、衢州军州学、邵武军学、抚州军学、泉州军州学、潭州州学、全州军州学、严州州学、象州军州学、高邮军学、台州州学、兴国军学、武冈军军学、临江军学、袁州军学、福州州学、淮安州学、衢州军州学、赣州州学

县学：宁化县学、黄岩县学、象山县学、华亭县学、昆山县学、永福县学

郡斋：苏州郡斋、舂陵郡斋、会稽郡斋、高邮郡斋、临川郡斋、宣州郡斋、赣郡斋、盱江郡斋、泉南郡斋、吴郡斋、澄江郡斋、灊山郡斋、鄱阳郡斋、九江郡斋、婺州郡斋、姑熟郡斋、建安郡斋、广德郡斋、括苍郡斋、吴兴郡斋、筠阳郡斋、池阳郡斋、南康郡斋、襄阳郡斋、邵阳郡斋、沔阳郡斋、临汀郡斋、全州郡斋、四明郡斋、浔阳郡斋、怀安郡斋、新安郡斋、南剑郡斋、天台郡斋、永嘉郡斋、宜春郡斋、□□郡斋、泉州郡斋、舒州郡斋、□贡郡斋、真州郡斋、衡阳郡斋、南剑州郡斋、严州郡斋、衢州郡斋、蒲田郡斋、当涂郡斋、庐陵郡斋、严陵郡斋、崇阳郡斋、桐川郡斋

县斋：当涂县斋、六峰县斋、高安县斋、大庾县斋、建阳县斋、湘阴县斋、崇阳县斋

郡庠：泉南郡庠、吴兴郡庠、宜春郡庠、永州郡庠、扬州郡庠、临汀郡庠、福唐郡庠、温陵郡庠、临汝郡庠、高邮郡庠、蕲春郡庠、泉州郡庠、东宁郡庠、桐江郡庠、衢州郡庠、赣州郡庠

学宫：泉州学宫、溧阳学宫、桐江学宫、富川学宫、衢州学宫

颏宫：湖州颏宫、舒州颏宫、鄞县颏宫

学舍：吴郡学舍

书院：丽泽书院、象山书院、泳泽书院、龙溪书院、竹溪书院、环溪书院、建安书院、鹭洲书院。[1]

---

[1] ［清］叶德辉：《书林清话》卷三，中华书局 1957 年版，第 60—77 页。

由此不难看出，从中央到地方，宋代官方刻书机构名目繁杂，且遍布全国各地，尤其是当时的经济发达地区。本节重点观照国子监、公使库的刻书情况，以概其余。

国子监既是两宋时期的国家教育管理机构，又是最高学府，掌以经术教授诸生、荐送学生应举之事，同时又兼管刻印书籍，以及相关的图书业务等。国子监刻印的书籍，校勘精，质量高，数量多，流通范围广，实际上已成为国家的刻书中心。熙宁前，民间印书要向国子监申请。就实际情况来看，国子监还一直承担着全国图书管理的职责。（详见第三节）据《宋史·职官五》，宋初，国子监下设印书机构，名曰"印书钱物所"。太宗淳化五年（994），判国子监李志言："国子监旧有印书钱物所，名为近俗，乞改为国子监书库官。"于是，始置书库监官，以京朝官充任，掌印经史群书。国子监所刻书籍，包括北宋在开封、南宋在临安的国子监刻印的书籍，统称"监本"。其目的主要是"以备朝廷宣索赐予之用，及出鬻而收其直以上于官"。① 概而言之，国子监雕印书籍之目的主要有三：其一，"备朝廷宣索赐予之用"；其二，为天下士子提供阅读范本；其三，为发卖或允许他人出钱刷印而"收其值"。

国子监不仅刻印，也出售书籍。真宗大中祥符五年（1012）诏曰："国学见印经书，降付诸路出卖。"② 国子监所刻的书版，允

---

① ［元］脱脱等：《宋史》卷一六五，中华书局 1977 年版，第 3916 页。
② ［清］徐松辑，刘琳等校点：《宋会要辑稿·职官二十八》，上海古籍出版社 2014 年版，第 3750 页。

许地方官府、民间坊肆、士人交纳一定数量的类似版权费的"赁板钱",就可印行出售。叶德辉《书林清话》曰:

> 宋时国子监板,例许士人纳纸墨钱自印。凡官刻书,亦有定价出售。今北宋本《说文解字》后,有雍熙三年中书门下牒徐铉等新校定《说文解字》,牒文有"其书宜付史馆,仍令国子监雕为印板,依《九经》书例,许人纳纸墨钱收赎"等语。南宋刻林钺《汉隽》,有淳熙十年杨王休记,后云:"象山县学《汉隽》,每部二册,见卖钱六百文足。印造用纸一百六十幅,碧纸二幅。赁板钱一百文足,工墨装背钱一百六十文足。"①

"宋国子监镂刻经、史外,最重医书,且听人购买"。②国子监所刻书籍的售卖和"赁板",扩大了监本的流播域限,加大了书籍发行量。对宋代刻书业与文化传播,贡献相当大。

公使库也是宋代刻书的重要机构。何谓"公使库"?王明清《挥麈后录》卷一载:"太祖即废藩镇,命士人典州,天下忻便,于是置公使库,使遇过客,必馆置供馈,欲使人无旅遇之叹。此盖古人传食诸侯之义。"③《文献通考·国用考二》曰:"公使库者,诸道监、帅司及州军边县与戎帅皆有之。盖祖宗时,以前代牧伯皆敛于民,以佐厨传,是以制公使钱,以给其费,惧及民也。然正

---

① [清] 叶德辉:《书林清话》卷六,中华书局 1957 年版,第 143 页。
② [清] 叶德辉:《书林清话》卷六,中华书局 1957 年版,第 148 页。
③ [宋] 王明清:《挥麈录》,上海书店出版社 2001 年版,第 42 页。

赐钱不多，而著令许收遗利，以此州郡得以自恣。"① 可知，公使库的设置，主要是为给过往的官吏提供方便。"供馈"，包括供给与馈赠两部分。前者是公使库提供给官吏差旅补贴之钱物，后者属于私下馈赠的礼金、礼品等。公使库为宋代地方官府一个不太重要的内部序列机构，其多设有"雕造所"，负责刊印书籍。由《书林清话》统计，宋代公使库刻印书籍涉及台州、苏州、吉州、明州、沅州、舒州、抚州、信州、泉州、鄂州、婺州、筠州、春陵、平江等，遍及江浙、江南、荆湖、淮南、福建等路，地域非常之广阔。宋代公使库刻印过很多书籍。如北宋仁宗嘉祐四年（1059），苏州公使库刻印《杜工部集》二十卷；淳熙十四年（1187），鄂州公使库刊印《花间集》十卷。公使库刻印书籍，或为充实经费，或为谋利。范成大《吴郡志》载：

> 嘉祐中，王琪以知制诰守郡，始大修设厅，规模宏壮。假省库钱数千缗，厅既成，漕司不肯除破。时方贵《杜集》，人间苦无全书。琪家藏本，雠校素精。即俾公使库镂版印万本，每部为直千钱。士人争买之，富室或买十许部。既偿省库，羡余以给公厨。②

苏州知府王琪"大修设厅"，"假省库钱数千缗"，而"漕司不肯破除"，无奈之下，他才想到以印书获利偿债。此举不仅偿清

---

① ［元］马端临著，上海师范大学古籍研究所、华东师范大学古籍研究所点校：《文献通考》卷二四，中华书局 2011 年版，第 718 页。

② ［宋］范成大撰，陆振岳点校：《吴郡志》卷六，江苏古籍出版社 1999 年版，第 51—52 页。

了债务，还颇有盈余，可"以给公厨"，增加福利。

如此说来，宋代官府刻书机构不仅繁多，遍及全国，而且还渗入到社会生活的诸多方面。官府，尤其是国子监，不仅刻书提供范本，还售书、租赁书版，收取版权费，扩大了官刻书籍的流播范围，促进了宋代文化的繁荣。

其二，私刻，即私人出资于自家中所刻印的书籍。私刻书籍起源于五代的毋昭裔与和凝。不过，私刻在当时尚少见。北宋前期，已有私家刻书的记录。如《宋史·刘熙古传》："刘熙古，字仪淳……后唐长兴中，以《三传》举……登朝三十余年，未尝有过……颇精小学，作《切韵拾玉》二篇，摹刻以献，诏付国子监颁行之。"[①] 其后的穆修，也是宋代较早从事私家刻书者，魏泰称：

> 本朝穆修首倡古道，学者稍稍向之……晚年得《柳宗元集》，募工镂板，印数百帙，携入京相国寺，设肆鬻之。有儒生数辈至其肆，未评价直，先展揭披阅，修就手夺取，瞑目谓曰："汝辈能读一篇，不失句读，吾当以一部赠汝。"其忮物如此，自是经年不售一部。[②]

"经年不售一部"，固然与穆修的"忮物"有关，但其刊刻《柳宗元集》的本意，就不在于售卖，而是为制造轰动效应，宣传其古文主张。至仁宗后，私家刻书日渐繁盛。

南渡以后，私家刻书明显增多，而且还出现了一些久负盛名的刻书家。两宋私家刻书，以赵、韩、陈、岳、廖、余、汪七

---

① ［宋］脱脱等:《宋史》卷二六三，中华书局1977年版，第9100—9101页。
② ［宋］魏泰撰，李裕民点校:《东轩笔录》卷三，中华书局1983年版，第30—31页。

家，最为知名。七家中，"惟余氏勤有堂，则自宋至元、明世守其业"。①七家所刻印的书籍，至今已不多见，但其质量多为上乘。叶德辉《书林清话》即称："宋时家塾刻本，其名姓亦甚繁多。今所最著如岳珂之相台家塾刻《九经》《三传》，廖莹中之世采堂刻《五经》、韩、柳集，皆至今为人传诵。"②除上述几家外，《书林清话·宋私宅家塾刻书》还提到多家：蜀广都费氏进修堂、临安进士孟琪、京台岳氏、建邑王氏世翰堂、建安蔡子文东塾之敬室、寇宅、瞿源蔡道潜宅墨宝堂、清渭何通直宅万卷堂、麻沙镇水南刘仲吉宅、麻沙镇南斋虞千里、建溪三峰蔡梦弼傅卿家塾、吴兴施元之三衢坐啸斋、王抚干宅、锦溪张监税宅、武溪游孝恭德棻登俊斋、廉台田家、吉州东冈刘宅梅溪书院、建安陈彦甫家塾、梅山蔡建侯行父家塾、建安黄善夫宗仁家塾之敬室、建安刘元起家塾之敬室、建安魏仲举家塾、建安魏仲立宅、建安刘日新宅、吉州周少傅府、祝太傅宅、建宁府麻沙镇虞叔异宅、秀岩山堂、建安刘叔刚宅、建安王懋甫桂堂、建安曾氏家塾、建安虞氏家塾、眉山文中、眉山程舍人宅、姑苏郑定、钱塘王叔边家、婺州市门巷唐宅、婺州义乌酥溪蒋宅崇知斋、婺州东阳胡仓王宅桂堂、刘氏学礼堂、隐士王氏取瑟堂、毕万裔宅富学堂、胡元质当涂道院、杭州净戒院、严陵詹义民、茶陵谭叔端等，③凡四十余家。这仅是

① [清]于敏中等著，徐德明标点：《天禄琳琅书目》卷首，上海古籍出版社2007年版，第8页。
② [清]叶德辉：《书林清话》卷三，中华书局1957年版，第77页。
③ [清]叶德辉：《书林清话》卷三，中华书局1957年版，第77—84页。

典籍中提到的一部分，实际上宋代私家刻书家数，远不止乎此。

其三，坊刻。坊刻主要是以盈利为目的，其所刊刻的书籍，称为坊刻本。历代书林、书铺、书棚、书堂、书屋、书籍铺、书经籍铺之类的既刻书又卖书的场所，可统称之书肆，宋代以后，又统称为书坊。书肆是民间出售书籍的店铺或市场，也指售书行业集中的店铺和街市。这一称谓，始于汉代。扬雄《扬子法言·吾子卷第二》："（雄）好书而不要诸仲尼，书肆也。"①书肆是适应民间教育发展需要，以及文化、学术思想发展的产物。《后汉书·王充传》："（充）家贫无书，常游洛阳市肆，阅所卖书，一见辄能诵忆，遂博通众流百家之言。"②据叶德辉《书林清话》"宋坊刻书之盛"条记载，仅福建、浙江一带的刻书坊，就有建宁府黄三八郎书铺、建阳麻沙书坊、建宁书铺蔡琪纯父一经堂、武夷詹光祖月厓书堂、崇川余氏、建宁府陈八郎书铺、建安江仲达群玉堂；杭州大隐坊、临安府太庙前尹家书籍铺、杭州钱塘门里车桥南大街郭宅□铺、临安府金氏、金华双桂堂、临江府新喻吾氏等。③南渡后，书坊除自行刻印书籍外，有时也承担官府印书的任务。早在绍兴五年（1135）闰二月，尚书兵部侍郎兼史馆修撰王居正即上言："四库书籍多阙，乞下诸州县，将已刊到书板，不以经史子集、小说异书，各印三帙赴本省。系民间者，官给纸墨工赁

---

① 汪荣宝撰，陈仲夫点校：《法言义疏》四，中华书局 1987 年版，第 74 页。
② ［宋］范晔撰，［唐］李贤等注：《后汉书》卷四九，中华书局 1965 年版，第 1629 页。
③ ［清］叶德辉：《书林清话》卷三，中华书局 1957 年版，第 85—87 页。

之值。"高宗"从之"。① 这在很大程度上促进了私宅坊肆书籍的出版与流通。

坊刻在宋代刻书业中，起着至关重要的作用。其刻书内容之全面，刻印速度之迅速，销售范围之广阔，往往是官刻、私刻所不能企及的。

二、种类繁杂、精审校勘

两宋刊印的书籍种类之繁杂、校勘之精审，无疑是空前的。张舜徽就曾指出，"从十世纪到十四世纪，包括宋、金、元三朝，是中国雕版印刷史上全面发展的黄金时代。那时中央、地方、私人、书坊，无不从事雕版印刷工作。数量之多，范围之广，出品之精，都是空前的。在某些方面，明、清两朝也很难赶到（得）上"。② 北宋时期，官刻书籍是主流。宋初，国子监除翻刻五代监本经书外，还刊刻了《九经》唐人旧疏，以及本朝人的一些经籍注疏。据相关典籍记载，建隆三年（962），崔颂等上新校《礼记释文》。开宝五年（972），陈鄂与姜融等四人校《孝经》《论语》《尔雅释文》，上之。是年二月，李昉、李穆、扈蒙校定《尚书释文》。③ 太宗淳化五年（994），"诏选官分校《史记》《前汉》《后汉书》，既毕，遣内侍赍本就杭州镂板"。天圣二年（1024）六

---

① [宋] 李心传编撰，胡坤点校:《建炎以来系年要录》卷八六，中华书局 2013 年版，第 1641 页。
② 张舜徽:《中国文献学》，中州书画社 1982 年版，第 69 页。
③ [宋] 王应麟辑:《玉海》卷四三，广陵书社 2003 年版，第 812 页。

月，"诏校勘《南北史》《隋书》"。[①] 嘉祐初年，又开始校刊"七史"，主要是为补梁、陈等书之缺，朝廷下诏从"京师及州县藏书之家"征集书籍。至嘉祐七年（1062）冬，"稍稍始集，然后校正讹谬，遂为完书，模本行之"，[②] 等等。除编刻印行经史书籍外，朝廷还下诏刻印字书、农书、医书、历书、算书等书籍。如雍熙三年（986）十一月、端拱二年（989）六月，太宗分别"颁许慎《说文》诏""行《雍熙广韵》诏"，特别指出"宜遣雕镌，用广流布"。[③] 景德四年（1007）十一月，真宗"颁校定《切韵》诏"，并"令崇文院雕印，送国子监，依九经书例施行"。[④]

北宋朝廷还组织人员编纂刊刻了一些大部头的著名总集、类书。如《文苑英华》1000 卷，《太平御览》1000 卷，《太平广记》500 卷，《册府元龟》1000 卷，雕版后，颁行各州郡。其中，《文苑英华》成书于太宗雍熙三年（986）十二月，上起萧梁，下至五代，共选录作家 2200 人，作品 2 万篇，分类编入赋、诗、歌行、杂文、中书制诰、翰林制诰、策问等三十八个门类。

此外，朝廷还组织编印了大量的佛、道典籍。如佛经《开宝藏》5048 卷、《福州藏》6434 卷，道教经典《万寿藏》4413 卷等。就北宋而言，真宗一朝编纂刊印典籍的成就为最。真宗《册府元

---

① ［宋］江少虞：《宋朝事实类苑》卷三一，上海古籍出版社 1981 年版，第 395—396 页。

② ［宋］江少虞：《宋朝事实类苑》卷三一，上海古籍出版社 1981 年版，第 397 页。

③ 司义祖整理：《宋大诏令集》卷一五〇，中华书局 1962 年版，第 555 页。

④ 司义祖整理：《宋大诏令集》卷一五〇，中华书局 1962 年版，第 556 页。

龟序》称:"太宗皇帝始则编小说而成《广记》,纂百氏而著《御览》,集章句而制《文苑》,聚方书而撰《神医》,次复刊广疏于《九经》,校缺疑于《三史》,修古学于篆籀,总妙言于释老,洪猷丕显,能事毕陈。朕遹遵先志,肇振斯文,载命群儒,共司缀缉,粤自正统至于闰位,君臣善迹、邦家美政、礼乐沿革、法令宽猛、官师论议、多士名行,靡不具载。"①从中可见出北宋官方文化典籍编纂出版成就之巨大。

靖康之难后,汴京沦陷,金人大肆搜掠城中的金银宝物图籍,国子监印板也多散亡。高宗偏安江南之后,重设国子监,开始留意收集与整理经籍,但战乱之余,国子监已无力刻书。朝廷一方面委托临安府或江浙诸州军,刻印书籍,如绍兴十五年(1145)闰十一月,"博士王之望请群经义疏未有板者,令临安府雕造"②"绍兴中,分命两淮、江东转运司刻三史板"③等,然后将此类书板收归国子监所有。另一方面,又将江浙诸州军官署原有的书板,收归国子监。魏了翁《毛义甫居正六经正误序》即称:"南渡草创,则仅取版籍于江南诸州。"④陈振孙《直斋书录解题》亦著录:"宇文时中守吴兴,以郡庠有二史板,遂取二书刻之,后皆取入国子监。初,郡人思溪王氏刻《藏经》有余板,以刊二史置郡庠。中

① [宋]王应麟辑:《玉海》卷五四,广陵书社 2003 年版,第 1032 页。
② [宋]王应麟辑:《玉海》卷四三,广陵书社 2003 年版,第 814—815 页。
③ [宋]洪迈撰,孔凡礼点校:《容斋随笔·容斋续笔》卷一四,中华书局 2005 年版,第 395 页。
④ [宋]魏了翁:《鹤山集》卷五三,《景印文渊阁四库全书》第 1172 册,台北商务印书馆 1986 年版,第 602 页。

兴，监书多阙，遂取其板以往，今监本是也。"① 又，《通鉴纲目》
"尝刻于温陵……今板在监中"。② 此类情形，不胜枚举。此举使得
大量典籍得以刊印，既有利于书籍的传播，也充实了朝廷藏书。

总体来说，官刻本以高素质的专业人才以及中央和地方政府
殷实的财政为后盾，校勘精，讹误少，而纸墨讲究，字体古雅，
刻印精美，具有很高的版本价值。孙从添《藏书记要》即称："若
果南北宋刻本，纸质罗纹不同。字画刻手，古劲而雅，墨气香淡，
纸色苍润，展卷便有惊人之处。所谓墨香纸润，秀雅古劲，宋刻
之妙尽之矣。"③

家刻本的规模虽不及官刻本、坊刻本，但也印制精良，善本
为多。从不同的角度，家刻本可分为不同的类别。以所刻书籍的
作者而言，可分为刻印本人著作、家人或师长著术、乡贤或他人
作品，以及委托书坊按照自己的要求刻印的有关书籍。按照刊刻
目的，可分为保存文献、褒扬先贤、匡正舛误、研习之需、为己
留名等类目的书籍。若以年代分，可分为刊刻当代人之作与前人
之作。以地域分，则有刻印本地人作品与异地人作品之别。无论
哪种类别，家刻一般不以售卖盈利为目的。尤其是刊刻他人的作
品，往往具有传承学术、存亡继绝学的意图。清嘉庆年间，著名

① ［宋］陈振孙撰，徐小蛮、顾美华点校：《直斋书录解题》卷四，上海古籍出版社
2015 年版，第 107 页。
② ［宋］陈振孙撰，徐小蛮、顾美华点校：《直斋书录解题》卷四，上海古籍出版社
2015 年版，第 118 页。
③ ［清］孙从添：《藏书记要》，古典文学出版社 1957 年版，第 36 页。

的刻书家张海鹏（1755—1816）即有言：

> 藏书不如读书，读书不如刻书。藏书者好名，非好学也；读书者为己，不为人也。若刻书，则上以寿作者，下以惠后学。绵绵延延，传之无极。夫成就一己，不若成就天下后世之人为愈也。①

家刻本的目的决定了其第一生命是质量，故而刊刻主家不仅广泛搜集善本，精心选择蓝本，精审校勘，还不惜花费重资聘请名家书写、良工雕刻，并选用上等的纸墨印制，装潢也非常考究。孙从添即有言："书籍上板，必要名手校正，方可刊刻。不然，枉费刻资，草率刻成，不但遗误后人，反为有识所笑。"②因此，家刻本中珍品居多，一向为收藏家、版本目录学家所看好。叶德辉即称家刻本："大抵椠刻风行，精雕细校，于官刻本外，俨若附属之国矣。"③

总之，无论是官刻本中的监刻本，还是家刻本，其中多有校勘精良、印刷精美的善本。《天禄琳琅书目》就称："其时监中官刻与士大夫家塾付梓者，校雠镌镂，讲究日精，宇内流传，罔不珍秘。"④高濂也称："宋元刻书，雕镂不苟，较阅不讹，书写肥细有

---

① 〔清〕张金吾：《爱日精庐文稿》卷六《叔父若云府君家传》，《上海图书馆未刊古籍稿本》第50册，复旦大学出版社2008年版，第503—504页。

② 〔清〕孙从添：《藏书纪要》，古典文学出版社1957年版，第41页。

③ 〔清〕叶德辉：《书林清话》卷三，中华书局1957年版，第85页。

④ 〔清〕于敏中等著，徐德明标点：《天禄琳琅书目》卷四，上海古籍出版社2007年版，第97页。

则，印刷清朗……故以宋刻为善。"[1] 高氏所言，也应主要就宋代监本与家刻本而言。

三、藏书量多，书目盛行

伴随刻书业的繁荣，北宋中后期已少有欧阳修贬官夷陵时"欲求《史》《汉》一观，公私无有也。无以遣日，因取架阁陈年公案，反覆观之"[2] 的情形，取而代之的是"近岁市人转相摹刻诸子百家之书，日传万纸。学者之于书，多且易致"。[3] 吴澄《赠鬻书人杨良辅序》感慨道："宋百年间，锓板成市，板本布满乎天下。而中秘所储，莫不家藏而人有"，学者生其时，"何其幸也！无汉以前耳受之艰，无唐以前手抄之勤，读书事半而功倍"。[4] 鉴于此，读书、藏书已不是难事。正如袁同礼《宋代私家藏书概略》一文所言："然自雕板流行，得书较易，直接影响私家藏书者甚巨。"[5] 当时就涌现出一大批藏书动辄数千卷，乃至上万卷的士大夫藏书名家。如北宋的宋绶、李淑、王钦若、司马光、李常、刘恕、贺铸等人，都藏书甚丰，而且校雠较精。南宋刻书业更为发达，私人藏书也更加普遍，著名的藏书家比比皆是。如，叶梦得"家

---

① ［明］高濂著，王大淳点校：《遵生八笺·燕闲清赏笺上·论藏书》，浙江古籍出版社 2017 年版，第 550 页。

② ［宋］吴曾：《能改斋漫录》卷一三，上海古籍出版社 1979 年版，第 393 页。

③ ［宋］苏轼撰，［明］茅维编，孔凡礼点校：《苏轼文集》卷一一《李氏山房藏书记》，中华书局 1986 年版，第 359 页。

④ ［元］吴澄：《吴文正公集》卷一九，《元人文集珍本丛刊》第 3 册，新文丰出版股份有限公司 1985 年版，第 353 页。

⑤ 中华图书馆协会编印：《图书馆学季刊》第 2 卷第 2 期，1928 年，第 187 页。

藏旧书三万余卷",[1] 晁公武藏书有"二万四千五百卷有奇",[2] 尤
袤"平居无事，日取古人书录之……共录三千余部，建万卷藏书
楼"。[3] 陆游为诗称之曰："异书名刻堆满屋，欠伸欲起遭书围。"[4]
陈振孙也称之道："家有遂初堂，藏书为近世冠。"[5]

王明清《挥麈前录》卷一集中，列举出一批士大夫藏书家：
"承平时士大夫家，如南都戚氏、历阳沈氏、庐山李氏、九江陈
氏，番（阳）吴氏，俱有藏书之名，今皆散逸。近年所至郡府多
刊文籍，且易得本传录，仕宦稍显者，家必有书数千卷。"[6] 王氏
所开列的藏书家中，既有北宋人，也有南宋人。周密的记载更为
详细：

> 宋承平时，如南都戚氏，历阳沈氏，庐山李氏，九
> 江陈氏，番易吴氏，王文康，李文正，宋宣献，晁
> 以道，刘壮舆，皆号藏书之富。邯郸李淑五十七类
> 二万三千一百八十余卷，田镐三万卷，昭德晁氏

---

① [宋] 叶梦得撰，徐时仪校点：《避暑录话》卷一，《宋元笔记小说大观》第 3 册，
　上海古籍出版社 2001 年版，第 2582 页。

② [宋] 晁公武撰，孙猛校注：《郡斋读书志校证》卷首《衢本昭德先生郡斋读书志
　序》，上海古籍出版社 2011 年版，第 15 页。

③ [宋] 尤袤：《梁溪遗稿》附录《家谱本传》，《丛书集成续编》第 128 册，新文丰
　出版公司 1989 年版，第 485 页。

④ [宋] 陆游著，钱仲联校注：《剑南诗稿校注》卷二一《尤延之侍郎屡求作遂初堂
　诗，诗未成，延之去国，因以奉送》，上海古籍出版社 2005 年版，第 1587 页。

⑤ [宋] 陈振孙撰，徐小蛮、顾美华点校：《直斋书录解题》卷一八，上海古籍出版社
　2015 年版，第 543 页。

⑥ [宋] 王明清：《挥麈录》，上海书店出版社 2001 年版，第 8 页。

二万四千五百卷，南都王仲至四万三千余卷，而类书浩博，若《太平御览》之类，复不与焉。次如曾南丰及李氏山房，亦皆一二万卷，然后靡不厄于兵火者。

至若吾乡故家如石林叶氏、贺氏，皆号藏书之多，至十万卷。其后齐斋倪氏，月河莫氏，竹斋沈氏，程氏，贺氏，皆号藏书之富，各不下数万余卷……近年惟直斋陈氏书最多，盖尝仕于莆，传录夹漈郑氏、方氏、林氏、吴氏旧书至五万一千一百八十余卷，且仿《读书志》作解题，极其精详……至如秀岩，东窗，凤山三李，高氏，牟氏皆蜀人，号为史家，所藏僻书尤多。①

周密其家，藏书量也非常丰富。他自称道：

吾家三世积累，先君子尤酷嗜，至鬻负郭之田以供笔札之用。冥搜极讨，不惮劳费，凡有书四万二千余卷，及三代以来金石之刻一千五百余种，庋置书种、志雅二堂，日事校雠，居然籝金之富。余小子遭时多故，不善保藏，善和之书，一旦扫地。因考今昔，有感斯文，为之流涕。因书以识吾过，且以示子孙云。②

周密家原本藏书丰富，后因战乱多遭毁坏，他甚是痛心，"为之流涕"。戴表元也称周密"盛年藏书万卷"。③

---

① ［宋］周密撰，张茂鹏点校：《齐东野语》卷一二，中华书局1983年版，第217页。
② ［宋］周密撰，张茂鹏点校：《齐东野语》卷一二，中华书局1983年版，第218页。
③ ［元］戴表元著，陈晓冬、黄天美点校：《戴表元集》卷八《周公谨弁阳诗序》，浙江古籍出版社2014年版，第184页。

不仅士大夫家如此，普通的士民，也多家有藏书。叶氏《过庭录》在列举"公卿名藏书家如宋宣献，李邯郸"后，紧接着道："四方士民如亳州祁氏、饶州吴氏、荆州田氏等，吾皆见其目，多止四万许卷。"① 当然，这里所谓的"民"，也并非普通的百姓，而多为乡绅、富家，抑或本人或祖上曾有仕宦背景者。郑樵《通志·校雠一》就有如此记载：

> 尝见乡人方氏望壶楼书籍颇多。问其家，乃云：先人守无为军日，就一道士传之，尚不能尽其书也，如唐人文集无不备。又尝见浮屠慧邃收古人简牍，宋朝自开国至崇、观间，凡是名臣及高僧笔迹无不备。以一道士能备一唐朝之文集，以一僧能备一宋朝之笔迹。况于堂堂天府，而不能尽天下之图书乎？②

至于一般的读书人，也往往有数量不等的藏书。江湖词人许棐《梅屋书目序》自言："予贫喜书，旧积千余卷，今倍之，未足也。肆有新刊，知无不市；人有奇编，见无不录，故环室皆书。"③ "性喜书"，固然是许棐藏书的主要动机，但如果没有刻书业的发达作为支撑，"环室皆书"，是不易做到的。正因如此，南宋刻书业发达的福建建宁府，被誉为"图书之府"，呈现出"家

---

① ［宋］马端临著，上海师范大学古籍研究所、华东师范大学古籍研究所点校：《文献通考》卷一七四《经籍考一》，中华书局 2011 年版，第 5210 页。

② ［宋］郑樵：《通志》卷七一，浙江古籍出版社 2000 年版，第 832—833 页。

③ ［宋］许棐：《献丑集》，《四库全书存目丛书》集部，第 20 册，齐鲁书社 1997 年版，第 215 页。

有《诗》《书》"，"户藏法律"^①的局面。当然，此言难免有褒扬过逾嫌疑，但确也道出了此地藏书之普遍。吴澄所谓的"中秘所储，莫不家藏而人有"，也应如是理解。

而且，士大夫家所藏之书，还不乏善本、孤本。李心传即云："闽中不经残破之郡，士大夫藏书之家，宛如平时。兴化之方、临漳之吴，所藏尤富，悉是善本。"^②有些私家善本，为"监司郡守搜访得之，往往锓板"，^③从而成为官刻本，得以广泛流播，如果没有当时发达的刻书业作为支撑，几乎是不可能的。

宋代刻印书籍之地，以蜀、赣、越、闽等最为繁盛，知名的私人藏书家，多不超出这些区域。如同袁同礼《宋代私家藏书概略》一文所言："印书之地，以蜀、赣、越、闽为最盛，而宋代私家藏书，亦不出此四中心点之外。印售之书即夥，藏之者亦因之而众。北宋藏书家多在四川、江西，南宋藏书家多在浙江、福建，此其大较也。"^④这些区域刊印的书籍，质量也有很大差别。叶梦得即称："今天下印书，以杭州为上，蜀本次之，福建最下。京师比岁印板，殆不减杭州，但纸不佳；蜀与福建多以柔木刻之，取其

---

① ［宋］祝穆撰，祝洙增订，施和金点校：《方舆胜览》卷一一，中华书局 2003 年版，第 181 页。

② ［宋］李心传编撰，胡坤点校：《建炎以来系年要录》卷一五三，中华书局 2013 年版，第 2891 页。

③ ［清］朱彝尊撰，林庆彰等主编：《经义考新校》卷二九三引《中兴馆阁续录》，上海古籍出版社 2010 年版，第 5310 页。

④ 中华图书馆协会编印：《图书馆学季刊》第 2 卷第 2 期，1928 年，第 187 页。

易成而速售，故不能工；福建本几遍天下，正以其易成故也。"①

刻印书籍的剧增，大批藏书家的涌现，又促成了宋代目录学的产生与发展。宋代目录学著作多已散佚，流传至今的很少。私人书目主要有《郡斋读书志》《遂初堂书目》《直斋书录解题》。晁公武的《郡斋读书志》是我国最早的一部撰有提要的私家目录。全书分经、史、子、集四部，共设置四十五个类目：即经十个，史十三个，子十八个，集四个。经、史、子、集四部之前，皆有总论，即大序；每类又有小序，主要是"撮其大旨"，或述作者略历，或论著作旨要，或明学术渊源，或开列不同学说，并加考证。正如汪辟疆所言："经、史、子、集四部，各冠以总论。书名之后，或具作者之始末；或论书中之要指；或详学派之渊源；或斠篇章之次第。每览一书，辄详本末，其所发明，有足观者。"②汪士钟跋昭德先生《郡斋读书志》谓晁氏此书"与陈氏《直斋书录解题》，同为目录之冠"，③钱泰吉亦视之为"宋以来著录家之首"。④尤袤的《遂初堂书目》是中国最早的版本目录，此书目共分四十四门，其中经九、史十八、子十二、集五。该书目无解题，也无卷数，仅著录书名、版本，大部分书籍不录著者姓名，是一部登记性质的简要目录。此目录开创了目录学史上版本著录之先河，《书林清

① ［宋］叶梦得撰，宇文绍奕考异，侯忠义点校：《石林燕语》卷八，中华书局1984年版，第116页。

② 汪辟疆、傅杰著：《目录学研究》，华东师范大学出版社2000年版，第38页。

③ ［宋］晁公武撰，孙猛校证：《郡斋读书志校证》附录三，上海古籍出版社2011年版，第1331页。

④ ［清］钱泰吉：《曝书杂记》卷下，中华书局1985年版，第64页。

话》即云："自镂板兴，于是兼言板本，其例创于宋尤袤《遂初堂书目》。"① 陈振孙的《直斋书录解题》是我国第一部以"解题"为书名的目录学著作，其"解题"于书名下著录篇帙、作者、版本等情况，甚至评论书籍得失。该书收录富赡，体例完备，记载全面，在考证、辑佚、辨伪、校勘等方面，均具有重要的学术价值。

相对于私人而言，国家藏书量更为丰富，目录规模也更为宏大。由于宋代刻书业发达，加之统治者重视文化工程建设，朝廷编纂刊印了大量的书籍，对其进行统计、登记，编纂官修目录，势在必行。庆历元年（1041）十二月编纂完成的《崇文总目》，凡六十卷，著录图书凡三万六百六十九卷。② 《总目》中每书均撰有提要，内容涉及撰者考订、书籍内容、图书流播、书籍散佚，以及议论评价等诸多方面。该书为宋代第一部综合性的官修目录，也是我国现存最早的一部国家图书目录，对后世影响极其深远。朱彝尊即云：《崇文总目》当时撰定诸儒，皆有论说。凡一书大义，为举其纲，法至善也；其后若《郡斋读书志》《书录解题》等编，咸取法于此，故书虽有亡失，而后之学者览其目录，犹可想见全书之本末焉。"③ 《四库全书总目》亦云："后来得略见古书之崖略，实缘于此。"④ 《崇文总目》成书之后，又不断进行访求抄补，至政

---

① ［清］叶德辉：《书林清话》卷一，中华书局 1957 年版，第 5 页。
② ［宋］李焘撰，上海师范大学古籍整理研究所、华东师范大学古籍整理研究所点校：《续资治通鉴长编》卷一三四，中华书局 2004 年版，第 3206 页。
③ ［清］朱彝尊撰，林庆彰等主编：《经义考新校》卷二九四，上海古籍出版社 2010 年版，第 5323 页。
④ ［清］永瑢等：《四库全书总目》卷八五，中华书局 1965 年版，第 728 页。

和七年（1117），《崇文总目》外，又有数万卷，秘书省校书郎孙
觌上奏，请将其补入《崇文总目》，合为一书，并"乞别制美名，
以更《崇文》之号"。于是，朝廷命其与"著作郎倪涛、校书郎
汪藻、刘彦通撰次，名曰《秘书总目》"。①元丰改制后，崇文院改
为秘书省，故所撰之书目有是名，其体例与分类，均沿袭《崇文
总目》。

　　靖康之难后，朝廷藏书，几乎荡然无存，高宗移跸临
安后，"乃建秘书省于国史院之右，搜访遗阙，屡优献书之
赏，于是四方之藏，稍稍复出，而馆阁编辑，日益以富矣"。②
孝宗乾道年间（1165—1173），秘书省著作郎唐仲友，奉命
整理秘阁书籍，编成《乾道秘府群书新录》八十三卷。淳熙
五年（1178），陈骙等人仿《崇文总目》编成的《中兴馆阁书
目》，"计见在书四万四千四百八十六卷，较《崇文》所载，实多
一万三千八百一十七卷"。嘉定十三年（1220），秘书丞张攀又受
命编《中兴馆阁续书目》三十卷，著录淳熙五年以来的新增图书
14943卷。③可惜《中兴馆阁书目》《中兴馆阁续书目》二书，皆已
散佚，现仅存赵士炜辑的《中兴馆阁书目辑考》五卷、《中兴馆阁
续书目辑考》一卷。另外，宋代还有不少著录图书的官修史志目
录，此不再赘述。

① ［宋］马端临著，上海师范大学古籍研究所、华东师范大学古籍研究所点校：《文献
　通考》卷一七四，中华书局2011年版，第5208页。
② ［元］脱脱等：《宋史》卷二〇二《艺文一》，中华书局1977年版，第5033页。
③ ［宋］马端临著，上海师范大学古籍研究所、华东师范大学古籍研究所点校：《文献
　通考》卷一七四，中华书局2011年版，第5209页。

　　总之，宋代刻书业的繁荣，使得个人读书、公私藏书变得非常容易。公私藏书量的剧增，也促使宋代公私目录盛行。而宋代目录学的产生与发展，又是当时刻书业高度发达的表征与必然结果。

第三节　宋代刻书的禁忌

　　宋代发达的刻书业，始终与各种刻书禁忌相伴相随。针对民间雕印书籍的盛行，朝廷不时颁布各种禁令。宋代诸多的刻书禁忌，也从一个侧面映衬出其时刻书业的高度发达。北宋初年，朝廷禁止民间擅自刻印书籍。如大中祥符二年（1009），真宗即诏令各路转运使控制文集印行："仍闻别集众弊，镂板已多，傥许攻乎异端，则亦误于后学……其古今文集可以垂范，欲雕印者，委本路转运使选部内文士看详，可者即印本以闻。"[1]真宗担心大量的别集印行，难免良莠并存，有"误于后学"的危险，更不利于朝廷统治，故诏令各路转运使"选部内文士看详"，审查通过后方可印行。至宋英宗治平（1064—1067）、熙宁（1068—1077）之际，尚如此。宋人罗璧即有言："宋兴，治平以前，犹禁擅镌，必须申请国子监。熙宁后方尽弛此禁。"[2]所谓"尽弛此禁"，只是不再向国子监申请而已；对民间书肆刻书，仍有许多限制。如宋高宗绍

---

① 司义祖整理：《宋大诏令集》卷一九一，中华书局 1962 年版，第 701 页。

② ［宋］罗璧：《罗氏识遗》卷一，《丛书集成新编》第 12 册，新文丰出版股份有限公司 1985 年版，第 432 页。

兴二十九年（1159）闰六月，即"诏州县书坊，非经国子监看详文字，毋得擅行刊印。以言者论私文异教，或伤国体，漏泄事机，鼓动愚俗，乞行禁止也。"①概言之，宋代刻书禁忌，不外乎有以下数端。

一、律历与妖妄之书

律历对于农耕文明社会来说，至关重要。《宋史·律历志》即云："帝王之治天下，以律历为先；儒者之通天人，至律历而止。历以数始，数自律生，故律历既正，寒暑以节，岁功以成，民事以序，庶绩以凝，万事根本由兹立焉。古人自入小学，知乐知数，已晓其原。"②律历不仅与百姓日常生活息息相关，还关乎封建统治秩序的稳定，故历代王朝对其控制严格。历书是帝王颁行历法的工具，故又有"皇历"之称。雕版印刷术的发明与普及，为律历书籍的印行大开方便之门的同时，刊刻禁忌也愈发严厉，禁令层出不穷。如，熙宁四年（1071）二月二十三日，神宗诏令"民间勿得私印造历日"：

> 诏司天监印卖历日，民间毋得私印，以息均给本监官属。后自判监已下凡六十八员皆增食钱，判监月七千五，官正三千，见卖历日官增食钱外，更支茶汤钱

① ［宋］李心传编撰，胡坤点校：《建炎以来系年要录》卷一八二，中华书局2013年版，第3513页。
② ［元］脱脱等：《宋史》卷六八，中华书局1977年版，第1491页。

三千。①

"历日"，即指历书。"官自印卖"，既可最大限度地保证历书
的权威性，又能使官府从中获利，增加司天监官员的收入，可谓
一举双得。由于历书社会需求量巨大，利润可观，民间不免有违
禁私印者。《司马光日记》载：

> 民侯氏世于司天监请历本印卖，民间或更印小历，
> 每本直一二钱。至是尽禁小历，官自印卖大历，每本直
> 钱数百，以收其利。②

所谓"小历"，是始于唐末的一种民间历法；"大历"，指官
修历法，不能出现任何差错。③每本大历"直钱数百"，小历只值
一二钱。朝廷"尽禁小历"，垄断历书印卖，"以收其利"，已经
不单是维护历书权威性的问题了，显然还有与民争利的嫌疑。神
宗元丰三年（1080），这一政策有所松动："诏自今岁降大小历本
付川、广、福建、江、浙、荆湖路转运司印卖，不得抑配。其钱

---

① ［宋］李焘撰，上海师范大学古籍整理研究所、华东师范大学古籍整理研究所点
　校：《续资治通鉴长编》卷二二〇，中华书局 2004 年版，第 5360 页。
② ［宋］李焘撰，上海师范大学古籍整理研究所、华东师范大学古籍整理研究所点
　校：《续资治通鉴长编》卷二二〇，中华书局 2004 年版，第 5360 页。
③ 《新五代史·司天考第一》："初，唐建中时，术者曹士蒍始变古法，以显庆五年
　为上元，雨水为岁首，号《符天历》。然世谓之小历，只行于民间。"（欧阳修撰，
　徐无党注：《新五代史》卷五八，中华书局 1974 年版，第 670 页。）沈括《梦溪笔
　谈·技艺》："（卫）朴能不用算推古今日月食，但口诵乘除，不差一算。凡大历悉
　是算数，令人就耳一读，即能暗诵，傍通历则纵横诵之。"（沈括撰，金良年点校：
　《梦溪笔谈》卷一八，中华书局 2015 年版，第 175 页。）

岁终市轻赍物，附纲送历日所。余路听商人指定路分卖。"① 也就是说，在局部地区，朝廷将历书的印卖权下放至路转运司。"听商人指定路分卖"，即商人在官府指定的区域内有承卖权，但不允许私自雕印。

较之律历，所谓的妖妄书籍，有动摇统治根基的可能，危害性更大，故其必在刊印禁忌之列。《宋刑统·造祆书祆言》称：

> 诸造祆书及祆言者绞，造谓自造休咎及鬼神之言，妄说凶
> 吉，涉于不顺者。传用以惑众者亦如之，传谓传言，用谓用书。
> 其不满众者流三千里，言理无害者杖一百。即私有祆书，
> 虽不行用，徒二年，言理无害者杖六十。

同书"议曰"："造祆书及祆言，谓构成怪力之书，诈为鬼神之语，休谓妄说他人及己身有休征，咎谓妄言国家有咎恶，观天画地，诡说灾祥，妄陈吉凶，并涉于不顺者绞。"② 所谓祆书，指星象、占卜、历算、术数一类的书籍。祆言，主要指令统治者恐惧的谶语、歌谣等。因此，统治者对此严行禁止，一旦发现苗头，立刻予以扼杀。尽管如此，犯禁者仍时而有之。宝元二年三月十七日，左正言、直集贤院吴育言："'窃闻近岁以来，有造作谶忌之语，疑似之文，或不显姓名，暗贴文字，恣行毁谤，以害仇嫌。臣只传闻，未审虚实。若有此事，乞降出姓名，问其事状，情若涉于妖妄，意或在于倾邪，则乞严与行遣，以绝奸弊。'诏开封

---

① ［宋］李焘撰，上海师范大学古籍整理研究所、华东师范大学古籍整理研究所点校：《续资治通鉴长编》三〇三，中华书局 2004 年版，第 7366 页。

② ［宋］窦仪等撰，吴翊如点校：《宋刑统》卷一八，中华书局 1984 年版，第 289 页。

府、御史台常切觉察。"①仅凭传闻，"未审虚实"，即上疏言事，可见臣下警觉性之高，也反映出朝廷对民间违禁印书的担忧与恐惧。统治者唯恐有人以谶语、歌谣的形式，惑乱人心，摇动其统治根基，故一旦发现违禁印书现象，绝不手软。从对崇宁三年（1104）发生在廉州的一次违禁印书事件的处理，即可见一斑。《宋会要辑稿》载：

> 三年四月十九日，中书省、尚书省勘会："近据知廉州张寿之缴到无图之辈撰造《佛说末劫经》，言涉讹妄，意要惑众。虽已降指挥，令荆湖南北路提点刑狱司根究印撰之人，取勘具案闻奏，其民间所收本限十日赴所在州县镇寨缴纳焚讫，所在具数申尚书省。窃虑上件文字亦有散在诸路州军，使良民乱行传诵，深为未便。"诏令刑部实封行下开封府界及诸路州军，子细告谕，民间如有上件文字，并仰依前项朝旨焚毁讫，具申尚书省。②

印本《佛说末劫经》，"言涉讹妄，意要惑众"，统治者不会坐视不管。故中书省、上书省要求"其民间所收本限十日赴所在州县镇寨缴纳焚讫"，徽宗责令开封府严加查办。之后，徽宗不断下诏禁印此类书籍。大观元年（1107）七月十六日，微宗诏曰："天文等书，悉已有禁，奉法弛慢，私藏盗习尚有之，一被告讦，

---

① ［清］徐松辑，刘琳等校点：《宋会要辑稿·刑法二》，上海古籍出版社 2014 年版，第 8295 页。

② ［清］徐松辑，刘琳等校点：《宋会要辑稿·刑法二》，上海古籍出版社 2014 年版，第 8307 页。

诖误抵罪。可令诸路，应系禁书，限一季首纳，并与免罪；不首，复罪如初。"① 政和三年（1113）八月十五日，有臣僚言："《军马敕》：诸教、象法誊录传播者杖一百。访闻比年以来，市民将教法并象法公然镂板印卖，伏望下开封府禁止。"徽宗"诏印板并令禁毁，仍令刑部立法申枢密院"。② 可见，北宋自始至终，对律历及妖妄书籍的禁毁，一直非常严厉。这也是印书业发达的一个侧面反映。

二、涉嫌泄密的文籍

宋王朝奉行崇文抑武国策，造成军队作战力锐减，导致在与周边的辽、西夏、金、元等少数民族政权的对峙中，一直处于劣势。为防止涉嫌泄露国家机密的文字与书籍流入国外，使局面更加被动，朝廷便将此类文籍也列入禁刊范围。如，天圣五年（1027）二月二日，中书门下言："北戎和好已来，岁遣人使不绝，及雄州榷场商旅往来，因兹将带皇朝臣僚著撰文集印本传布往彼，其中多有论说朝廷防遏边鄙机宜事件，深不便稳。"仁宗随即做出批示，诏令民间有印行文集者，需"候差官看详"，只有"别无妨碍"者，方可开板雕印。如有违令，则没收毁弃印板，对当事人

---

① ［清］徐松辑，刘琳等校点：《宋会要辑稿·刑法二》，上海古籍出版社 2014 年版，第 8308 页。
② ［清］徐松辑，刘琳等校点：《宋会要辑稿·刑法二》，上海古籍出版社 2014 年版，第 8315—8316 页。

严惩不贷。^①康定元年（1040）五月二日，仁宗再次重申，刊刻书籍中有关"边机文字"，流布于外，对国家安全构成潜在的威胁；责令"开封府密切根捉"，并允许他人检举揭发。^②得到众多朝臣的认同与配合。至和二年（1055），欧阳修向仁宗皇帝进《论雕印文字札子》，建议朝廷严禁印行、售卖有碍国家安全的"当今论议时政之言"一类的文集，并"许书铺及诸色人陈告，支与赏钱贰佰贯文，以犯事人家财充。其雕板及货卖之人并行严断"。^③哲宗对此也非常重视，元祐五年（1090）礼部上书，又提及此类事，哲宗"从之"。^④当时民间印行的文字，有的已流传到国外。这为元祐四年（1089）八月出使北国的苏辙亲眼所见。他推测，"本朝印本文字，多已流传在彼"，并向朝廷提出了一系列应对措施。^⑤苏辙忧虑国家安全的同时，还有担心乃兄安全的一面。他惧怕因文集外传，苏轼命运会愈加坎坷。其《神水馆寄子瞻兄四绝》中的一首就写道："谁将家集过幽都，逢见胡人问大苏。莫把文章动蛮貊，恐妨

---

① ［清］徐松辑，刘琳等校点：《宋会要辑稿·刑法二》，上海古籍出版社 2014 年版，第 8290—8291 页。

② ［清］徐松辑，刘琳等校点：《宋会要辑稿·刑法二》，上海古籍出版社 2014 年版，第 8296 页。

③ ［宋］欧阳修著，李逸安点校：《欧阳修全集》卷一〇八，中华书局 2001 年版，第 1637 页。

④ ［清］徐松辑，刘琳等校点：《宋会要辑稿·刑法二》，上海古籍出版社 2014 年版，第 8304 页。

⑤ ［宋］苏辙著，曾枣庄、马德富校点：《栾城集》卷四二《北使还论北边事札子五道》，上海古籍出版社 2009 年版，第 937—938 页。

谈笑卧江湖。"①

宋徽宗大观二年（1108）三月十三日，朝廷又下令，禁止刊行涉嫌国家安全的书籍："访闻虏中多收蓄本朝见行印卖文集、书册之类，其间不无夹带论议边防、兵机、夷狄之事，深属未便。其雕印书铺，昨降指挥，令所属看验无违碍，然后印行。可检举行下，仍修立不经看验校定文书擅行印卖告捕条禁颁降，其沿边州军仍严行禁止。应贩卖藏匿出界者，并依铜钱法出界罪赏施行。"②宣和四年（1122）十二月十二日，权知密州赵子昼奏曰："窃闻神宗皇帝正史多取故相王安石《日录》以为根柢，而又其中兵谋、政术往往具存，然则其书固亦应密。近者卖书籍人乃有《舒王日录》出卖，臣愚窃以为非便，愿赐禁止，无使国之机事传播闾阎，或流入四夷，于体实大。"徽宗"从之"，"仍令开封府及诸路州军毁板禁止。如违，许诸色人告，赏钱一百贯"。③

南渡后，宋金长期对峙，南宋朝廷继续推行禁书政策，较之北宋，甚至有过之而无不及。光宗绍熙四年（1193）六月十九日，有臣僚进言："朝廷大臣之奏议、台谏之章疏、内外之封事、士子之程文，机谋密画，不可漏泄。今乃传播街市，书坊刊行，流布四远，事属未便，乞严切禁止。"明确指出大臣奏议、台谏章疏、

---

① ［宋］苏辙著，曾枣庄、马德富校点：《栾城集》卷一六，上海古籍出版社 2009 年版，第 398 页。

② ［清］徐松辑，刘琳等校点：《宋会要辑稿·刑法二》，上海古籍出版社 2014 年版，第 8309 页。

③ ［清］徐松辑，刘琳等校点：《宋会要辑稿·刑法二》，上海古籍出版社 2014 年版，第 8329 页。

内外封事、士子程文之类的文籍，关涉国家机密，应严禁书坊印行。这引起光宗的高度重视：

> 诏四川制司行下所属州军，并仰临安府、婺州、建宁府照见年条法指挥，严行禁止。其书坊见刊板及已印者，并日下追取，当官焚毁，具已焚毁名件申枢密院。今后雕印文书，须经本州委官看定，然后刊行。仍委各州通判专切觉察，如或违戾，取旨责罚。①

四川所属州军、临安、婺州、建宁等地，皆为当时的印书重地，所印书籍流传速度快，流布范围广，事关大体。因此，朝臣上书后，光宗立即做出批示。

嘉泰二年（1202）七月九日，"以盱眙军获到戴十六等，辄将本朝事实等文字欲行过界故"，宁宗又下诏：

> 令诸路帅、宪司行下逐州军，应有书坊去处，将事干国体及边机军政利害文籍，各州委官看详。如委是不许私下雕印，有违见行条法指挥，并仰拘收，缴申国子监，所有板本日下并行毁劈，不得稍有隐漏及凭藉骚扰。仍仰江边州军常切措置关访，或因事发露，即将兴贩经由此地分及印造州军不觉察官吏根究，重作施行。委自帅、宪司严立赏榜，许人告捉，月具有无违戾闻奏。②

---

① ［清］徐松辑，刘琳等校点：《宋会要辑稿·刑法二》，上海古籍出版社2014年版，第8353页。
② ［清］徐松辑，刘琳等校点：《宋会要辑稿·刑法二》，上海古籍出版社2014年版，第8361页。

宁宗明确指示，事发州军官吏要负连带责任："印造州军不觉察官吏根究，重作施行"。而且，还得"月具有无违戾闻奏"。嘉定六年（1213）十月二十八日，因书肆印卖"间涉边机"的《北征谠议》《治安药石》等书籍，臣僚进言道："国朝令甲，雕印言时政、边机文书者皆有罪。近日书肆有《北征谠议》《治安药石》等书，乃龚日章、华岳投进书札，所言间涉边机，乃笔之书，镂之木，鬻之市，泄之外夷。事若甚微，所关甚大。乞行下禁止，取私雕龚日章、华岳文字尽行毁板。其有已印卖者，责书坊日下缴纳，当官毁坏。"宁宗"从之"。^① 在统治者看来，这是印书业发达导致的一种负效应。

三、党禁及其他书籍

宋代比较著名的党禁主要有两次，一次是北宋的元祐党禁，一次是南宋的庆元党禁，皆对刻书业造成了重大损失。

元丰二年（1079），御史何大正、舒亶弹劾苏轼作诗诽谤新政，苏轼被逮至御史台候审。汉代御史台有群乌栖集，又称乌台，故该案被称为"乌台诗案"。此案实是以王安石为首的新党，与以司马光为代表的旧党之间相互倾轧所致。案件牵扯到王巩、王诜、苏辙、黄庭坚、司马光等二十九人，此案拉开了宋徽宗崇宁、宣和之间大规模禁书的序幕。徽宗继位后，沿承神宗、哲宗之法，极力打击旧党，将司马光以下309人所谓的罪行，刻碑立于

① ［清］徐松辑，刘琳等校点：《宋会要辑稿·刑法二》，上海古籍出版社2014年版，第8366页。

端礼门，是为元祐党人碑，其文籍遭到无情的禁毁。如崇宁二年（1103）四月，徽宗"诏焚毁苏轼《东坡集》并《后集》印板"。不久，又诏："三苏集及苏门学士黄庭坚、张耒、晁补之、秦观及马涓文集，范祖禹《唐鉴》、范镇《东斋记事》、刘攽《诗话》、僧文莹《湘山野录》等印板，悉行焚毁。"① 吴曾《能改斋漫录》也记载："崇宁二年，有旨：应天下碑碣榜额，系东坡书撰者，并一例除毁。盖本于淮南西路提点刑狱霍英所请。"② 宣和五年（1123）七月十三日，鉴于福建等路印造苏轼、司马光文集等，徽宗诏令："今后举人传习元祐学术，以违制论，印造及出卖者与同罪，著为令。见印卖文集，在京令开封府，四川路、福建路令诸州军毁板。"③ 特别指明开封府、四川路、福建路毁板，主要原因是这三地为当时刻书业的中心，一旦有违禁书籍由此刊印流出，影响将会非常之大。对于元祐党人中影响较大的苏轼、黄庭坚的诗文，徽宗更是格外"关照"，宣和六年（1124）十月，徽宗就单独下诏曰："有收藏习用苏、黄之文者，并令焚毁，犯者以大不恭论。"④

　　元祐党禁中，遭禁毁的苏、黄诗文集大致有：苏洵的《嘉祐集》、苏轼的《东坡集》《东坡后集》《内制集》《外制集》《奏议》《和陶集》、苏辙的《栾城集》、黄庭坚的《黄庭坚集》、张耒的

① ［清］黄以周等辑注，顾吉辰点校：《续资治通鉴长编拾补》卷二一，中华书局 2004 年版，第 739、741 页。

② ［宋］吴曾：《能改斋漫录》卷一一，上海古籍出版社 1979 年版，第 327 页。

③ ［清］徐松辑，刘琳等校点：《宋会要辑稿·刑法二》，上海古籍出版社 2014 年版，第 8330 页。

④ ［元］脱脱等：《宋史》卷二二《徽宗四》，中华书局 1977 年版，第 414 页。

《宛丘集》、晁补之的《鸡肋集》、秦观的《淮海集》等。就连司马光的《资治通鉴》，也险遭焚毁。叶德辉有曰："元祐党禁，苏、黄诗文翰墨不准刊板流传……是时书肆畏罪，坡、谷二书皆毁其板……奸党传会，至欲焚《资治通鉴》，赖有神宗御制序文，乃不敢毁。"[①] 实际上，当时的书禁并未达到预期效果。往往禁愈急，而传愈多，有禁而不止，民间坊肆依旧私下刊印苏、黄诗文。杨万里《杉溪集后序》曾引王庭珪语云："是时，书肆畏罪，坡、谷二书，皆毁其印。独一贵戚家刻印印之，率黄金斤易坡文十，盖其禁愈急，其文愈贵也。"[②] 朝廷禁令之下，苏、黄等人的作品，仍能在很大范围内流播，朱弁即有言："崇宁、大观间，海外诗盛行，后生不复有言欧公者。是时朝廷虽尝禁止，赏钱增至八十万，禁愈严而传愈多，往往以多相夸，士大夫不能诵坡诗者，便自觉气索，而人或谓之不韵。"[③] 同属元祐党人的张舜民，其作品的命运，也大抵相似。周紫芝《书浮休生画墁集后》载："政和七、八年间，余在京师，是时，闻鬻书者忽印《张芸叟集》，售者至于填塞衢巷。事喧，复禁如初。盖其遗风余韵在人耳目，不可掩盖如此也。"[④]

元祐党禁，也祸及于理学诸公。二程理学书籍，也在禁毁之

① ［清］叶德辉：《书林清话》卷一〇，中华书局 1957 年版，第 270—271 页。
② ［宋］杨万里撰，辛更儒笺校：《杨万里集笺校》卷八三，中华书局 2007 年版，第 3352 页。
③ ［宋］朱弁撰，孔凡礼点校：《曲洧旧闻》卷八，中华书局 2002 年版，第 205 页。
④ ［宋］周紫芝：《太仓稊米集》卷六七，《景印文渊阁四库全书》第 1141 册，台北商务印书馆 1986 年版，第 481—482 页。

列。崇宁二年（1103）四月诏令："追毁程颐出身文字，其所著书令监司觉察。"① 南宋宁宗庆元年间，又兴党禁，也开列出"伪学逆党"名单，凡 59 人，史称"庆元党禁"。受牵连的朱熹，其理学被斥为伪学，以其为代表的一批理学家的著作，多遭毁禁。民间坊肆涉及理学的印版，也多遭焚毁。庆元二年（1196）六月，国子监言："已降指挥，风谕士子专以《语》《孟》为师，以六经、子史为习，毋得复传语录，以滋盗名欺世之伪。所有《进卷》《待遇集》并近时妄传语录之类，并行毁版，其未尽伪书并令国子监搜寻名件，具数闻奏。"②

另外，科举程文同样也在禁刊之列。赵匡胤立国之初，即实行抑武崇文政策。朝廷一面裁抑武人，一面优遇文士，"恩逮于百官者惟恐其不足"。③ 宋人入仕之路比前代广阔得多，他们既可通过科举考试走入仕途，又可通过制科等多种途径为官。仅就科举取士而言，其录取名额之多，谓之空前绝后，不为过。据有人统计，宋代平均每年 361 人登科，每年取士人数分别是唐、元、明、清的 5 倍、30 倍、4 倍、3.4 倍。④ 录取名额的陡增，对文士极具诱惑力，极大地刺激了其求仕欲望。难怪苏辙《上皇帝书》有言："今世之

---

① ［元］脱脱等：《宋史》卷一九，中华书局 1977 年版，第 367 页。

② ［清］徐松辑，刘琳等校点：《宋会要辑稿·刑法二》，上海古籍出版社 2014 年版，第 8355 页。

③ ［清］赵翼著，王树民校证：《廿二史劄记校证》卷二五，中华书局 2013 年版，第 560 页。

④ 张希清：《论宋代科举取士之多与冗官问题》，《北京大学学报》（社会科学版）1987 年第 5 期，第 105—123 页。

取人，诵文书，习程课，未有不可为吏者也。其求之不难而得之甚乐，是以群起而趋之。凡今农工商贾之家，未有不舍其旧而为士者也。"①因此，印卖各种科举用书，隐藏着巨大的商机。民间坊肆为谋利，时常私下搜集士子程文，刻印售卖。应试者多争相购买，以备应考之用，由此滋生出诸多弊端。绍兴十三年（1143）六月十九日，左修职郎赵公传言："近年以来，诸路书坊将曲学邪说不中程之文擅自印行，以瞽聋学者，其为害大矣。"②岳珂亦有言："自国家取士场屋，世以决科之学为先，故凡编类条目、撮载纲要之书，稍可以便检阅者，今充栋汗牛矣。建阳书肆方日辑月刊，时异而岁不同，以冀速售。而四方转致传习，率携以入棘闱，务以眩有司。"③为此，朝廷多次下诏禁止民间私自印行。如绍熙元年（1190）三月八日，光宗诏曰："建宁府将书坊日前违禁雕卖策试文字，日下尽行毁板，仍立赏格，许人陈告。有敢似前冒犯，断在必行；官吏失察，一例坐罪。其余州郡无得妄用公帑刊行私书，疑误后学，犯者必罚无赦。"④除此，凡托名作伪、词语体制不合规矩者，同样也在禁刊之列。

在各类刻书禁忌中，"凡是当代的史部书籍，可以说是被禁得

---

① ［宋］苏辙著，曾枣庄、马德富校点：《栾城集》卷二一，上海古籍出版社 2009 年版，第 465 页。

② ［清］徐松辑，刘琳等校点：《宋会要辑稿·刑法二》，上海古籍出版社 2014 年版，第 8379 页。

③ ［宋］岳珂撰，朗润点校：《愧郯录》卷九，中华书局 2016 年版，第 123 页。

④ ［清］徐松辑，刘琳等校点：《宋会要辑稿·刑法二》，上海古籍出版社 2014 年版，第 8352 页。

最严的一类”，而“当代子书、和当代人注疏经书的著作，又会有被斥为邪说、伪学的顾虑，“而正经正史的古籍出版事业，又多被官方所垄断”，坊肆刻书是难以插手的，更没有什么竞争优势与市场。因此，“整理和出版诗文集，就成为宋代坊肆出版业的一大特色”。①

可见，无论是“犹禁擅镌”的治平以前，还是“尽弛此禁”的熙宁之后，有宋一代对民间书籍刊刻印卖的管理，都是相当严格的。宋代的各种书禁，一方面限制了书籍的刊行，降低了书籍刊刻印行量，阻碍了书籍流通与普及；另一方面，这也是宋代刻书业繁荣发达的一个重要标志。同时，官方刻书在经、史方面占据的绝对优势，以及刻书的诸多禁忌，也使得坊肆刻书，更倾向于包括词集在内的文学作品。

---

① 　周彦文：《宋代坊肆刻书与诗文集传播的关系》，《国立中央图书馆”馆刊》新 28 卷第 1 期，1995 年 6 月，第 67—77 页。

第二章 宋代刻书业与词集的编纂刊刻

宋代刊刻的书籍种类繁杂，词集是其中的一个重要类别。宋代词集的大量编纂与刊刻，既是刻书业发达的必然产物，又是刻书业发达的重要标识。

第一节 宋人编纂、刊刻词集概览

"宋百年间，锓板成市""布满乎天下"的"板本"①中，词集自然是不会缺席的。这里所谓的宋人编纂、刊刻的词集，主要包括两部分：其一，宋人编纂刊刻的晚唐、五代人的词集。其二，宋人编纂刊刻的本朝人词集。这些词集包括别集、总集、丛刻等形式。

---

① 〔元〕吴澄：《吴文正公集》卷一九，《元人文集珍本丛刊》第3册，新文丰出版股份有限公司1985年版，第353页。

一、词别集的编纂与刊刻

所谓别集，是指个人诗文作品的汇集。别集之名，当肇始于东汉。《隋书·经籍志四》有曰：

> 别集之名，盖汉东京之所创也。自灵均已降，属文之士众矣，然其志尚不同，风流殊别。后之君子，欲观其体势，而见其心灵，故别聚焉，名之为集。辞人景慕，并自记载，以成书部。①

"后之君子，欲观其体势，而见其心灵"，主要就编辑他人的别集而言；"辞人景慕，并自记载，以成书部"，主要针对作者编辑自家别集而论。宋代文人别集，既有他人所辑，也有自家所编，且二者较前代大为增加。就实际情况来看，汉魏六朝，时代久远，有文集传世者，屈指可数，充其量不过三十四五家；唐人文集300余家。唐、五代以前，有别集者不过400家，两宋时几乎皆有刊刻。宋人自著的诗词文集，约有1500种，多数当时已正式刊刻出版。迄今，宋以前的文集且尚有宋版可考者，大约260余家。②据《现行宋人别集版本目录》统计，有诗、词、文别集（或合集）流传至今的宋代作者有739人。当然，这些流传至今的文人作品集，并非皆为宋刊本。《宋史·艺文志》著录的宋人别集，有1000余

---

① ［唐］魏征、令狐德棻：《隋书》卷三五，中华书局1973年版，第1081页。
② 李致忠：《中国出版通史》（宋辽西夏金元卷），中国书籍出版社2008年版，第131页。

部，而当时刊行于世未被著录者，绝不止此数。① 这些文集中，有不少词别集，也有词作附刻于文集者。宋人诗文集附载词作，主要有两种形式：其一，独立成集，即诗文集之外，另编一集，附于全集之后；其二，虽与诗文编于一集，但独立成卷，或置于全集之末，或附于诗卷之后。另外，还有一种情形，词作与诗文混编，多附于某卷诗、文之后，合成一卷。

宋人词别集附刻于作者文集者，有学者据《文渊阁四库全书》统计，该书从《永乐大典》辑出宋人文集130种，附有词集者有44种。② 如欧阳修《欧阳文忠公全集》、王安石《王文公文集》(《临川先生文集》)、李之仪《姑溪集》、黄庭坚《类编增广黄先生大全集》、秦观《淮海集》、陈师道《后山集》、毛滂《东堂集》、李纲《李忠定公大全集》、洪适《盘洲集》、陆游《渭南文集》、周必大《平园集》、杨万里《诚斋集》、朱熹《晦庵先生朱文公文集》、张孝祥《于湖居士文集》、蔡戡《定斋集》、陈亮《龙川集》、刘过《龙洲集》、魏了翁《鹤山先生大全集》、刘学箕《方是闲居士小稿》、刘克庄《后村先生大全集》(《后村居士集》)、吴潜《履斋四明吟稿》、李曾伯《可斋杂稿》、姚勉《姚舍人文集》等诗文集，皆收录有词作，或列于集中，或附于卷末。

词别集附刻于作者文集这一体例，肇始于南宋周必大所编刊的《欧阳文忠公集》。是集中，欧阳修《近体乐府》三卷，附于《欧阳文忠公集》卷一百三十一至一百三十三。陆游词集"虽子通

① 朱迎平：《宋代刻书产业与文学》，上海古籍出版社2008年版，第143页。

② 朱迎平：《宋代刻书产业与文学》，上海古籍出版社2008年版，第179页。

所刊，实游所自定也"①，后仿周必大之例，刊入《渭南文集》卷
四十九、卷五十。陆子通序引陆游语有曰："乐府词，本当别行，
而异时或至散失，宜用庐陵所刊欧阳公集例，附于集后。"②为避免
散佚，陆游告诉其子，其词集当附于文集后。这也是当时一种较
通行的做法。陶湘《景刊宋金元明本词叙录》即云："宋元人词篇
叶无多，大率附见集中。"③现将此类较典型者开列如下：

晏殊。刘克庄《再题黄孝迈短长句》曰："惟本朝庐陵、临淄
二公，于高文大册之外，时出一二，存于集者可见也。"④可知晏殊
集中，即附有词作。

王安石。绍兴二十一年（1151）所刻《临川集》、绍兴间龙舒
刊《王文公文集》，均收有《歌曲》一卷。

欧阳修。北宋时，欧阳修词是以单行本形式流传的。至南宋
庆元（1195—1200）间，周必大编刻《欧阳文忠公集》时，才
将欧词集附刻于文集后。陆游之子陆子通编刊乃父文集时，遵循
此例。

张舜民。周紫芝《书浮休生画墁集后》云："前此当靖康间，
天下哄然皆歌东坡南迁词，所谓'回首夕阳红尽处，应是长安'
者是也。今临川雕《浮休全集》有此词，乃元丰间芸叟谪郴州时，

① ［清］永瑢等：《四库全书总目》卷一六〇，中华书局 1965 年版，第 1381 页。
② ［宋］陆游：《陆游集·渭南文集》卷末，中华书局 1976 年版，第 2491 页。
③ 吴昌绶、陶湘辑：《景刊宋金元明本词》卷首，上海古籍出版社 2012 年版，第
　 2 页。
④ ［宋］刘克庄著，辛更儒笺校：《刘克庄集笺校》卷一〇八，中华书局 2011 年版，
　 第 4492 页。

舟过岳阳楼望君山所作也。"①可知，张舜民《浮休全集》是诗文词并载的集子。

黄庭坚。淳熙九年（1182）黄𥅆《豫章别集跋》曰："𥅆不肖，窃闻先训，用是类次家所传集，博求散亡，得八百六十八首：为诗七十六，铭、赞、颂六十九，序、说、记四十二，律赋、策问五，笺注二，书、表、奏状、启二十八，杂著六十五，疏、词、文三十四，行状、墓铭、表二十四，题跋二百有三，书简三百二十，合为十九卷。"②知此《别集》中附有词作。又，宋孝宗乾道（1165—1173）年间，麻沙镇水南刘仲吉宅刊刻的五十卷本《类编增广黄先生大全文集》，末卷附有词作。黄丕烈藏校宋本《山谷词》一卷题识曰："乾道刊本《类编黄先生大全文集》，后有《乐章》一卷，适殿五十卷之末。"③

欧阳澈。绍兴二十六年（1156），吴沆编欧阳澈文集，将"古律诗、词、书语八十有七，次而编之，名曰《飘然集》"。④

李处权。李处权晚年将自己平生所为"古赋五，古诗三百，

---

① ［宋］周紫芝：《太仓稊米集》卷六七，《景印文渊阁四库全书》第1141册，台北商务印书馆1986年版，第482页。

② ［宋］黄庭坚著，刘琳、李勇先、王蓉贵点校：《黄庭坚全集》附录三，中华书局2021年版，第2187—2188页。

③ ［清］黄丕烈著，屠友祥校注：《荛圃藏书题识》卷一〇，上海远东出版社1999年版，第838页。

④ ［宋］欧阳澈：《欧阳修撰集》卷首，《景印文渊阁四库全书》第1136册，台北商务印书馆1986年版，第334页。

律诗一千二百，杂文二百，长短句一百"，分类编成《崧庵集》。①

张纲。《华阳集》，乾道三年（1167），据张纲之子张坚《华阳集跋》，是集由其裒集而成，其中词作 34 首，录为一卷，与诗文合编："外制二百二十二、表疏九十八、奏札六十八、故事十九、讲义十九、启八十四、杂文七十六、古律诗二百三十九、乐府三十四，厘为四十卷。"②

陈亮。陈亮词先是以《外集》的形式，附于诗文集后。陈振孙曾著录《龙川集》四十卷、《外集》四卷，并称："《外集》皆长短句，极不工而自负，以为经纶之意俱在是，尤不可晓也。"③

朱熹。彭元瑞等《天禄琳琅书目后编》卷七，著录宋刊本《晦庵先生文集》称："前集十二卷，为古诗、律诗、赋、策问、铭、文、赞、词、歌、解义、表札、上书、记、题跋、序、墓志铭、祭文。"④

京镗。庆元五年（1199），黄汝嘉刻《松波居士词》，其跋称："右《松坡居士乐府》一卷，大丞相祁国京公帅蜀时所赋也。公以镇抚之暇，酬唱盈编，抑扬顿挫，吻合音律，岷峨草木，有荣耀

---

① ［宋］李处权：《崧庵集》卷首自序，《景印文渊阁四库全书》第 1135 册，台北商务印书馆 1986 年版，第 580 页。

② ［宋］张纲：《华阳集》卷末，《宋集珍本丛刊》第 38 册，线装书局 2004 年版，第 634—635 页。

③ ［宋］陈振孙撰，徐小蛮、顾美华点校：《直斋书录解题》卷一八，上海古籍出版社 2015 年版，第 548 页。

④ ［清］于敏中、彭元瑞等著，徐德明标点：《天禄琳琅书目》《天禄琳琅书目后编》，上海古籍出版社 2007 年版，第 544 页。

焉。汝嘉辄再侵木豫章学宫，附于诗集之后。"①

刘子翚、刘光祖。黄昇《中兴以来绝妙词选》载刘子翚小传称之："有《屏山文集》行于世，小词附其后。"②《中兴以来绝妙词选》载刘光祖小传曰："有《鹤林文集》，小词附焉。"③

宋人词作除附于文集外，还有当时就以单行本的形式，刊印流播。据王兆鹏统计，各类宋词别集总计有 338 家。④ 保存至今的尚有百余家。潘阆、晏殊、欧阳修、柳永、苏轼、晏几道、秦观、黄庭坚、周邦彦、李清照、辛弃疾、陆游、姜夔、吴文英、周密等人，为其中的佼佼者，皆有词集流传于后世。下面也开举有代表性的几家，以观其概。

潘阆。崇宁五年（1106），黄静记之曰："（潘阆）放怀湖山，随意吟咏，词翰飘洒，非俗子所可仰望。虽寓钱塘，而篇章靡有存者。《酒泉子》十首，乃得之蜀人。其石本今在彭之使厅，予适为西湖吏，宜镵诸石，庶共其传。"⑤ 则知，崇宁年间潘阆的词作已有石印本。绍定元年（1228）冬十一月，陆子通书《逍遥词》曰："子通窃惟是邦以严名州……谨刻梓于郡斋，以与有志斯道者共

---

① ［宋］京镗：《松坡居士词》卷末，［明］吴讷编：《百家词》上，天津市古籍书店 1992 年版，第 857 页。

② ［宋］黄昇选编，邓子勉校点：《中兴以来绝妙词选》卷二，《唐宋人选唐宋词》下，上海古籍出版社 2004 年版，第 706 页。

③ ［宋］黄昇选编，邓子勉校点：《中兴以来绝妙词选》卷五，《唐宋人选唐宋词》下，上海古籍出版社 2004 年版，第 757 页。

④ 王兆鹏：《词学史料学》，中华书局 2004 年版，第 162 页。

⑤ ［宋］潘阆：《逍遥词》卷末，王鹏运辑：《四印斋所刻词》，上海古籍出版社 2012 年版，第 708 页。

之。"① 可知，绍定元年潘阆的《逍遥词》已有严州郡斋刊印本。

柳永。黄裳《演山居士集》中有《书乐章集后》② 一文，可知北宋时即有《乐章集》刻本。李清照《词论》亦称："柳屯田永者，变旧声，作新声，出《乐章集》，大得声称于世，虽协音律，而词语尘下。"③ 时至明代，宋本《乐章集》尚存。毛扆《汲古阁珍藏秘本书目》著录："宋板柳公《乐章》五本。今世行本俱不全，此宋板特全，故可宝也。"④

苏轼。南宋初年，曾慥编成《东坡词》二卷《拾遗》一卷。傅干《注坡词》二卷，并于绍兴初年"镂板钱塘"⑤。除此，尚有顾景蕃《补注东坡长短句》，以及《东坡长短句》等。⑥

秦观。张炎《词源序》称，"旧有刊本《六十家词》"，其中

① ［宋］潘阆：《逍遥词》卷末，王鹏运辑：《四印斋所刻词》，上海古籍出版社 2012 年版，第 708 页。

② ［宋］黄裳撰，［宋］黄玠编：《演山居士集》卷三五，《景印文渊阁四库全书》第 1120 册，台北商务印书馆 1986 年版，第 239 页。

③ ［宋］胡仔纂集，廖德明校点：《苕溪渔隐丛话·后集》卷三三，人民文学出版社 1962 年版，第 254 页。

④ ［明］毛扆编：《汲古阁珍藏秘本书目》，《丛书集成新编》第 2 册，新文丰出版股份有限公司 1985 年版，第 79 页。

⑤ ［宋］洪迈撰，孔凡礼点校：《容斋随笔·容斋续笔》卷一五，中华书局 2005 年版，第 402 页。

⑥ 陈鹄《西塘集耆旧续闻》："赵右史家有顾禧景蕃《补注东坡长短句》。"（陈鹄撰，孔凡礼点校：《西塘集耆旧续闻》卷二，中华书局 2002 年版，第 302 页。）赵彦卫《云麓漫钞》："版行东坡长短句，《贺新郎》词云：'乳燕飞华屋。'尝见其真迹，乃'栖华屋'。"（赵彦卫撰，傅根清点校：《云麓漫钞》卷四，中华书局 1996 年版，第 57 页。）

有秦少游一家。① 陈振孙《直斋书录解题》卷二十一著录《淮海集》一卷，为长沙《百家词》本。

晏几道。王灼《碧鸡漫志》云："晏叔原歌词，初号《乐府补亡》……其后目为《小山集》，黄鲁直序之。"② 晏几道自序《小山词》："为高平公缀辑成编。"③ 这是晏几道词最早的本子。《雪浪斋日记》曰："元献词谓之《珠玉集》，叔原词谓之《乐府补亡集》"。④ 尤袤《遂初堂书目》"乐曲类"还著录一《晏几道词》。马端临《文献通考·经籍考》五云："夫后之词人墨客，跌荡于礼法之外，如秦少游、晏叔原辈，作为乐府，备狭邪妖冶之趣……则《通书》《西铭》必与《小山词选》之属兼看并读，而后可以为学也。"⑤ 由此可见，晏几道的词作，当时还有选本。

贺铸。贺铸曾自集其词为《东山乐府》。又，据张耒所撰《贺方回乐府序》⑥ 知，贺铸有词集名为《贺方回乐府》，又名《东山寓声乐府》。黄昇就称其有"小词二卷，名《东山寓声乐府》，张

---

① ［宋］张炎著，夏承焘校注：《词源注》卷首，人民文学出版社 1963 年版，第 9 页。

② ［宋］王灼著，岳珍校正：《碧鸡漫志校正》卷二，人民文学出版社 2015 年版，第 30 页。

③ ［宋］晏几道：《小山词》，［明］吴讷编：《百家词》上，天津市古籍书店 1992 年版，第 296 页。

④ ［宋］胡仔纂集，廖德明校点：《苕溪渔隐丛话·后集》卷三三，人民文学出版社 1962 年版，第 253 页。

⑤ ［宋］马端临著，上海师范大学古籍研究所、华东师范大学古籍研究所点校：《文献通考》卷一七八，中华书局 2011 年版，第 5305 页。

⑥ ［宋］张耒撰，李逸安、孙通海、傅信点校：《张耒集》卷四八，中华书局 1990 年版，第 755 页。

右史序之"。①

周邦彦。周邦彦词集传世的最早版本，应为淳熙七年（1180）强焕溧水县斋刻印本。另外，其他较有名的本子，有曹杓的《注清真词》二卷、刘肃嘉定（1208—1224）年间刊的《详注周美成词片玉集》十卷本，以及《清真诗余》②等。可见，周邦彦的词集在宋时就有多种版本。吴则虞《清真词版本考辨》即称："《清真词》在宋绍兴间已别行，今可考者，宋刻得十有一种。"③

辛弃疾。辛弃疾生前，其词集已有多种版本行世，但多是赝本。淳熙十五年（1188）正月，范开《稼轩词序》称："近时流布于海内者率多赝本。"④陈振孙《直斋书录解题》著录有长沙本、信州本，传世的稼轩词集，均出于此二本。

姜夔。据唐圭璋《宋词版本考》考订，《白石道人歌曲》六卷本，系"嘉泰壬戌（1202）钱希武刊本，此为白石手订本"。又，《白石道人歌曲》六卷、《别集》一卷本，系"陶南村景写叶居仲抄本，叶抄殆据钱刻旧本"⑤。夏承焘关于姜夔词的《版本考》，称："《白石词》刻本，可考者十余，若合写本、景印本计之，共得

---

① ［宋］黄昇选编，邓子勉校点:《唐宋诸贤绝妙词选》卷四,《唐宋人选唐宋词》下，上海古籍出版社 2004 年版，第 624 页。

② ［宋］黄昇选编，邓子勉校点:《唐宋诸贤绝妙词选》卷七,《唐宋人选唐宋词》下，上海古籍出版社 2004 年版，第 650 页。

③ ［宋］周邦彦著，孙虹校注、薛瑞生订补:《清真集校注》附录，中华书局 2007 年版，第 525 页。

④ ［宋］辛弃疾撰，邓广铭笺注:《稼轩词编年笺注》（定本）附录二，上海古籍出版社 2007 年版，第 621 页。

⑤ 唐圭璋:《词学论丛》，上海古籍出版社 1986 年版，第 146 页。

三十余本。宋人词集版本之繁，此为首举矣。"① 又，夏承焘《姜白石系年》考证，嘉泰二年（1202）至日，姜夔"编《歌曲》六卷成，松江钱希武刻于东岩之读书堂"②，此六卷本为传世姜词诸本之祖，其中 17 首词附有谱字，这是当今研究宋词唱法不可多得的原始资料。

另外，还有不少的宋人词别集，收入丛刻中，我们将在丛刻部分选择简介。

二、词总集的编纂与刊刻

词总集是汇录多人作品而编成的词集。"总集"名称，始见于南朝梁代阮孝绪的《七录》，其《文集录内篇四》将文集分为楚辞、别集、总集、杂文四部。如今所传总集，以汉代王逸《楚辞章句》、南朝梁代萧统《文选》为最早。关于总集，《隋书·经籍四》有曰：

> 总集者，以建安之后，辞赋转繁，众家之集，日以滋广，晋代挚虞，苦览者之劳倦，于是采摘孔翠，芟剪繁芜，自诗赋下，各为条贯，合而编之，谓为《流别》。是后文集总钞，作者继轨，属辞之士，以为覃奥，而取则焉。③

---

① ［宋］姜夔著，夏承焘笺校：《姜白石词编年笺校》附录，上海古籍出版社 1998 年版，第 160 页。
② ［宋］夏承焘校，吴无闻注释：《姜白石词校注》，广东人民出版社 1983 年版，第 240 页。
③ ［唐］魏征、令狐德棻：《隋书》卷三五，中华书局 1973 年版，第 1089—1090 页。

　　由此可知，总集至少有三个特征：一是收录作品有选择性，二是所收文体可多样化，三是有一定的编排标准。降及清中叶，四库馆臣因承此说。《四库全书总目·总集类一》即云：

　　　　文籍日兴，散无统纪，于是总集作焉。一则网罗放佚，使零章残什，并有所归。一则删汰繁芜，使莠稗咸除，菁华毕出。是固文章之衡鉴，著作之渊薮矣。①

　　四库馆臣概括总集有两大特点：一是"网罗放佚"，二是"删汰繁芜"，其说皆无出《隋书·经籍志》。不过，"删汰繁芜，使莠稗咸除，菁华毕出"，不免夸大其词。因为，良莠并存的总集，也不在少数。

　　综上所述，所谓总集，就是汇集两家以上的作品，按一定的编排原则选编成的合集。其收录作品的时代，可以涵盖一朝或几朝；作品体裁类型，可以是一类或若干类。依照传统分法，选本可归于总集之属。《四库全书总目》集部"词曲类一"总论有曰："词曲两家，又略分甲乙。词为五类：曰别集，曰总集，曰词话，曰词谱、词韵。"②事实上，著录词籍时，四库馆臣是以"词集之属""词选之属""词话之属""词谱、词韵之属"为序的。《四库全书总目》卷一百九十八、一百九十九所著录的59种词别集，即其所谓的"词集"；而十二种"词选"，该是其所谓的词"总集"。再说，四库馆臣本就以为总集有"选"编的意味。可知，四库馆臣是将词选本视为总集类的。这一观点遂为后世所公认，如任二

---

① 〔清〕永瑢等：《四库全书总目》卷一八六，中华书局1965年版，第1685页。
② 〔清〕永瑢等：《四库全书总目》卷一九八，中华书局1965年版，第1807页。

北即有言:"选集前人即名为总集。"① 不过,词总集的范围要比词选本大得多,词选集仅为词总集的一类而已。

南宋尤袤的《遂初堂书目》,首次在"总集类""别集类"外设立"乐曲类"目,著录《唐花间集》《阳春集》《黄鲁直词》《秦淮海词》《晏叔原词》《晁次膺词》《东坡词》《王逐客词》《李后主词》《本事曲》《曲选》《四英乐府》《锦屏乐章》《乐府雅词》等十四种词籍,但尤氏将词别集、总集、词话混列在一起,未加分类。陈振孙《直斋书录解题》卷二十一设立"歌词类"一目,大致按时间为序著录了自《花间集》至《阳春白雪》的120种词集,也未细分类目。明确对词籍进行者,当推四库馆臣。宋人编辑的宋词总集,多为词选本。见于著录的宋人词选有二十多部,依据存佚情况,可分为两种基本类型,即散佚词选与现存词选。

先看散佚的词选。目前,见于著录而实已散佚的宋人词选,主要有《家宴集》《谪仙集》《兰畹曲会》《复雅歌词》《混成集》《雅歌》《类分乐章》《群公诗余前后编》《五十大曲》《万曲类编》等。

《谪仙集》。《宋史·艺文志》著录云:"《谪仙集》十卷。勾龙震集古今人词,以李白为首。"②

《家宴集》。陈振孙称,《家宴集》"序称子起,失其姓氏。雍熙丙戌岁也。所集皆唐末五代人乐府,视《花间》不及也。末有

<hr />

① 任二北:《研究词集之方法》,《东方杂志》第二十五卷第九号,第55页,商务印书馆1928年5月。

② [元]脱脱等:《宋史》卷二〇九《艺文八》,中华书局1977年版,第5402页。

《清和乐》十八章，为其可以侑觞，故名'家宴'也"。①毛晋《尊前集跋》承其说："雍、熙间，有集唐末五代诸家词，命名《家宴》，为其可以侑觞也。"②

《兰畹曲会》。王灼《碧鸡漫志》云："《兰畹曲会》，孔宁极先生之子方平所集。序引称'无为'、'莫知非'，其自作者称'鲁逸仲'，皆方平隐名，如子虚、乌有、亡是之类。孔平日自号潍皋渔父，与侄处度齐名，李方叔诗酒侣也。"③此集有南宋建阳书坊刻本，洪迈《容斋四笔》曾有言："予家旧有建本《兰畹曲集》，载杜牧之一词。"④

《复雅歌词》。陈振孙《直斋书录解题》称："《复雅歌词》五十卷。题鲖阳居士序，不著姓名。末卷言宫词音律颇详，然多有调而无曲。"⑤"言宫词音律颇详"，是应歌词选本的显著标识，是选收录唐至北宋末词作 4300 余首，其中有的词作还附有词话，这是南宋初年一部规模宏大的歌词总集。黄昇《绝妙词选序》称之曰："长短句始于唐，盛于宋。唐词具载《花间集》，宋词多见于曾端伯所编，而《复雅》一集，又兼采唐宋，迄于宣和之季，凡

① ［宋］陈振孙撰，徐小蛮、顾美华点校：《直斋书录解题》卷二一，上海古籍出版社 2015 年版，第 615 页。

② ［明］毛晋撰，潘景郑校订：《汲古阁书跋》，古典文学出版社 1958 年版，第 114 页。

③ ［宋］王灼著，岳珍校正：《碧鸡漫志校正》卷二，人民文学出版社 2015 年版，第 33 页。

④ ［宋］洪迈撰，孔凡礼点校：《容斋随笔·容斋四笔》卷一三，中华书局 2005 年版，第 793 页。

⑤ ［宋］陈振孙撰，徐小蛮、顾美华点校：《直斋书录解题》卷二一，上海古籍出版社 2015 年版，第 632 页。

四千三百余首。吁，亦备矣。"①此选本的编纂动机主要在于"讴歌载道，遂为化国"。②

《群公词选》。是选由杨冠卿编辑成帙，也是一部应歌类型的词选本。与《复雅歌词》不同，是选更强调以歌词自娱。《群公乐府序》有言："余漂流困踬，久客诸侯间，气象萎苶，时有所撄拂，则取酒独酌，浩歌数阕，怡然自适，似不觉天壤之大，穷通之为殊途也。羁旅新丰，既获其助，遂拾端伯《雅词》未登载者，釐为三帙，名曰《群公词选》。"③

《混成集》。南宋修内司所编，为供朝廷应歌之用的大型词选本。周密记之曰："《混成集》，修内司所刊本，钜帙百余，古今歌词之谱，靡不备具。只大曲一类凡数百解，他可知矣，然有谱无词者居半。"其中《霓裳》一曲共三十六段，南宋杨缵称"幼日随其祖郡王，曲宴禁中，太后令内人歌之，凡用三十人，每番十人，奏音极高妙"。④

《雅歌》。王柏编纂。其《雅歌序》有曰："类为《雅歌》若干卷，而窃有取于放郑声之遗意云。"⑤

① ［宋］黄昇选编，邓子勉校点：《中兴以来绝妙词选》卷首，《唐宋人选唐宋词》下，上海古籍出版社 2004 年版，第 685 页。
② ［宋］谢维新编：《古今合璧事类备要·外集》卷一一，《景印文渊阁四库全书》第 941 册，台湾商务印书馆 1986 年版，第 511 页。
③ ［宋］杨冠卿：《客亭类稿》卷七，《丛书集成续编》第 131 册，新文丰出版公司 1989 年版，第 228 页。
④ ［宋］周密撰，张茂鹏点校：《齐东野语》卷一〇，中华书局 1983 年版，第 187 页。
⑤ ［宋］王柏撰，胡宗楙考异：《鲁斋王文宪公文集》卷五，《丛书集成续编》第 132 册，新文丰出版公司 1989 年版，第 248 页。

另外，《类分乐章》二十卷、《群公诗余前后编》二十二卷、《五十大曲》十六卷、《万曲类编》十卷，据陈振孙《直斋书录解题》著录，不著编纂者，"皆书坊编集者"。①

再看现存词选。主要有《花间集》《尊前集》《金奁集》《梅苑》《乐府雅词》《草堂诗余》《花庵词选》《阳春白雪》《绝妙好词》《乐府补题》等。

《花间集》。后蜀赵崇祚编集，欧阳炯为序，收录十八家词作五百首。《花间集》是曲子词创作的典范，为第一部文人词总集。《花间集》在宋代被不断刊刻，版本颇多。流传至今的本子，尚有三种：其一，绍兴十八年（1148）晁谦之校刻本；其二，淳熙十四年（1187）鄂州公使库刊印本，清末王鹏运据以景印刻入《四印斋所刻词》；其三，陆游所跋开禧间刻本，陈振孙《直斋书录解题》为之著录，后毛晋变动版式，刊入《词苑英华》。

《尊前集》。宋初人编辑的唐五代词总集，编辑者不详。该集收录唐明皇至徐昌图 36 人之词作 260 首。张炎《词源》称："粤自隋、唐以来，声诗间为长短句。至唐人则有《尊前》《花间集》。"②可知，《尊前集》在宋代已有刊刻，与《花间集》并行。吴熊和称："据王仲闻考证，《尊前集》载李煜《蝶恋花》'遥夜亭皋信闲步'一首，《后山诗话》、杨绘《本事曲》、《绝妙好词》俱以为李冠

---

① ［宋］陈振孙撰，徐小蛮、顾美华点校：《直斋书录解题》卷二一，上海古籍出版社2015 年版，第 633 页。

② ［宋］张炎：《词源》卷下，唐圭璋编：《词话丛编》第 1 册，中华书局 2005 年版，第 255 页。

作。李冠乃真宗、仁宗时人，因此《尊前集》结集不能早于仁宗。又元丰中崔公度跋《阳春录》已引《尊前集》，因此它亦不能晚于神宗。"①

《金奁集》。宋时坊间唱本，一卷，收词 147 首。是选按调编排，以备唱词之用。集中《菩萨蛮》词有注语云："五首已见《尊前集》。"②吴昌绶《金奁集跋》称："盖宋人杂取《花间》集中温、韦诸家词，名（各）分宫调，以供歌唱，其意欲为《尊前》之续……《尊前》就词以注调，《金奁》依调以类词，义例正相比例。"③可知，此集为宋时刊刻行世的歌词选本。

《梅苑》。黄大舆编集，所集为咏梅词，起于唐，止于南北宋间，凡选词 430 首（据文渊阁《四库全书》本）。黄大舆，字载万，自号岷山耦耕。周辉称："绍兴庚辰（1160），在江东得蜀人黄大舆《梅苑》四百余阕，辉续以百余阕。"④周氏为宋人，其称黄氏为蜀人，可信度较高。黄大舆的文学造诣颇高，王灼称之曰："吾友黄载万歌词，号《乐府广变风》，学富才赡，意深思远，直与唐名辈相角逐。又辅以高明之韵，未易求也。"⑤据黄氏自序，此选编成于

---

① 吴熊和：《唐宋词通论》，商务印书馆 2003 年版，第 327 页。

② 题［唐］温庭筠撰，蒋哲伦校点：《金奁集》，《唐宋人选唐宋词》上，上海古籍出版社 2004 年版，第 165 页。

③ 吴昌绶：《松邻遗集》卷二，《清代诗文集汇编》第 782 册，上海古籍出版社 2010 年版，第 183 页。

④ ［宋］周辉撰，刘永翔校注：《清波杂志校注》卷一〇，中华书局 1994 年版，第 455 页。

⑤ ［宋］王灼著，岳珍校正：《碧鸡漫志校正》卷二，人民文学出版社 2015 年版，第 32 页。

建炎三年（1129）冬①，原本有400余阕。

《乐府雅词》。绍兴十六年（1146）曾慥编刊，正集辑录宋代34家712首词作，加之《拾遗》上下卷姓名无考者词作164首，共收词876首（据《四部丛刊》初编本）。曾慥，字端伯，号至游居士，福建晋江人，博雅能诗。一生著述颇丰。绍兴十六年，其自序云："余所藏名公长短句，裒合成编，或后或先，非有诠次；多是一家，难分优劣，涉谐谑则去之，名曰《乐府雅词》。"②此选开启了南宋"以雅为尚"的选词风尚。

《草堂诗余》。南宋书坊编刊，据四库馆臣考证，《草堂诗余》当成书于宁宗庆元（1195—1200）以前："考王楙《野客丛书》作于庆元间，已引《草堂诗余》张仲宗《满江红》词证'蝶粉蜂黄'之语，则此书在庆元以前矣。"③此说大致可信，但不够准确。据王楙《野客丛书小序》，此书初稿成于庆元元年（1195）三月，"此书自庆元改元以来，凡三笔矣"，嘉泰二年（1202）十月始得完稿。④如此，就不能排除有成书于庆元至嘉泰二年间的可能。据吴熊和考证，现存《草堂诗余》的笺注，并非全为后来的笺注者所为，二卷本《草堂诗余》即已有笺注。庆元以前的原二卷本久佚。

---

① ［宋］黄大舆编，许隽超校点：《梅苑》卷首，《唐宋人选唐宋词》上，上海古籍出版社2004年版，第195页。

② ［宋］曾慥选，曹元忠原校，葛渭君补校：《乐府雅词》卷首，《唐宋人选唐宋词》上，上海古籍出版社2004年版，第295页。

③ ［清］永瑢等：《四库全书总目》卷一九九，中华书局1965年版，第1824页。

④ ［宋］王楙撰，郑明、王义耀校点：《野客丛书》卷首，上海古籍出版社1991年版，第1页。

今存最早的本子为元顺帝至正十一年（1351）刻本，题为《增修笺注妙选草堂诗余》前集二卷，后集二卷，署"建安古梅何士信君实编选"。此集主要为征歌而选。宋翔凤《乐府余论》即称："《草堂》一集，盖以征歌而设，故别题春景、夏景等名，使随时即景，歌以娱客。题吉席庆寿，更是此意……当时歌伎，则必需此也。"① 宋人词选中，此集在元明时期流行最广。

《唐宋诸贤绝妙词选》《中兴以来绝妙词选》。宋末黄昇编集。黄昇，字叔旸，因所居之地有玉林及散花庵，故号玉林、花庵词客。前者选录唐李白至南宋王昴及神林、闺秀等词 134 家 517 首；后者选录南宋词 89 家 760 首。因黄昇号花庵词客，故此两部词又合称《花庵词选》。《花庵词选》于词人名下，各注其字号、里贯，间附有评语。据淳祐九年（1249）黄昇所撰《绝妙词选序》，此选由其亲友刘诚甫初刻于本年，或稍后。②《唐宋诸贤绝妙词选》有明翻宋刊本；《中兴以来绝妙词选》原有宋刻本，吴昌绶刻入《景刊宋金元明本词》。

《阳春白雪》。赵闻礼选编。赵闻礼，字立之，一字粹夫，号钓月，临濮（今山东鄄城）人，曾寓居杭州，《阳春白雪》卷八所载丁默《齐天乐·庚戌元夕都下遇赵立之》，可以为证。陈振孙《直斋书录解题》著录《阳春白雪》五卷，称"赵粹夫编。取《草

① 唐圭璋编：《词话丛编》第 3 册，中华书局 2005 年版，第 2500 页。
② ［宋］黄昇选编，邓子勉校点：《中兴以来绝妙词选》卷首，《唐宋人选唐宋词》下，上海古籍出版社 2004 年版，第 685 页。

堂诗余》所遗以及近人之词"。① 今传本为八卷本，外集一卷。所
选凡 200 余家。依调编次。吴熊和以为，是选"编定当在淳祐十年
（1250）之后，晚于《花庵词选》而早于《绝妙好词》"②。《阳春白
雪》一书，元明时罕见其有传本。康熙三十七年（1698），高士奇
所撰《绝妙好词序》，即慨叹此书"名存书逸，每为可惜"③。

《绝妙好词》。周密编，专录南宋词 132 家 390 首。入选词
最多的词人为姜夔、史达祖、吴文英、周密、王沂孙五家。张炎
《词源》有曰："近代词人用功者多，如《阳春白雪集》、如《绝妙
词选》，亦自可观，但所取不精一。岂若周草窗所选《绝妙好词》
之为精粹。惜此板不存，恐墨本亦有好事者藏之。"④ 夏承焘《草窗
著述考》称："草窗此书自选其送陈允平被召词及《乐府补题·白
莲词》，结集必在宋亡之后。"⑤ 周密卒于元成宗大德二年（1298），
年六十七岁。吴熊和以为，"《绝妙好词》当编定于周密卒前的这
二三年间"⑥。周密主要生活于南宋，入元后不与新朝合作，故《绝
妙好词》一般被认为属于宋人词选。元、明两代，此选本湮没不
彰。清康熙二十三年（1684），嘉善柯煜（南陔）始从常熟钱氏得

---

① ［宋］陈振孙撰，徐小蛮、顾美华点校：《直斋书录解题》卷二一，上海古籍出版社
　　2015 年版，第 633 页。

② 吴熊和：《唐宋词通论》，商务印书馆 2003 年版，第 336 页。

③ ［宋］周密辑，［清］查为仁、厉鹗笺：《绝妙好词笺》卷首，上海古籍出版社，
　　1984 年版。

④ ［宋］张炎：《词源》卷下，唐圭璋编：《词话丛编》第 1 册，中华书局 2005 年版，
　　第 266 页。

⑤ 夏承焘：《唐宋词人年谱》，商务印书馆 2017 年版，第 333 页。

⑥ 吴熊和：《唐宋词通论》，商务印书馆 2003 年版，第 337 页。

秘藏抄本，刊刻行世。后查为仁、厉鹗又撰《绝妙好词笺》，并于乾隆十五年（1750）刊刻行世。

《乐府补题》。不署撰者。是集为宋末元初南宋遗民词人咏物词合集。选录的词人有王沂孙、周密、王易简、冯应瑞、唐艺孙、吕同老、李彭老、李居仁、赵汝钠、张炎、陈恕可、唐珏、仇远等十四人，收录吟咏龙涎香、白莲、莼、蟹、蝉的词作 37 首。这些词人皆为宋遗民，故是选也被视为宋人词选。今有《知不足斋丛书》本、《彊村丛书》本。夏承焘《乐府补题考》一文以为，是集为元僧杨琏真伽盗发宋帝后陵墓事而作，并将词中所咏之物与词人情感指向具体化："大抵龙涎香、莼、蟹以指宋帝，蝉与白莲则托喻后妃。"① 此说尚缺乏具体证据，难以服人。不过，多数词作别有寄托，寓寄家国之恨，倒是可能的。

三、词丛刻的编纂与刊刻

丛刻、汇刊，又称丛书。四库馆臣有曰："合数家之书，以成一编者，俗谓之丛书。"② 叶德辉视之为"似丛书而非丛书，似总集而非总集"③。作为丛刻的一种类型，词丛刻是将众多的词人词作汇总为一编，应属于总集范畴。不过，与同属于总集的词选，有些许区别。词丛刻汇集的是每家的词别集，且于集前冠以词集名称，

---

① 夏承焘：《唐宋词人年谱》，商务印书馆 2017 年版，第 339 页。
② ［清］永瑢等：《四库全书简明目录》卷一三，古典文学出版社 1957 年版，第 511 页。
③ ［清］叶德辉：《书林清话》卷八，中华书局 1957 年版，第 222 页。

并统一装帧。词丛刻便于词籍的保存，分则可以单行本流传。词丛刻产生于南宋，[①] 目前可考的主要有以下几种。

《百家词》。嘉定年间长沙刘氏书坊刊行。陈振孙《直斋书录解题》于《笑笑词集》下有注语云："自《南唐二主词》而下，皆长沙书坊所刻，号'百家词'。其前数十家，皆名公之作。其末亦多有滥吹者。市人射利，欲富其部帙，不暇择也。"[②]《百家词》虽号称"百家"，实际收录词人为 97 家，词集 92 种。[③] 现录之如下：

李璟、李煜《南唐二主词》一卷，冯延巳《阳春录》一卷，子起《家宴集》一卷，晏殊《珠玉集》一卷，张先《张子野词》一卷，杜安世《杜寿域词》一卷，欧阳修《六一词》一卷，柳永《乐章集》九卷，苏轼《东坡词》二卷，黄庭坚《山谷词》一卷，秦观《淮海集》一卷，晁补之《晁无咎词》一卷，陈师道《后山词》一卷，晁端礼《闲适集》一卷，晁冲之《晁叔用词》一卷，晏几道《小山集》一卷，周邦彦《清真词》二卷，贺铸《东山寓声乐府》三卷，毛滂《东堂词》一卷，谢逸《溪堂词》一卷，谢薖《竹友词》一卷，王观《冠柳集》一卷，李之仪《姑溪集》一卷，赵令畤《聊复集》一卷，苏庠《后湖集》一卷，万俟咏《大

---

① ［清］缪荃孙《积学斋丛书序》云："丛书之刻在艺苑已为末事，然萌于宋，绳于明，极盛于我朝。"（徐乃昌辑：《积学斋丛书》卷首，清光绪十九年南陵徐氏刊本。）

② ［宋］陈振孙撰，徐小蛮、顾美华点校：《直斋书录解题》卷二一，上海古籍出版社2015 年版，第 629 页。

③ 其中，《南唐二主词》为李璟、李煜父子词合集，《李氏花萼集》为庐陵李洪、李漳、李泳、李洤、李溉兄弟五人词合集。

声集》五卷，叶梦得《石林词》一卷，张元干《芦川词》一卷，陈克《赤城词》一卷，陈与义《简斋词》一卷，刘一止《刘行简词》一卷，康与之《顺庵乐府》五卷，朱敦儒《樵歌》一卷，王安中《初寮词》一卷，葛胜仲《丹阳词》一卷，向子諲《酒边集》一卷，李清照《漱玉集》一卷，赵鼎《得全词》一卷，韩元吉《焦尾集》一卷，陆游《放翁词》一卷，范成大《石湖词》一卷，蔡伸《友古词》一卷，王之道《相山词》一卷，蔡楠《浩歌集》一卷，张孝祥《于湖词》一卷，辛弃疾《稼轩词》一卷，黄人杰《可轩曲林》一卷，《王武子词》一卷，向滈《乐斋词》一卷，黄定《凤城词》一卷，周紫芝《竹坡词》一卷，赵彦端《介庵词》一卷，沈瀛《竹斋词》一卷，程垓《书丹词》一卷，曹冠《燕喜词》一卷，马宁祖《退圃词》一卷，廖行之《省斋诗余》一卷，沈端节《克斋词》一卷，吴镒《敬斋词》一卷，杨无咎《逃禅集》一卷，袁去华《袁去华词》一卷，毛平仲《樵隐词》一卷，王庭珪《卢溪词》一卷，黄公度《知稼翁集》一卷，吕渭老《吕圣求词》一卷，侯延庆《退斋词》一卷，石孝文《金石遗音》一卷，葛立方《归愚词》一卷，葛剡《信斋词》一卷，黄谈《涧壑词》一卷，侯寘《懒窟词》一卷，王以宁《王周士词》一卷，卢炳《哄堂集》一卷，林淳《定斋诗余》一卷，邓元《漫堂集》一卷，董鉴《养拙堂词集》一卷，赵师侠《坦庵长短句》一卷，李处全《晦庵词》一卷，王大受《近情集》一卷，张孝忠《野逸堂词》一卷，京镗《松坡词》一卷，刘德秀《默轩词》一卷，钟将之《岫云词》一卷，杨炎止《西樵语业》一卷，魏子敬《云溪乐府》四卷，徐得之《西园鼓吹》二卷，李叔献《李东老词》一卷，韩玉《东浦词》一卷，李氏兄弟五人《李氏花萼集》五卷，方信儒《好庵游戏》一卷，刘光祖《鹤林词》一卷，郭应祥《笑笑词集》一卷。

明吴讷《唐宋名贤百家词》本《笑笑词》，卷末附有嘉定元年（1208）立春日滕仲因跋称："长沙刘氏书坊既以二公（按：指张孝祥、吴镒）之词锓诸木，而遯斋《笑笑词》，独家塾有本。一日，予叩遯斋，愿并刊之……遯斋笑而可之。"① 在此，滕仲因道出了《笑笑词》刊行的缘由及过程。卷首有嘉定三年（1210）仲春詹傅之序，依据滕跋、詹序所言，《笑笑词》当成书于宁宗嘉定三年前后。因《笑笑词》刊刻于长沙，刘氏书坊能及时获取的可能性较大，故《百家词》刊刻完成当在嘉定三年前后，保守地说，当在嘉定初年完工。《笑笑词》的刊入，标志着长沙刘氏书坊《百家词》这一大型词学刊刻工程的竣工。

《典雅词》，钱塘陈氏书棚刊行，收录南渡后诸家词集，数目不详。朱彝尊《曝书亭集·跋典雅词》称：

> 《典雅词》，不知凡几十册。予未通籍时，得一册于慈仁寺，集笺皆罗纹，惟书法潦草，盖宋日胥吏所抄南渡以后诸公词也。后予分纂《一统志》，昆山徐尚书请于朝，权发明文渊阁书，用资考证。大学士令中书舍人六员，编所存书目，中亦有《典雅词》一册。予亟借

---

① ［宋］郭应祥：《笑笑词》卷末，［明］吴讷编：《百家词》下，天津市古籍书店1992年版，第1245页。

抄其副，以原书还库，始知是编为中秘所储也。既而工
部郎灵寿傅君，以家藏抄本四册贻予，则尺度题笺，与
予囊所购无异。考正统中《文渊阁书目》，止著"诸家
词三十九册"，而无"典雅"之名，疑即是书，著录者
未之详尔。予所得不及十之二，然合离聚散之故，可以
感已。①

今查考杨士奇等人所撰《文渊阁书目》，有"诸家燕宴词，一
部二十册"②之著录，而无"诸家词三十九册"。或许朱氏寓目的
正统年间的《文渊阁书目》，与今存本并非同一版本。当然，也有
可能不是同一书。

其后，清人倪灿《宋史艺文志补》著录："《典雅词》三卷。姚
述尧《箫台公余词》、倪称《绮川词》、邱密《文定公词》各一
卷。"③缪荃孙《艺风藏书续记》著录，《典雅词》五册十四家词。
缪氏称："传钞汲古阁本。首册陈允平《西麓继周集》，二册曾
（曹）冠《燕喜词》，赵磻老《拙庵词》，李好古《碎锦词》。三
册冯与（取）洽《双溪词》，袁去华《宣卿词》，程大昌《文简公
词》。四册胡铨《澹庵长短句》，《章华词》，刘子寰《篁嵊词》，
阮阅《户部词》。五册黄公度《知稼翁词》，陈亮《龙川词》，侯

---

① ［清］朱彝尊:《曝书亭集》卷四三，国学整理社 1937 年版，第 521—522 页。
② ［明］杨士奇等:《文渊阁书目》卷一〇，《丛书集成新编》第 1 册，新文丰出版股
　份有限公司 1985 年版，第 731 页。
③ ［清］倪灿撰，［清］卢文弨订正:《宋史艺文志补》，《丛书集成新编》第 1 册，新
　文丰出版股份有限公司 1985 年版，第 268 页。

真《懒窟词》。"①

　　《琴趣外篇》。南宋闽中书坊刊行，因诗余不入集中，故称为"外篇"。是集所收，均为名家词作，原帙数已不得而知。曹寅《栋亭书目》著录，《醉翁琴趣》六卷一函二册，《淮海琴趣》三卷一册，《山谷琴趣》三卷一册，《无咎琴趣》六卷一册。②《四库全书总目·晁无咎词》称："此本为毛晋所刊，题曰《琴趣外篇》，其跋语称诗余不入集中，故曰'外篇'。"又称："至《琴趣外篇》，宋人中如欧阳修、黄庭坚、晁端礼、叶梦得四家词皆有此名，并补之此集而五。"③另外，陈振孙《直斋书录解题》，著录江阴曹鸿注的叶梦得《注琴趣外篇》三卷④。《永乐大典》"人"字韵，晏几道《丑奴儿·怀人》词，谓出自《小山琴趣外篇》。⑤季振宜还著录一宋刻本："欧文忠、秦淮海、真西山《琴趣》四本，宋刻。"⑥此为目前所见著录《琴趣外篇》之概略。陶湘《琴趣外篇》叙录曰："意当时欲汇为总集，而搜采名流，颇有甄择，非如长沙《百家词》欲富其部帙，多有滥吹者比。"⑦至于《琴趣外篇》的刊刻时

① 缪荃孙著，黄明、杨同甫标点：《艺风藏书记·艺风藏书续记》卷七，上海古籍出版社 2007 年版，第 455 页。

② [清] 曹寅：《栋亭书目》卷四，《丛书集成续编》第 5 册，新文丰出版公司 1989 年版，第 515 页。

③ [清] 永瑢等：《四库全书总目》卷一九八，中华书局 1965 年版，第 1810 页。

④ [宋] 陈振孙撰，徐小蛮、顾美华点校：《直斋书录解题》卷二一，上海古籍出版社 2015 年版，第 632 页。

⑤ [明] 解缙等奉敕纂：《永乐大典》卷三〇〇六，中华书局 2012 年版，第 1734 页。

⑥ 季振宜：《季沧苇藏书目》，商务印书馆 1935 年版，第 54 页。

⑦ 吴昌绶、陶湘辑：《景刊宋金元明本词》，上海古籍出版社 2012 年版，第 3 页。

间、地点，饶宗颐考之曰：

> 南宋闽刻，盖汇各名家词而别立《琴趣外篇》之名。
> 朱彝尊序《水村琴趣》云："《琴趣》者，取诸涪翁词集名
> 也。"盖尚未知为坊间汇刻所特标者。据长沙《百家词》
> 下，今可知者凡八家。于其刻中有真西山《琴趣》，及陈
> 直斋已著录注《石林词》，即注《琴趣外篇》两事，可推
> 知汇刻时殆在理宗朝，比长沙《百家词》稍后。①

《六十家词》。大约刊于宋末元初，收词至南宋末。张炎《词
源》称："旧有刊本《六十家词》，可歌可诵者，指不多屈。中间
如秦少游、高竹屋、姜白石、史邦卿、吴梦窗，此数家格调不侔，
句法挺异，俱能特立清新之意，删削靡曼之词，自成一家，各名
于世。"②

《宋名公乐府》。编辑者不详，其中收有黄庭坚、贺铸、陈师
道等人的词集。白朴《满庭芳》词小序云：

> 屡欲作茶词，未暇也。近选《宋名公乐府》黄、贺、
> 陈三集中，凡载《满庭芳》四首，大概相类，各有得失，
> 复杂用元、寒、删、先韵，而语意若不伦。仆不揆狂斐，
> 合三家奇句，试为一首，必有能辨之者。③

白朴（1226—?）由金入元之人，其所寓目的《宋名公乐府》，

---

① 饶宗颐：《词集考·唐五代宋金元编》卷九，中华书局 1992 年版，第 354 页。
② ［宋］张炎：《词源》卷下，唐圭璋编：《词话丛编》第 1 册，中华书局 2005 年版，
第 255 页。
③ ［元］白朴撰，徐凌云校注：《天籁集编年校注》，安徽大学出版社 2005 年版，第
177 页。按，"狂斐"为自谦之词，原文于"狂"后断句，语意不通，故直接改正。

中有黄庭坚、贺铸、陈师道三人的词集，至于是否还收录其他宋人词集，不得而知。

这些词丛刻虽多已散佚，但宋代尤其是南渡以后，词籍刻印的盛况，由此可略见一斑。

第二节　宋代刻书业的发达与词集的编纂刊刻

宋代刻书业的发达，为词别集、总集、丛刻等词集的编纂刊刻，提供了坚强的外部保障，许多词集能刊刻印行，即得益于此。词别集自不必论，词总集、词丛刻的编辑刊刻，尤其要依赖当时刻书业的繁荣与发达。如长沙刘氏所刻的部帙宏大的《百家词》，如果没有当时发达的刻书业作为后盾，简直不可思议。那么，宋代发达的刻书业，具体是怎样促使词别集、词总集、丛刻编纂刊刻的呢？至少可从以下几个层面得以诠释。

一、为词集的编刻提供了丰富、便捷的资源与外部支持

从选源角度看，宋代刻书业的发达，为各类词集的编纂刊刻，提供了丰富、便捷的选源和有力的外部支撑。由于经济的发展、印书业的发达，词集的刊刻已经非常便捷。许多词集得以刊刻出版，尤其是一些名家别集，常常还一刻再刻，不断补充，以至于版本众多。如苏轼的词作，宋时就有曾慥编辑的《东坡词》《东坡词拾遗》，傅干《注坡词》，"赵右史家有顾禧景蕃《补注东坡长短句》"，以及《东坡乐府》等多种版本。周邦彦《清真集》，"今

可考者，宋刻得十有一种"①；姜夔《白石词》刻本，"可考者十余，若合写本、景印本计之，共得三十余本。宋人词集版本之繁，此为首举矣"。②

众多名人词别集版本的问世，有的是为求全补遗而编刻，如曾慥编刻《东坡词》，即如此。曾慥"绍兴辛未孟冬"所作《东坡词拾遗跋语》云：

> 东坡先生长短句既镂板，复得张宾老所编，并载于
> 蜀本者，悉收之。江山秀丽之句，樽俎戏剧之词，搜罗
> 几尽矣。传之无穷，想像豪放风流之不可及也。

绍兴辛未，即绍兴二十一年（1151）。可知，此前，《东坡词》即已"镂板"。在得到张宾老所编的苏轼词集后，曾慥又着手编刻《东坡词拾遗》。《东坡词拾遗》当刊刻于宋高宗绍兴二十一年孟冬前后，是曾慥汇集、补充苏轼词作的产物。至此，加上先前其所编辑的《东坡词》，苏轼词作"搜罗几尽"。③

有的是为疏通词意、扩大传播域限而重新编刊。陈元龙刊行周邦彦《片玉集》，即有此意。刘肃序《片玉词》曰：

> 漳江陈少章家，世以学问文章为庐陵望族，涵泳经
> 籍之暇，阅其词，病旧注之简略，遂详而疏之，俾歌之

---

① 吴则虞：《清真词版本考辨》，[宋]周邦彦著，孙虹校注、薛瑞生订补：《清真集校注》附录，中华书局 2007 年版，第 525 页。

② [宋]姜夔著，夏承焘笺校：《姜白石词编年笺校·版本考》，上海古籍出版社 1998 年版，第 160 页。

③ [宋]曾慥：《东坡词拾遗跋语》，[明]吴讷编：《百家词·东坡词》卷末，天津市古籍书店 1992 年版，第 381 页。

者究其事达其意，则美成之美益彰，犹获昆山之片珍，琢其质而彰其文，岂不快夫人之心目也。因命之曰《片玉集》云。①

陈元龙，字少章，庐陵人。由刘序可知，宁宗嘉定年间，陈元龙所以重新编刻《片玉集》，主要是不满"旧注之简略"，意在为读者、歌者提供一个较为便捷、权威的本子。阮元《研经室外集》卷一《详注片玉集二卷提要》即称："是书分春、夏、秋、冬四景，及单题杂赋诸体，为十卷。元龙以美成词借字用意，言言俱有来历，乃广为考证，详加笺注焉。"②印书业的发达，虽使得词集印行更加便利，但也随之带来版本芜杂、令人无所适从的一些负面问题，因此有必要加以清理，出版权威本，以正视听。淳熙十五年（1188）正月，范开作《稼轩词序》称，辛词"近时流布于海内者率多赝本"，于是他将"亲得于"辛弃疾的百余首词作，刊刻行世，"将以祛传者之惑焉"。③凡此种种，多离不开参考前人编刻的词别集，而这又要以丰富的藏书为基础。

北宋中后期，人们读书、藏书已是平常之事，以至出现了诸多藏书量丰厚的藏书家。其所藏之书中，词集或附有词作的诗文

① ［宋］周邦彦著，孙虹校注、薛瑞生订补：《清真集校注》附录，中华书局2007年版，第501页。
② ［清］阮元撰，邓经元点校：《研经室集》，中华书局1993年版，第1199页。
③ ［宋］辛弃疾撰，邓广铭笺注：《稼轩词编年笺注》附录二，上海古籍出版社2007年版，第621页。

集，当不在少数。他们又多乐于借书予他人，[①] 这不仅为某些词别集的补遗、校勘、重刊，提供了诸多可供择取、参阅的版本，也为词选本、丛刻的编刻，准备了丰富、便利的选源。编集者可以借助自家或他人藏书，便捷地编集词集，这也在一定程度上激起了宋人辑佚、编辑出版词集的热情。

黄大舆《梅苑》是其"录唐以来词人才士之作，以为斋居之玩"[②] 编辑而成，不能否认"唐以来词人才士之作"中，有黄大舆本人辑佚之词；同样也不可否认，黄氏很有可能参考过现成的词别集、前人词选本等词籍。鲖阳居士所序之《复雅歌词》，"兼采唐、宋，迄于宣和之季，凡四千三百余首"，[③] 如此庞大的词选本，也必定要参考某些词别集、总集，其中有的就有家藏本。这种推测在曾慥、黄昇编辑的词选中，得以证实。曾慥《乐府雅词引》曰：

> 余所藏名公长短句，裒合成篇，或先或后，非有诠
> 次；多是一家，难分优劣，涉谐谑则去之，名曰《乐府

① 真德秀《于氏藏书阁记》："盖自屋壁墟冢之书出，而世以藏书为贵，善学者既自探渊源，撷其华实，又以遗传家之子孙，俟后世之君子，其功效可胜计哉，岂徒为观美而取虚名也！"（佚名辑：《新刊国朝二百家名贤文粹》卷一三一，《续修四库全书》第 1653 册，上海古籍出版社 2002 年版，第 479 页。）李公择有书几万卷，"思以遗后之学者，不欲独有其书，乃藏于僧舍"。（王辟之撰，吕友仁点校：《渑水燕谈录》卷九，中华书局 1981 年版，第 116 页。）

② ［宋］黄大舆编，许隽超校点：《梅苑》卷首，《唐宋人选唐宋词》上，上海古籍出版社 2004 年版，第 195 页。

③ ［宋］黄昇选编，邓子勉校点：《中兴以来绝妙词选》卷首，《唐宋人选唐宋词》下，上海古籍出版社 2004 年版，第 685 页。

雅词》。①

　　曾慥博雅能诗，一生著述颇丰，② 他"所藏名公长短句"，除单篇词作，可能还有不少词别集，甚至是词总集。他曾刊刻所藏苏轼词，便是明证。据《东坡词拾遗跋语》，曾慥至迟在绍兴二十一年（1151）孟冬前，已得到张宾老所编的东坡词集。曾慥虽未将苏轼词刻入《乐府雅词》，但这不妨碍其家藏有苏轼及他人词集。

　　黄昇"暇日裒集"的《花庵词选》，很大一部分选源也是来自家所藏词集。景宋本《中兴以来绝妙词选》卷末书牌记曰：

　　　　玉林此编，亦姑据家藏文集之所有、朋游闻见之所
　　传。词之妙者，固不止此，嗣有所得，当续刊之。若其
　　序次，亦随得本之先后，非固为之高下也。其间体制不
　　同，无非英妙杰特之作，观者其详之。③

　　刊刻者在此告诉读者，黄昇此选的主要选源有二：其一，家藏之文集；其二，"朋游闻见之所传"。二者中应当有现成的词集或附有词作的诗文集。"亦随得本之先后"，表明此选的编辑，曾参考过现成的词集。这一点，黄昇本人也有交代，其《绝妙词选

---

① ［宋］曾慥选，曹元忠原校，葛渭君补校：《乐府雅词》卷首，《唐宋人选唐宋词》上，上海古籍出版社 2004 年版，第 295 页。

② 赵与时《宾退录》："端伯观诗，有《百家诗选》；观词，有《乐府雅词》；稗官小说，则有《类说》；至于神仙之学，亦有《道枢》十钜编。盖矜多衒博，欲示其于书无所不读，于学无所不能，故未免以不知为知。"（赵与时著，齐治平校点：《宾退录》卷六，上海古籍出版社 1983 年版，第 77 页。）

③ ［宋］黄昇辑：《景宋本中兴以来绝妙词选》卷末，吴昌绶、陶湘辑：《景刊宋金元明本词》，上海古籍出版社 2012 年版，第 1055 页。

序》中"盛丽如游金张之堂，妖冶如揽嫱施之袪，悲壮如三闾，豪俊如五陵"之话语，即源自张耒为贺铸所作《东山词序》。① 故黄昇参考过贺铸《东山词》，毋庸置疑。其《绝妙词选序》更明言道：

> 长短句始于唐，盛于宋。唐词具载《花间集》，宋词多见于曾端伯所编，而《复雅》一集，又兼采唐、宋，迄于宣和之季，凡四千三百余首。吁，亦备矣。况中兴以来，作者继出，及乎近世，人各有词，词各有体，知之而未见，见之而未尽者，不胜算也。暇日裒集，得数百家，名之曰《绝妙词选》。②

由此可知，黄昇编辑《花庵词选》，至少参阅过《花间集》《乐府雅词》《复雅歌词》等现成的词选本，还有"数百家"词作，后者中也必有词别集。此言不虚。至于具体到选某家词，更是如此。《中兴以来绝妙词选》所附刘仙伦小传即称：

---

① 张耒《东山词序》："余友贺方回博学业文，而乐府之词，俯绝一世，携一编示余，大抵倚声而为之，词皆可歌也。或者讥方回好学能文而惟是为工，何哉？余应之曰：是所谓满心而发，肆口而成，虽欲已焉而不得者。若其粉泽之工，则其才之所至，亦不自知也。其盛丽如游金、张之堂，而妖冶如揽嫱、施之袪，幽洁如屈、宋，悲壮如苏、李，览者自知之，盖有不可胜言者矣。"（贺铸：《东山寓声乐府》卷首，[清]王鹏运辑：《四印斋所刻词》，上海古籍出版社 2012 年版，第 351 页。）杨冠卿《群公乐府序》亦改录过此序："盛丽如游金、张之堂，妖冶如揽嫱、施之袪，幽洁如屈、宋，悲壮如苏、李。盖不但一方回而已也。"（杨冠卿：《客亭类稿》卷七，《丛书集成续编》第 131 册，新文丰出版公司 1989 年版，第 228 页。）
② [宋]黄昇选编，邓子勉校点：《中兴以来绝妙词选》卷首，《唐宋人选唐宋词》下，上海古籍出版社 2004 年版，第 685 页。

名仙伦，庐陵人，自号招山。有诗集行于世，乐章
尤为人所脍炙，吉州刊本多遗落，今以家藏善本选集。①

黄昇选刘仙伦词作时，发现"吉州刊本多遗落"，便"以家藏
善本选集"。此善本即黄昇家藏旧抄本，其《中兴词话》云：

蛾眉亭题咏甚多，惟《霜天晓角》一曲为绝唱……
词意高绝，几拍谪仙之肩。世传其词，不知为刘招山所
作。余旧钞其全集得之。招山之词，佳者极多，近世庐
陵刊本，余所有者，皆不载。莫知何也。②

可知，黄昇家藏的词集，既有刊本，又有抄本，有的尚不止
一种版本。这多得益于当时、当地发达的刻书业。编辑《花庵词
选》时，他参考了这些版本，择用善本选集。他曾据刘氏全集，
将当时不为世人所知的刘仙伦《霜天晓角·题蛾眉亭》一词，重
归于刘氏名下。另外，黄昇选词还可能参阅过某些假托或盗版词
集。《中兴以来绝妙词选》所附康与之小传有曰：

名与之，号顺庵。渡江初，有声乐府。受知秦申王，
王荐于太上皇帝，以文词待诏金马门。凡中兴粉饰治具，
及慈宁归养、两宫欢集，必假伯可之歌咏，故应制之词
为多，书市刊本，皆假托其名。今得官本，乃其婿赵善
贡及其友陶安世所校定，篇篇精妙。③

---

① ［宋］黄昇选编，邓子勉校点：《中兴以来绝妙词选》卷五，《唐宋人选唐宋词》
　　下，上海古籍出版社 2004 年版，第 762 页。
② ［宋］魏庆之著，王仲闻点校：《诗人玉屑》卷二一，中华书局 2007 年版，第 695 页。
③ ［宋］黄昇选编，邓子勉校点：《中兴以来绝妙词选》卷一，《唐宋人选唐宋词》
　　下，上海古籍出版社 2004 年版，第 687 页。

　　黄昇最初寓目的《声乐府》，恐怕就是假托康与之的书市刊刻本。后来，他得到赵善贡、陶安世所校定的官本有声乐府，认为"篇篇精妙"，并以之为蓝本，将其中的 23 首词作录入《中兴以来绝妙词选》。

　　《绝妙好词》的编者周密，其家藏书名闻江浙，自称道："吾家三世积累，先君子尤酷嗜，至鬻负郭之田以供笔札之用。冥搜极讨，不惮劳费，凡有书四万二千余卷。"[①] 尽管后遭变故，书多毁佚，但残烬中，或存词集，或附有词作的诗文别集。再说，周密雅爱诗词，博学强识，可能对家中所藏词集早有留意，这也有助于《绝妙好词》的编纂与刊刻。

　　词集之中，先出选本往往成为后出选本的参考与选源。由上文所知，《花间集》就成为《花庵词选》的重要选源。《草堂诗余》的编纂，也参考了其前或当时的多种词集，《花庵词选》即为其一。

　　首先，《增修笺注妙选草堂诗余》"新增""新添"词，多见于《花庵词选》。据统计，《增修笺注妙选草堂诗余》收录的 362 首词中，有 190 余首与《花庵词选》所选相同，其中 58 家与《花庵词选》所选全部相同。当然，这还不能证明，增修笺注本选词就多取自《花庵词选》。因《草堂诗余》成书于庆元间，在《花庵词选》前，与后者所选相同的这 190 余首词作，为黄昇录自《草堂诗余》，亦未可知。不过《增修笺注妙选草堂诗余》中的"新

---

① ［宋］周密撰，张茂鹏点校：《齐东野语》卷一二，中华书局 1983 年版，第 218 页。

增""新添"词多出于《花庵词选》，倒是毋庸置疑的事实。新添词凡 72 首，出于《花庵词选》者有 46 首，占新添词的 63.9%；新增词都 21 首，12 首见之于《花庵词选》，占新增词的 57.1% 强。这些"新增""新添"词的词题，有的也与《花庵词选》对应的词作相同或近似。这是前者参考并接受后者的一大铁证。

其次，《增修笺注妙选草堂诗余》中的有些笺注语，出自《花庵词选》，有的已标明，有的未加标注。其中，明确标出的有 24 处，其称谓不一，大致可分为三类：一是称词集或词选名称，如《花庵词》《黄玉林词选》《玉林词选》《绝妙词选》之类；二是称黄昇之号，如花庵词客、花庵、玉林、黄玉林；三是称词话名称，如《玉林词话》。这 24 则标明出处的笺注语，附于"新增""新添"词的有 10 则，其中"新添"7 则，"新增"3 则；附于增订前的有 14 则。有些笺注语，也是直接录自黄昇词评，但笺注者未予注明，如后集卷下康伯可《喜迁莺·丞相生日》词后的笺注语"按此词语意尽佳，惜皆媚灶之语。盖为桧相作耳"，[①] 系出自《中兴以来绝妙词选》卷一。可见，笺注者在增修笺注《草堂诗余》时，参阅并接受了《花庵词选》的词评。也就是说，其在很大程度上接受了黄昇的词学批评及其审美价值观。

词丛刻多以单部词集的形式刊入，更需要以单行本词集，或附有词作的别集为基础。否则，《百家词》这样部帙浩大的词丛刻，在当时能够刊行于世，是不可想象的。

---

① 《增修笺注妙选草堂诗余》卷下，《四部丛刊初编》本。

　　书籍的流通与普及，个人藏书量的丰富，也便于词选、词丛刻的编辑刊刻者借阅他人所藏为己所用。个人藏书无论如何丰富，也不可能尽善尽备。编纂刊刻词选、词丛刻，仅仅依靠自己的藏书，有时不免捉襟见肘，借阅他人所藏，非常有必要。黄昇编辑《花庵词选》时所借助的"朋游闻见之所传"，其中有单篇的词作，也应有词集。黄昇参阅过的《乐府雅词》《复雅歌词》《花间集》《尊前集》《遏云集》等前人词选本[1]，其中很可能就有向别人借阅的。书坊刊刻词丛刻，更是需要借助于他人藏书。

　　总之，参阅他人词集编辑词别集、总集、词丛刻，可以省去词编纂者诸多辑佚、奔波之劳。可以说，词别集或附有词作的文集，以及先出的词选，是宋人词选、词丛刻的最直接、便利的选源。而这一切，都是建立在高度发达的刻书业基础之上的。

二、编刻词集既可扬名，又能射利

　　从编刻者角度言之，编刻书籍既可扬名立万，又能从中射利，故有人乐此不疲。明人屠隆《求名》云："古今好名，人多有之，独文士为甚。"[2]宋代文士于此尤甚，张端义《贵耳集》有曰："汉人尚气好博，晋人尚旷好醉，唐人尚文好狎，本朝尚名好贪。"[3] "尚

---

① 肖鹏：《群体的选择——唐宋人词选与词人群通论》，凤凰出版社 2009 年版，第 284—285 页。

② ［明］屠隆著，汪超宏等点校：《鸿苞》卷一七，［明］屠隆著，汪超宏主编：《屠隆集》第 8 册，浙江古籍出版社 2012 年版，第 426 页。

③ ［宋］张端义撰，李保民校点：《贵耳集》卷下，《宋元笔记小说大观》第 4 册，上海古籍出版社 2001 年版，第 4313 页。

名好贪"，不见得是宋人的"专利"，但宋人此种意识比较强烈，确为事实。"立言"是文士尚名、蕲求不朽的重要途径。编刻书籍，可谓行之有效的途径。张之洞《书目答问二·别录》"劝刻书说"云：

> 凡有力好事之人，若自揣德业学问不足过人，而欲求不朽者，莫如刊布古书一法……其书终古不废，则刻书之人终古不泯。①

"刻书之人终古不泯"的前提，是"其书终古不废"。虽说其书能否"终古不废""有幸不幸焉"，②但更多的还是取决于所刻之书，能否泽被、成就后人。正如张之前的张海鹏所言：

> 藏书不如读书，读书不如刻书。藏书者好名，非好学也；读书者为己，不为人也。若刻书，则上以寿作者，下以惠后学。绵绵延延，传之无极。夫成就一己，不若成就天下后世之人为愈也。③

其实，"成就天下后世之人"的同时，也成就了自己。很多情况下，刻书者的声名会随所刻书籍传播于后世。刻古书者意在祈求不朽，编辑刊刻时人与一己书籍，又何尝不如是？陆游《跋历

---

① ［清］张之洞撰，范希曾补正：《书目答问补正》，上海古籍出版社 2001 年版，第256 页。

② ［清］永瑢等：《四库全书总目》卷一五九《梁溪遗稿》，中华书局 1965 年版，第1369 页。

③ ［清］张金吾：《爱日精庐文稿》卷六《叔父若云府君家传》，《上海图书馆未刊古籍稿本》第 50 册，复旦大学出版社 2008 年版，第 503—504 页。

代陵名》所谓"近世士大夫所至，喜刻书板"①，其一重要动因，即在于此。不仅士大夫，北宋中期以后，尤其是南宋，普通的文人、书坊主人，也多喜欢编刊书籍，其中当然也包括词集。宋人热衷于编刻书籍，个中缘由固然多端，凭借当时发达的刻书业，露才扬名，自然是一个不可忽视的因素。这在词集编辑者身上，也得以凸显。

曾慥编刊《东坡词》《东坡词拾遗》，希望其"传之无穷"，在弘扬东坡学术与文学的同时，自己也能搭上顺风车扬名。其编纂《乐府雅词》，就有借他人诗，以扬己名的意图。赵与时即称曾慥编辑《乐府雅词》，有"矜多衒博"之意。

《花庵词选》的编辑者黄昇，同样也有以编纂刊刻词集求名的意识。其《绝妙词选序》即称：

> 亲友刘诚甫谋刊诸梓，传之好事者，此意善矣。又录余旧作数十首附于后，不无珠玉在侧之愧，有爱我者，其为删之。②

黄昇的尚名意识，在此得以充分体现。他还将自己的 38 首词作，纳入其所操政的词选中，选词量仅次于辛弃疾（42 首）、刘克庄（42 首）、位居词选第二。黄昇流传至今的词有 40 余首，其中38 首为自选词。估计情况，当时能拿得出手的词作，他几乎全部予以选录。自家词的入选，为其后世留芳增加了一道保险。因担

① ［宋］陆游：《陆游集·渭南文集》卷一六，中华书局 1976 年版，第 2232 页。
② ［宋］黄昇选编，邓子勉校点：《中兴以来绝妙词选》卷一，《唐宋人选唐宋词》下，上海古籍出版社 2004 年版，第 685 页。

心别人有异议，故黄昇又在词选序中特别声明："不无珠玉在测之愧，有爱我者，其为删之。"显然，是为此地无银三百两之论。如果真自感有愧，自己删除就是了，何必要他人？尚名意图，昭然若揭。其袖诗干谒当时名流，也可为一佐证。《诗家鼎脔》载游九功《答黄叔旸》一诗云：

> 冥鸿倦云飞，敛翼退遵渚。秋虫感时至，自野来在宇。老我久合归，溪山况延伫。俯此沙水清，面彼烟尘聚。垄断既冲冲，澜倒亦诩诩。岂无砥中立，而不改风雨。勿忻远寄声，秀句盈章吐。璀璨烂寒茫，晴空见冰柱。颇闻词场笔，漫焉弃如土。黄粱枕上过，得之亦不处。独行固不移，尤在审去取。①

游九功（1163—1243），字勉之，建阳人，"用阴补官，除湖北运判，知鄂州，召为兵部郎官，出知泉州。端平初，仕至司农少卿、宝谟阁直学士。与兄九言，自为师友，讲明理学。号受斋先生，谥文清"。②黄昇以诗干谒之，有求其荐举之意，再明显不过。此诗为游九功回赠之作，从"黄粱枕上过，得之亦不处。独行固不移，犹在审去取"的诗句观之，游氏似乎在勉励黄昇应坚定隐居的信念，不要与其他江湖词人一样随波逐流。也就是说，黄昇此次干谒，未能达成预期目的。尽管如此，他也因此赢得了一个"晴空冰柱"的嘉名，在一定程度上提升了其知名度。

《阳春白雪》的编纂者赵闻礼，尚名意识也较浓郁。程公许

---

① ［清］厉鹗辑撰：《宋诗纪事》卷六五，上海古籍出版社 2013 年版，第 1623 页。
② ［清］厉鹗辑撰：《宋诗纪事》卷六五，上海古籍出版社 2013 年版，第 1623 页。

《谢新胥口监征赵立之》诗前小序有曰：

> 立之名闻礼，以声气相求，袖诗访我，欲赓而未暇
> 也。后数日，衷箧中所藏汉、魏、隋、唐碑刻七十种相
> 遗，且逐一题识所自得。特以长歌，辞义与字画皆遒劲
> 有英气。自念好而莫能精鉴，习篆隶而未得活法，愧无
> 以胜此兼金叠璧之赠，借韵以舒感臆。①

程公许（？—1251），字季与，一字希颖，号沧洲，四川人。理宗时作少监、秘书少监和太常少卿，官至中书舍人、权刑部尚书。从"岷峨之阳一茅宇，门无杂宾况市贾"的诗句可知，赵闻礼此次干谒程公许于蜀地。赵闻礼本为山东临濮（今山东鄄城县）人，不远千里去蜀地，先"袖诗"访程公许，不久又倾其珍藏之碑刻"相遗"，足见其求名求利意识的浓烈，连他本人也不得不承认"名缰易缚"。②他将7首自作词纳入自己操政的词选，意图当然很明晰。赵氏此选，主要"取《草堂诗余》所遗以及近人之词"③而成。肖鹏以为此选"是要在时代上补出书坊原刻《草堂诗余》身后江湖词坛的一段空白"。④赵闻礼以《阳春白雪》求名之

---

① ［宋］程公许：《沧洲尘缶编》卷六，《景印文渊阁四库全书》第 1176 册，台湾商务印书馆 1986 年版，第 953 页。

② ［宋］赵闻礼选编，葛渭君校点：《阳春白雪》卷五《瑞鹤仙》，上海古籍出版社 1993，第 347 页。

③ ［宋］陈振孙撰，徐小蛮、顾美华点校：《直斋书录解题》卷二一，上海古籍出版社 2015 年版，第 633 页。

④ 肖鹏：《群体的选择——唐宋人词选与词人群通论》，凤凰出版社 2009 年版，第 296 页。

意，由此亦可见之。

《绝妙好词》编者，周密尚名意识之强烈，更有甚于前二者。以《绝妙好词》开宗立派，就是最有力的说明。他将自己22首词入选，名列是选第一。凡入选此选者，多是宗法姜、张，与自己词风相近者，如此之多的词作入选，显然有确立词坛霸主地位的意图，其有以词选扬名的意识，不言而喻。（详见下文）

宋代印书业的发达，在为文人提供扬名契机的同时，也给坊肆、书商提供了巨大的商机。坊肆刊刻词集，可以从中射利，这也是词集大量刊刻的不可或缺的动力。王国维《雪堂校刊群书叙录序》称："刊书之家，约分三等：逐利一也，好事二也，笃古三也。"① 当时，板刻书销路非常之好，利润丰厚。叶梦得即云："凡书市之中，无刻本，则钞本价十倍。刻本一出，则钞本咸废不售矣。"② 畅销的板刻书籍，尤其如此。一般来说，坊肆会适时刊刻一些畅销书籍谋利。宣和四年（1122）五月，郑太玉为唐庚所撰《唐先生集序》即称道："惟太学之士得其文，甲乙相传，爱而录之。爱之多而不胜录也，鬻书之家遂丐其本而刊焉。"③ 读者因喜爱而传抄，传抄不能满足需要，"鬻书之家"瞅准这一商机，"丐其本而刊焉"，于是刊印流播。坊肆有时还抓住商机刻印特殊类型的书

---

① 王国维：《观堂集林》卷二三，《王观堂先生全集》第3册，文华出版公司1968年版，第1135—1137页。

② ［明］胡应麟：《少室山房笔丛》卷四《经籍会通四》引，中华书局1958年版，第59页。

③ ［宋］唐庚：《唐先生集》卷首，《宋集珍本丛刊》第31册，线装书局2004年版，第543页。

籍，以满足特殊消费群体的需要，从而谋利。咸淳六年（1270），李杓跋其父李曾伯《可斋杂稿》称："会书市求为巾箱本，以便致远。杓曰：'是区区之心也。'亟命吏楷书以授之。"①

刊印书籍的确颇有利可图的，以至于连市井细民也"皆转相模锓，以取衣食"。②李致忠据叶德辉《书林清话》卷六所引数据推测，舒州公使库所刻印的《大易粹言》，所有的费用加起来"总共是 3 贯 290 文，粗计可以算作 4 贯钱。这就是说，刻印一部《大易粹言》，工本不过 4 贯钱；可是每部卖价竟开到 8 贯文足，利润在壹倍以上，不能不说是较好的经济利益"。③又，绍兴十七年（1147）七月，周郁等《小畜集》校记有曰：

> 黄州契勘诸路州军间有印书籍去处。窃见王黄州《小畜集》文章典雅，有益后学，所在未曾开板，今得旧本计一十六万三千八伯四十八字。检准绍兴令：诸私雕印文书，先纳所属申转运司选官详定，有益学者听印行。除依上条申明施行，今具雕造《小畜集》一部，共八册，计四伯三十二板，合用纸墨工价下项：甲书纸并副板四百四十八张，表背碧青纸一十一张，大纸八张，共钱二伯六文足。赁板棕墨钱五伯文足。装印工食钱四

---

① ［清］陆心源编，许静波点校：《皕宋楼藏书志》卷八九，浙江古籍出版社 2016 年版，第 1589 页。

② ［元］袁桷著，杨亮校注：《袁桷集校注》卷二二《袁氏旧书目序》，中华书局 2012 年版，第 1137 页。

③ 李致忠：《宋版书叙录》，北京图书馆出版社 1994 年版，第 40 页。

伯三十文足。除印书纸外，共计钱一贯一伯三十六文足。

见成出卖，每部价钱五贯文省。右具如前。①

刊印一部《小畜集》，除去印书的纸钱，成本一贯一百三十六文足外，每部售价竟达五贯文，获利在一倍以上。如果是刻印禁书，获利更为丰盈。杨万里《杉溪集后序》引王廷珪语曰："是时，书肆畏罪，坡、谷二书，皆毁其印。独一贵戚家刻印印之，率黄金斤易坡文十，盖其禁愈急，其文愈贵也。"②十篇苏文，价值一斤黄金，何其暴利！对于大多数的民间坊肆来说，逐利多是置于第一位的。

与刻印诗文集出售谋利一样，坊肆刻印词集也可以谋利。据可靠资料，至迟在北宋，就已经出现了刊印词作的现象。周紫芝《书浮休生画墁集后》载：

> 政和七八年间，余在京师。是时，闻鬻书者忽印《张芸叟集》，售者至于填塞街巷。事喧，复禁如初。盖其遗风余韵在人耳目不可掩，盖如此也。前此当靖康间，天下哄然皆歌东坡南迁词，所谓"回首夕阳红尽处，应是长安"者是也。今临川雕《浮休全集》有此词，乃元丰间芸叟谪郴州时，舟过岳阳楼望君山所作也。③

① ［宋］王禹偁：《王黄州小畜集》卷末，《宋集珍本丛刊》第1册，线装书局2004年版，第744页。
② ［宋］杨万里撰，辛更儒笺校：《杨万里集笺校》卷八三，中华书局2007年版，第3352页。
③ ［宋］周紫芝：《太仓稊米集》卷六七，《景印文渊阁四库全书》第1141册，台北商务印书馆1986年版，第481—482页。

《张芸叟集》为张舜民所撰。作为元祐党人，张舜民的作品，为朝廷所禁。坊肆看好其文学影响力，抓住当时士大夫"禁愈严而传愈多"①的心理，违禁私印《张芸叟集》，购买者"至于填塞街巷"，生意异常火爆。不过，这部《张芸叟集》只是附收词作的诗文集，还不是专门的词别集。南宋孝宗乾道（1165—1173）年间多次印行的周紫芝《竹坡老人词》，就是一部货真价实的词别集了。周㮚《竹坡老人词跋》云：

> 先父长短句一百四十八阕。先是，浔阳书肆开行，讹舛甚多，未及修正。适乡人经由渭宣城搜寻此，未得其半，遂以金受板东下。未几，好事者辐辏访求，鬻书者利其得，又复开成，然比宣城本为善，盖刊亲校雠也。去岁武林复得二章，今继于《忆王孙》之后。先父一时交游如李端叔、翟公巽、吕居仁、汪彦章、元不伐，莫不推重。平生著述缀集成七十卷，椠板襄阳、黄州。开《楚辞赘说》《诗话》二集，尚有尺牍、《大闲录》《胜游录》《群玉杂嚼》藏于家，以俟君子广其传云。②

可知，周紫芝的《竹坡老人词》，先是由浔阳书肆印行，后宣城又曾开印，然"未得其半"。乾道九年（1173），周紫芝之子周㮚，又亲自校勘，由书肆约稿印行。《竹坡老人词》前有乾道二年（1166）孙兢的《竹坡老人词序》，称词集"凡一百四十八词"，

---

① ［宋］朱弁撰，孔凡礼点校：《曲洧旧闻》卷八，中华书局 2002 年版，第 205 页。

② ［宋］周紫芝：《竹坡老人词》卷末，［明］吴讷编：《百家词》下，天津市古籍书店1992 年版，第 1103 页。

这个本子可能就是最初的浔阳本。从乾道二年（1166）至乾道九年，周紫芝词集在短短几年时间里，被刊印多次，皆因"鬻书者利其得"。

坊肆印卖单行本词别集可以谋利，印卖词丛刻获利更为丰厚。宁宗嘉定（1208—1224）年间，长沙刘氏书坊刊刻的《百家词》、临安陈氏书棚刊刻的《典雅词》、闽中书坊辑刻的《琴趣外篇》，都是收录多人词集的词丛刊。此类印刷物，可以单本卖出，也可以多本打包出售，还可成套售卖，获取的利润更大。刘氏书坊刊刻的《百家词》编刻的一大重要动机就是"市人射利"①刻印词选本，一样也能谋利。龙榆生即明言，《草堂诗余》一类的选本，出自书坊，"书贾牟利，类录以为传习之资"。②陈振孙《直斋书录解题》著录称，《草堂诗余》二卷、《类分乐章》二十卷、《群公诗余前后编》二十二卷、《五十大曲》十六卷、《万曲类编》十卷等大部头的词选集，"皆书坊编集者"，"射利"是刊刻者的重要动机。否则，就没有必要耗费大量的人力、财力刻印如此大部头的词集了。

当然，为了急于获利，坊肆刻书往往存在疏于校勘、粗制滥造的情形。如刘氏书坊刊刻的《百家词》，到后来为了急于"射

---

① ［宋］陈振孙撰，徐小蛮、顾美华点校：《直斋书录解题》卷二一，上海古籍出版社2015年版，第629页。

② 龙榆生：《选词标准论》，《龙榆生词学论文集》，上海古籍出版社2009年版，第69页。

利"，而"欲富其部帙"，则不暇选择，"亦多有滥吹者"。① 更有甚者，有的刊刻者还走上了盗版之路。

　　无论书坊、刊刻者出于何种目的，客观上皆为宋人词集，尤其是词选、词丛刻的编辑出版，提供了便利与有力的外部支持，从而促使大量的词集刊行于世。

　　从营销者角度来讲，印书业的发达，也为以营销为主的书肆主人提供了商机，为了获利，他们乐于为书坊推销书籍。书坊主人往往既印书又售书，为获取更多的利润，其所刻书籍除自行直销外，还需以售卖书籍为业的书肆、书商为其专门兜售。"南宋临安之书棚、书铺，风行一时"，② 即与此有直接关系。作为书肆的补充，在商业繁华之地还出现了零售书籍的摊点。东京大相国寺即为其一，孟元老记载，"相国寺每月五次开放，万姓交易"，其"殿后资圣门前，皆书籍、玩好、图画"，③ 而"寺东门大街，皆是袄头、腰带、书籍、冠朵铺席"。④ 这都在一定程度上拓宽了宋人词集的流通渠道，扩大了其流播域限，对宋人词集的大量刊刻，显然具有一定的促进作用。

---

① ［宋］陈振孙撰，徐小蛮、顾美华点校：《直斋书录解题》卷二一，上海古籍出版社2015年版，第629页。

② ［清］叶德辉：《书林清话》卷二，中华书局1957年版，第33页。

③ ［宋］孟元老撰，邓之诚注：《东京梦华录》卷三，中华书局1982年版，第88—89页。

④ ［宋］孟元老撰，邓之诚注：《东京梦华录》卷三，中华书局1982年版，第102页。

第三节　宋代刻书业与本朝词籍的保存
——以宋人词选为中心

宋代刻书业的发达，使词别集、选集、丛刻等词集，得以大量的编辑刊刻、流播于世，这对宋代词籍的保存具有重大意义，尤其对于词选本、丛刻而言。

相对于本人全集而言，编印单行本的词别集，容易散佚。朱彝尊《词综发凡》即云："唐宋以来作者，长短句每别为一编，不入集中，以是散佚最易。"[1] 而词丛刻则对保存词集，功莫大焉。张之洞谓丛书"一部之中可该群籍，搜残存佚，为功尤巨"。[2] 缪荃孙《适园丛书序》称之曰："单简零帙，最易消磨，有大力者，汇聚而传刻之，昔人曾以拾丛冢之白骨，收路弃之婴儿为比，则丛书之为功大矣。"[3] 叶德辉《书林清话》也谓丛刻可"网罗散失，一朝文献，赖以得传""欲知一代诗文风气，盖舍此无可问途矣"。[4] 作为丛刻的一种类型，词丛刻亦然。明胡震亨即云："宋人词，多不入正集，好事家皆为总集。"[5] 纵观此《叙》，胡氏所谓"总集"，

---

① [清] 朱彝尊、汪森编：《词综》卷首，上海古籍出版社 1978 年版，第 7 页。
② [清] 张之洞撰，范希曾补正：《书目答问补正》卷五，上海古籍出版社 2001 年版，第 243 页。
③ [清] 张钧衡辑：《适园丛书》卷首，民国乌程张氏刊本。
④ [清] 叶德辉：《书林清话》卷八，中华书局 1957 年版，第 222 页。
⑤ [明] 胡震亨：《宋名家词叙》，[明] 毛晋辑：《宋六十名家词》（第二集）卷首，上海古籍出版社 1989 年版，第 176 页。

主要是指丛刻。吴熊和总结道："词集的命运，散刻则易佚，汇刻则易存，因此词集汇刻，就保存文献而言，历来受到重视。"①"从词集传播的历史状况来看，词集的传播实多赖于丛编"。②

词选本的编刊，也是保存词籍的重要途径与载体。宋代无词别集传世的词人中，尤其是那些声名不显的中小词人，能有一二首词作流传于世，多赖于词选本的保存。特别是本朝人编刻的本朝人词选本，是保存本朝人词籍的重要载体，也是校勘、辑佚词作的可靠源泉与依据，从而使得"书面词语增值和延伸"。③本节拟主要以宋人编刊的词选本为中心，探讨其保存宋词作的贡献。

一、中小词人词作传世的主要媒介

对声名显赫的词人来说，保存词作的渠道可能有多条。而对那些声名不显的中小词人及佚名词人而言，存词途径就少多了，词选无疑是重要的甚至是唯一的方式。若就此而论，沈荃《尊阁诗藏序》所谓"选则存，不选则亡"，还是有一定道理的。《梅苑》《乐府雅词》《花庵词选》《草堂诗余》《阳春白雪》《绝妙好词》等六部宋人词选，在保存宋代的中小词人及佚名词人词作方面，贡献是巨大的。吴熊和即指出："两宋词人有别集者不足百数，见于

---

① 吴熊和:《吴熊和词学论集》，杭州大学出版社 1999 年版，第 404 页。

② 王兆鹏:《词学史料学》，中华书局 2004 年版，第 101 页。

③ （加）马歇尔·麦克卢汉著，何道宽译:《理解媒介：论人的延伸》，商务印书馆 2000 年版，第 221—222 页。

这些选集的则多达数百家，其重要性本无可取代。"①

《梅苑》作为现存南宋人编辑较早的一部宋人词选，所录"多北宋词，或南、北宋之交者。中多未见他选本之作，辑佚者、校勘者颇多取焉"。② 现将多未见他本的中小词人词作，开列如下（仅就《唐宋人选唐宋词》本标出姓氏者统计）：

词人姓名	所收词作数目	词调名称及词作首句（或题序）	所在卷数
孔榘	2	《水龙吟》（数枝凌雪乘冰）	卷一
		《鹧鸪天》（却月凌风度雪清）	卷六
李久善	1	《念奴娇》（东君试手）	卷一
曾纾	2	《念奴娇》（片帆暮落）	
		《上林春慢》（东苑梅繁）	卷四
苏仲及	1	《念奴娇》（问梅何事）	卷一
邵博	1	《念奴娇》（天然潇洒）	
赵耆孙	1	《远朝归》（金谷先春）	
周纯	4	《蓦山溪》（江南春信）	卷二
		《满庭芳》（脂泽休施）	卷三
		《菩萨蛮》（梅花韵似才人面）	卷七
		《瑞鹧鸪》（一痕月色挂帘栊）	卷八
刘均国	1	《梅花引》（千里月）	
李坦然	1	《风流子》（东君虽不语）	卷二
蒲传正	1	《望梅花》（一阳初起）	

① 吴熊和：《吴熊和词学论集》，杭州大学出版社 1999 年版，第 112 页。
② 陈匪石：《声执》，载陈匪石编著，钟振振校点：《宋词举》（外三种），江苏古籍出版社 2002 年版，第 197 页。

续表

词人姓名	所收词作数目	词调名称及词作首句（或题序）	所在卷数
赵温之	3	《喜迁莺》（琼姿冰体）	卷三
		《踏清游》（竹外溪边）	卷四
		《踏莎行》（妖艳相偎）	卷九
吴 感	1	《折红梅》（喜冰澌初泮）	卷三
刘 几	1	《梅花曲》（汉宫中侍女）	
李 璆	1	《满庭芳》（白玉肌肤）	
权无染	5	《凤凰台上忆吹箫》（水国云乡）	卷五
		《南歌子》（照水金莲小）	
		《南歌子》（一点檀心紫）	
		《孤馆深沈》（琼英雪艳岭梅芳）	
		《乌夜啼》（洗净铅华污）	卷九
吴师孟	1	《蜡梅香》（锦里阳和）	卷四
俞仲明	1	《蜡梅香》（晚日初长）	
王圣与	1	《望梅》（画阑人寂）　按：非宋末王沂孙	
南山居士	2	《永遇乐》（满眼寒姿）	
		《永遇乐》（玉骨冰肌）	
郭仲宣	1	《江神子》（腊寒犹重见年芳）	
邵叔齐	3	《连理枝》（淡泊疏篱隔）	
		《扑蝴蝶》（兰摧蕙折）	
		《鹧鸪天》（不比江梅粉作花）	卷六

续表

词人姓名	所收词作数目	词调名称及词作首句（或题序）	所在卷数
许 将	1	《惜黄花》（雁声晓断）	卷五
李德载	3	《眼儿媚》（雪儿魂在水云乡）	卷五
		《早梅芳近》（深院静）	
		《早梅芳近》（残腊里）	
王 赏	1	《眼儿媚》（凌寒低亚出墙枝）	卷五
赵士暕	4	《好事近》（雪里晓寒浓）	卷五
		《好事近》（潇洒点疏丛）	
		《好事近》（造化有深功）	
		《好事近》（剪蜡缀寒条）	
张 焘	2	《恨欢迟》（淡薄情怀）	卷九
		《踏莎行》（阳复寒根）	
李子正	10	《减字木兰花》 按：十首有词序	卷六
王 寀	1	《浣溪沙》（雪里东风未过江）	卷六
孙 觌	1	《浣溪沙》（弱骨轻肌不耐春）	
房舜卿	2	《忆秦娥》（与君别）	卷八
		《玉交枝》（蕙死兰枯待返魂）	
李邦献	1	《菩萨蛮》（薰沉刻蜡工夫巧）	卷七
莫 将	10	《木兰花·十梅》	卷七
		《忆王孙》（绛唇初点粉红新）	卷八
荣 諲	1	《南乡子》（江上野梅芳）	卷七
何 棠	1	《采桑子》（百花丛里花君子）	
林 逋	1	《瑞鹧鸪》（众芳摇落独鲜妍）	卷八
杜安道	1	《西江月》（晓镜初妆玉粉）	
石耆翁	1	《蝶恋花》（夜半六龙飞海峤）	
王道亨	1	《桃园忆故人》（刘郎自是桃花主）	
郭仲循	1	《玉楼春》（靓妆才学春无价）	
史远道	1	《独角令》（墙头梅蕊一枝新）	

续表

词人姓名	所收词作数目	词调名称及词作首句（或题序）	所在卷数
范梦龙	1	《临江仙》（试问前村深雪里）	卷九
张泰	1	《踏莎行》（阳复寒根）	
薛几圣	1	《渔家傲》（雪月照梅溪畔路）	
朱翌	1	《点绛唇》（流水泠泠）	卷十
李景先	1	《少年游》（江国陆郎封寄后）	
杨亿	1	《少年游》（江南节物水昏云）	
郑刚中	1	《一剪梅》（汉粉重番内样妆）	

  《乐府雅词》与《梅苑》同为编纂较早的宋人词选，对保存宋词同样有重大的贡献。秦恩复跋之曰："南宋以后词人，藉此书十存其五六。"[1]特别是此选的《拾遗》部分，保存了一些仅见此选的中小词人词。曾慥《乐府雅词引》云："此外又有百余阕，平日脍炙人口，或不知姓名，则类于卷末，以俟询访。"其"不知姓名"的词作，暂且不论，以《拾遗》卷上存一二词者主要有（以《四部丛刊》标明姓氏者统计）：

词人姓名	存词数目	词调名称及词作首句
赵抃	1	《折新荷引》（雨过回廊）
廖正一	1	《瑶池宴令》（飞花成阵）
王雱	1	《倦寻芳》（露晞向晓）
吕直夫	1	《洞仙歌》（征鞍带月）
赵鼎臣	1	《念奴娇》（旧游何处）

---

① ［宋］曾慥编：《乐府雅词》卷末，《词学丛书》本，清嘉庆道光间江都秦氏享帚精舍刊本。

续表

词人姓名	存词数目	词调名称及词作首句
赵　企	1	《感皇恩》（骑马踏红尘）
张景修	2	《虞美人》（春风曾见桃花面）
		《选冠子》（嫩水挼蓝）
周格非	1	《绿头鸭》（陇头泉）
程　邻	1	《西江月》（阶下宝鞍罗帕）
徐　伸	1	《转调二郎神》（神闷来弹雀）
宋齐愈		《眼儿媚》（霏霏疏影转征鸿）
蒋　璨	1	《青玉案》（三年枕上吴中路）
杨　适	1	《南歌子》（怨草迷南浦）
李元卓	1	《菩萨蛮》（一枝绛蜡香梅软）
韩　璜	1	《清平乐》（秋光如水）
张方仲	1	《姝人娇》（多少胭脂）
范智闻	1	《西江月》（紫素全如玉琢）
查　荎	1	《透碧霄》（舣兰舟）
李敦诗	1	《卜算子》（南北利名人）
康仲伯	1	《忆真妃》（匆匆一望关河）

《花庵词选》意在存史，其保存宋代中小词人词作，成就非凡，"两宋名家无专集者或集轶者，大半藉以流传"。[①]在宋人词选中，赖其所传一二首词作的小家相对较多。黄昇存史意识强烈，对仅存 1 首词的词人词作，也甚为看重。如所选有贾昌朝《木兰花令》（都城水绿嬉游处），有评语曰："平生惟赋此一词，极有风

---

① 陈匪石:《声执》，载陈匪石编著，钟振振校点:《宋词举》（外三种），江苏古籍出版社 2002 年版，第 195 页。

味。"①胡德方对此选保存词籍的功绩，给予高度评价："古乐府不作，而后长短句出焉。我朝钜公胜士，娱戏文章，亦多及此。然散在诸集，未易遍窥。玉林此选，博观约取，发妙音于众乐并奏之际，出至珍于万宝毕陈之中，使人得一编，则可以尽见词家之奇，厥功不亦茂乎！"②初步统计，主要凭借《花庵词选》存词5首以下（包括5首）的词人词作，情况大致如下：

词选名称	词作者	数目	词调名称及词作首句	所在卷数
《唐宋诸贤绝妙词选》	贾昌朝	1	《木兰花令》（都城水绿嬉游处）	卷二
	丁谓	2	《凤棲梧》（十二层楼春色早）	
			《凤棲梧》（朱阙玉城通阆苑）	
	谢绛	3	《菩萨蛮》（娟娟侵鬓妆痕浅）	
			《夜行船》（昨夜佳期初共）	
			《诉衷情》（银缸夜永影长孤）	
	陈尧佐	1	《踏莎行》（二社良辰）	卷三
	苏舜钦	1	《水调歌头》（潇洒太湖岸）	
	王禹偁	1	《点绛唇》（雨恨云愁）	
	孙皎	1	《菩萨蛮》（一声羌管吹呜咽）	
	孙洙	2	《河满子》（怅望浮生急景）	
			《菩萨蛮》（楼头尚有三通鼓）	
	秦湛	1	《卜算子》（春透水波明）	卷四
	李婴	1	《满江红》（荆楚风烟）	

① ［宋］黄昇选编，邓子勉校点：《唐宋诸贤绝妙词选》卷二，《唐宋人选唐宋词》下，上海古籍出版社2004年版，第606页。
② ［宋］黄昇选编，邓子勉校点：《中兴以来绝妙词选》卷首，《唐宋人选唐宋词》下，上海古籍出版社2004年版，第686页。

续表

词选名称	词作者	数目	词调名称及词作首句	所在卷数
《唐宋诸贤绝妙词选》	汪辅之	1	《行香子》(晚绿寒红)	卷五
	刘潜	2	《六州歌头》(秦亡草昧)	
			《水调歌头》(落日塞垣路)	
	聂冠卿	1	《多丽》(想人生)	
	蔡挺	1	《喜迁莺》(霜天秋晓)	卷六
	林仰	1	《少年游》(霁霞散晓月犹明)	卷七
	唐庚	1	《诉衷情》(生平不会敛眉头)	卷八
	陆蕴	1	《感皇恩》(残角两三声)	
	李玉	1	《贺新郎》(篆缕销金鼎)	
	王昴（昂）	1	《好事近》(喜气拥朱门)	
	僧如晦	1	《卜算子》(有意送春归)	卷九
	吴城小龙女	1	《清平乐令》(帘卷曲阑独倚)	卷十
	吴淑姬	3	《小重山》(谢了荼蘼春事休)	
			《惜分飞》(岸柳依依拖金缕)	
			《祝英台近》(粉痕销)	
	陈凤仪	1	《一落索》(蜀江春色浓如雾)	

词选名称	词作者	数目	词调名称及词作首句	所在卷数
《中兴以来绝妙词选》	姚宽	5	《菩萨蛮》(斜阳山下明金碧)	卷三
			《菩萨蛮》(梦中不记江南路)	
			《怨王孙》(毵毵杨柳绿初低)	
			《生查子》(郎如陌上尘)	
			《踏莎行》(蘋叶烟深)	
	张震	5	《蝶恋花》(梅子初青春已暮)	
			《鹧鸪天》(宽尽香罗金缕衣)	
			《鹧鸪天》(横素桥边景最佳)	
			《蓦山溪》(青梅如豆)	
			《蓦山溪》(春光如许)	

续表

词选名称	词作者	数目	词调名称及词作首句	所在卷数
《中兴以来绝妙词选》	黄铢	3	《江神子》（秋风袅袅夕阳红）	卷四
			《菩萨蛮》（海山翠叠青螺浅）	
			《渔家傲》（永日离忧千万绪）	
	赵蕃	2	《小重山》（何地无溪祇欠人）	
			《菩萨蛮》（鸡声茅店炊残月）	
	蔡幼学	1	《好事近》（日日惜春残）	
	危稹	3	《水龙吟》（洛阳九老图中）	
			《渔家傲》（老去诸余情味浅）	
			《沁园春》（籍甚声名）	
	严参	2	《沁园春》（曰归去来）	卷五
			《沁园春》（竹马美哉）	
	刘褒	5	《水龙吟》（东风初縠池波）	卷七
			《雨中花慢》（缥蒂缃枝）	
			《满庭芳》（柳袅金丝）	
			《六州歌头》（凭深负阻）	
			《水调歌头》（天淡四垂幕）	
	施乘之	1	《清平乐》（风消云缕）	卷八
	黄师参	1	《沁园春》（谷口高人）	卷九
	李芸子	1	《木兰花慢》（占西风早处）	卷十

《阳春白雪》是南宋江湖词人词作的汇总。现据《粤雅堂丛书》本，将其所载词人词作（原书未标出作者，能考知者亦在其内），列于下表：

存词数目	词人姓名
1	丁注、丁宥、万俟咏、王玉、王苍、王炎、王澡、王□□、王万之、王月山、王师锡、王安中、王武子、王居安、王泳祖、方千里、方君遇、孔夷、叶隆礼、司马光、朱藻、朱用之、朱嗣发、仲殊、向希尹、邬虑、刘颉、刘天游、许玠、许及之、孙惔、孙居敬、苏轼、杜良臣、杨景、杨万里、李结、李萧、李子酉、李元膺、李好古、李宏模、李昴英、吴激、何大圭、余玠、沈蔚、宋齐愈、宋自逊、宋自道、宋德广、张先、张抡、张路、张端义、陆维之、陆象泽、陆游妾、陈垲、陈靴、陈璧、陈与义、陈成之、陈师道、林表民、岳珂、周氏、郑梦协、郑雪岩、郑清之、赵廱、赵汝愚、赵时行、赵希侉、赵希彭、荣樵仲、闻人武子、侯寘、洪皓、姚镛、姚志道、袁去华、真德秀、夏竦、晁公武、晁冲之、晁无咎、晁端礼、钱广孙、徐□、徐逸、徐理、徐霖、徐似道、徐俨夫、徐梦龙、留元刚、留元崇、郭□□、黄中、黄简、黄公度、黄岩叟、黄庭坚、曹组、崔与之、韩彦古、惠洪、程垓、储泳、曾觌、谢逸、楼槃、甄龙友、薛燧、戴复古、鞠华翁
2	王观、王寀、王峋、王大简、尹焕、史浩、史可堂、朱敦儒、刘镇、江开、许棐、李清照、吴亿、宋祁、张镃、张元干、张良臣、陆睿、陈克、陈云厓、陈东甫、周弼、周紫芝、周端臣、赵与洽、施翠岩、洪咨夔、耿时举、黄铸、曾栋、谢懋、谢明远、雷应春、潘牥、魏庭玉
3	丁默、王同祖、史深、冯去非、朱埴、刘一止、刘仙伦、苏茂一、杨韶父、李亿、吴琚、张艾、张辑、陈偕、郑觉斋、赵崇嶓、柳永、施枢、秦观、徐宝之、高似孙、黄时龙、萧卲、萧元之、续雪谷、程武、程公许、曾原一
4	石正伦、田为、杜龙沙、杨无咎、张孝祥、陈坦之、罗椅、郑熏初、赵时奚、赵彦端、柴望、晏几道、翁孟寅
5	刘翰、刘克庄、李从周、吴潜、范成大、赵汝茪、俞国宝、徐照、郭世模、黄载、潘汾
6	王沂孙、刘过、陆游、黄延琦、曹邍、韩疁、韩元吉
7	刘之才、孙惟信、赵子发、赵闻礼、奚㴉
8	蔡松年
9	贺铸
10	卢祖皋、利登、高观国
11	赵以夫、康与之
12	张榘、姜夔、翁元龙
13	吴文英、辛弃疾、胡翼龙、谭宣子

续表

存词数目	词人姓名
17	史达祖
20	周邦彦

　　上表中，南宋江湖词人占绝对优势，且存词多一二首，又多不见他本宋人词选（以着重号标出者），《阳春白雪》保存之功，不可磨灭。阮元即称："所选凡二百余家，宋代不传之作，多萃于是。"①若无《阳春白雪》，南宋词坛或许因此而产生断层。

　　《绝妙好词》也选录了许多名不见史传的中小词人词作，且其中很大一部分为周密之交游好友。厉鹗《绝妙好词笺序》就称此选"所采多绍兴迄德祐间人，自二三钜公外，姓字多不著。夫士生隐约，不得树立功业，炳焕天壤，仅以词章垂称后世，而姓字犹在若灭若没间，无人为从故纸堆中抉剔出之，岂非一大恨事耶？"②周密此选多是"从故纸堆中抉剔出之"，保存了一些名不见经传的南宋词人词作，为研究南宋中后期词人词作，提供了难得的资料，其功颇伟。《四库全书总目·绝妙好词笺》誉之曰："宋人词集，今多不传，并作者姓名亦不尽见于世。零玑碎玉，皆赖此以存，于词选中最为善本。"③"最为善本"倒不一定，"零玑碎玉，

---

① ［清］阮元撰，邓经元点校：《研经室集·研经室外集》卷三，中华书局1993年版，第1245页。

② ［宋］周密辑，［清］查为仁、厉鹗笺：《绝妙好词笺》卷首，上海古籍出版社1984年版。

③ ［清］永瑢等：《四库全书总目》卷一九九，中华书局1965年版，第1824页。

皆赖此以存", 倒是千真万确。《绝妙好词》所载少见于其他选本者, 按入选之顺序, 统计如下:

所在卷数	词人姓名及存词作数量
卷一	章良能(1)、张履信(2)、俞灏(1)
卷三	杨伯嵒(1)、周晋(3)、杨缵(3)、赵与铸(1)、钟过(1)、陈策(2)、李振祖(1)、薛梦桂(4)
卷四	郑楷(1)、陈逢辰(2)
卷五	李演(6)、赵汝迕(1)、史介翁(1)、杨子咸(1)、何光大(1)、赵濡(2)、赵淇(1)、潘希白(1)、李珏(2)
卷六	应㵎孙(2)、王忆之(1)、余桂英(1)、胡仲弓(1)、王茂孙(2)、张桂(2)、张磐(2)、朱晞孙(1)、吴大有(1)、赵崇霄(1)、郑斗焕(1)、曹良史(1)
卷七	赵与仁(5)

至于《草堂诗余》, 虽"其中词语, 间与集本不同", 但于宋代词籍, 也有保存功绩。姚孝宁《念奴娇》(素娥睡起)、丁仙现《绛都春》(融和又报)、宋丰之《小重山》(花样妖娆柳样柔)等, 皆为作者唯一传世之词作, 仅载于是集。

当然, 有人能有几首词流传下来, 也并非一家词选之功, 而是几家共为之。具体有以下几种情形:

其一, 一人词作同载于几部词选。如王霁传词1首《倦寻芳慢》(露晞向晓), 既见《乐府雅词·拾遗》上, 又见于《草堂诗余·前集》卷上、《唐宋诸贤绝妙词选》卷二; 赵鼎臣《念奴娇》(旧游何处)1首, 既见于《乐府雅词·拾遗》上, 又见《唐宋诸贤绝妙词选》卷五; 赵企传世的有调名的词1首, 即《感皇恩》

（骑马踏红尘），《乐府雅词·拾遗》上、《唐宋诸贤绝妙词选》卷
八同载之；徐伸《转调二郎神》（闷来弹雀）1首，分别见于《乐
府雅词·拾遗》上、《草堂诗余·前集》卷下、《唐宋诸贤绝妙词
选》卷八；孙觌《浣溪沙》（弱骨轻肌不耐春）1首，同载于《梅
苑》卷六、《乐府雅词·拾遗》上；杨适《南柯子》（怨草迷南浦）
1首，同载于《乐府雅词·拾遗》上、《唐宋诸贤绝妙词选》卷六；
韩璜《清平乐》（秋光如水）1首，同见于《乐府雅词·拾遗》上、
《唐宋诸贤绝妙词选》卷八；查荎《透碧霄》（舣兰舟）1首，同
载于《乐府雅词·拾遗》上、《唐宋诸贤绝妙词选》卷七；阮逸女
《花心动》（仙苑春浓）1首，同见于《草堂诗余·前集》上、《唐
宋诸贤绝妙词选》卷十。蒋元龙3首，即《好事近》（叶暗乳鸦
啼）、《阮郎归》（小池芳草绿初匀）、《乌夜啼》（小桃落尽残红），
同载于《乐府雅词·拾遗》上、《唐宋诸贤绝妙词选》卷六，其中
《好事近》（叶暗乳鸦啼）一词，还见于《草堂诗余·前集》卷下。
当然，其间不排除有后出词选袭录先出词选的情形。

其二，有些词人的传世词作，是几家词选本相互补充的结果。
如何桌（文缜）完整流传下来的词作有2首，《采桑子》（百花丛
里花君子）载于《梅苑》卷七，《虞美人》（分香帕子揉蓝翠），见
于《乐府雅词·拾遗》上。江开存词4首，《玉楼春》（风前帘幕沾
飞絮）、《菩萨蛮》（春时江上廉纤雨）2词，载于《阳春白雪》卷
一，《浣溪沙》（手捻花枝忆小蘋）、《杏花天》（谢娘庭院通芳径）
2词，载于《绝妙好词》卷四。

其三，有些词人词作的传世，是前后几家词选不断递加的结

果。廖世美有 2 词传世,《烛影摇红》(霭霭春空)载于《乐府雅词·拾遗》上,《唐宋诸贤绝妙词选》卷四收录此词的同时,又补录了《好事近》(落日水熔金)。程过(观过)存词 2 首,《昭君怨》(试问愁来何处)见《乐府雅词·拾遗》上,《唐宋诸贤绝妙词选》卷三在此基础上又补录了《满江红》(春欲来时)。

还有一种情况,有的词人传世词作,其中有一二首是依赖于宋人词选的。如章楶存词 2 首,其《水龙吟》(燕忙莺懒芳残)见于《草堂诗余》后集卷下;林逋存词 4 首,其《相思令》(吴山青)见于《乐府雅词》,《点绛唇》(金谷年年)见于《草堂诗余》后集卷下;范端臣存词 2 首,其中《念奴娇》(玉楼绛气)词见于《草堂诗余》后集卷上;韩子苍存词 2 首,其《念奴娇》(海天向晚)一词,载于《草堂诗余》后集卷上。另外,流传至今的宋代许多佚名词人的词作,也是多由宋人词选保存下来的。

宋人词选对本朝人词作的接受,对保存中小词人及佚名词人之作,起到了至关重要的作用。这是宋人词选保存宋代词籍的最大贡献。否则,不少词人词作可能会散佚不传。

二、辑录校勘的重要依据与可靠源泉

宋人词选不仅有保存词人词作之功,也是后人辑录、校勘的重要依据和可靠源泉,可作版本之用。四库馆臣谓《花庵词选》曰:"去取亦特为谨严,非《草堂诗余》之类参杂俗格者可比。又每人名之下各注字号里贯,每篇题之下亦间附评语,俱足以资考核。在宋人词选，要不失为善本也。"① 龙榆生《选词标准》称《阳春白雪》："惟南宋名作，往往有为他本所绝无者，独赖兹集以传，足为考订之助。"② 此虽就一家词选而言，其他选本也多如此。这实质上道出了宋人词选的两大文献功能：辑佚与校勘。作为当代人选当代词作，宋人词选少有"以今稽古，病在不亲"③ 之弊病，从而具有其他典籍不能替代的文献价值，尤其在以上两方面。

宋人词选的校勘功能，主要体现在两个层面。其一，就单首词作而言，宋词中一词多作者、一词多异文的现象，往往可以宋人词选所选之词为标准，进行判定、鉴别。如《生查子》（去年元夜时）一词，杨慎《词品》、毛晋所辑《断肠词》，皆归之于朱淑真名下，四库馆臣依据此词曾收入欧阳修《庐陵集》，考定其为欧词。④ 其实，曾慥《乐府雅词》卷上，就已将此词归于欧阳修名下，这是断定此词为欧词的一个非常有力的证据。又，赵万里所辑《宋景文公词》开篇的《好事近》一词，"各本作'睡起玉屏风，吹去乱红犹落。天气骤生轻暖，衬沉香帷箔。'《阳春白雪》本只换了四个字，便全不同了：'睡起玉屏空，莺去乱红犹落。天气骤生轻暖，衬沉香罗薄。'从文义上看来，《阳春白雪》本远胜

---

① ［清］永瑢等：《四库全书总目》卷一九九，中华书局 1965 年版，第 1824 页。
② 龙榆生：《龙榆生词学论文集》，上海古籍出版社 2009 年版，第 72 页。
③ ［清］高士奇：《绝妙好词笺序》，［宋］周密辑，［清］查为仁、厉鹗笺：《绝妙好词笺》卷首，中华书局 1957 年版，第 5 页。
④ ［清］永瑢等：《四库全书总目》卷一九九《断肠词》，中华书局 1965 年版，第 1821 页。

于各本。"① 其二，就一部词集而言，可参照宋人词选，辨其收词之真伪，别其数目之多寡。如朱祖谋校梦窗词，删《玉漏迟》（絮花寒食路），断定其为赵闻礼之作，即依据《阳春白雪》卷五载此词。又如，毛晋《宋六十名家词》本黄昇《散花庵词》最末的五首词，即《木兰花慢》（莺啼啼不尽）、《水调歌头》（轮奂半天上）、《满庭芳》（三月春光）、《满庭芳》（草木生春）、《清平乐》（今朝欲去），皆不载于《中兴以来绝妙词选》，据此可以初步怀疑是伪作，在此基础上，再加考证，可知此五词之作者为戴复古，而非黄昇。② 再如，《草堂诗余》的许多讹误及失名词，可据黄昇选《花庵词选》，加以订正。诚如毛晋跋《花庵词选》所言："《草堂》刻本多误字及失名者，赖此可证。"③

　　宋人词选的辑佚功能，也主要体现在两个方面。其一，辑佚宋词的可靠来源与依据。许多辑佚之作皆以宋人词选为选源。如各种版本的《漱玉词》，皆不会错过《乐府雅词》卷下所选录的23首李清照词作。后人辑录的黄昇《散花庵词》，收词43首，前

---

① 胡适：《赵万里〈校辑宋金元人词〉序》，赵万里辑：《校辑宋金元人词》卷首，国家图书馆出版社 2013 年版，第 11 页。

② 毛晋汲古阁《宋名家词》第四集中的戴复古《石屏词》，收此五词，（毛晋辑：《宋六十名家词》，上海古籍出版社 1989 年版，第 467—469 页。）第三集黄昇《散花词》，当属误收。实际上，《木兰花慢》（莺啼啼不尽）、《水调歌头》（轮奂半天上）、《满庭芳》（三月春光）、《清平乐》（今朝欲去）四词，本就载于宋本《石屏词》（吴昌绶、陶湘辑：《景刊宋金元明本词》，上海古籍出版社 2012 年版，第 318—323 页。）

③ ［明］毛晋撰，潘景郑校订：《汲古阁书跋》，古典文学出版社 1958 年版，第 114—115 页。

38 首即为《中兴以来绝妙词选》卷末所附的黄昇自选词，而且排列顺序也相同。除《鹊桥仙》（青林雨歇）增入"春情"词题、《南乡子》（万籁寂无声）改词题"夜景"为"冬夜"外，其余 36 首词作的题序，也完全抄录于黄选。《四库全书简明目录》卷二十称："昇尝辑《花庵词选》，自录其词四十首。此本即从是集录出，所增不过三首。"① 称黄昇"自录其词四十首"，显然有误；《中兴以来绝妙词选》卷末所附黄昇词作是 38 首，而不是 40 首。另外，清人陶梁曾据《阳春白雪》辑《词综补遗》。近人所辑宋人已散佚词集，也多参考宋人词选。赵万里辑《校辑宋金元人词》，"辑本居大半"，② 就多以宋人词选为据，仅从其开列的相关"引用书目"，就可略知其大概：《乐府雅词》三卷拾遗二卷、《梅苑》十卷、《唐宋诸贤绝妙词选》十卷、《中兴以来绝妙词选》十卷、《阳春白雪》八卷外集一卷、《绝妙好词》七卷、《增修笺注妙选草堂诗余》前集二卷后集二卷。如其所辑赵闻礼《钓月集》一卷，凡 14 首，有 13 首来自《阳春白雪》与《绝妙好词》；③ 所辑谭宣子《在庵词》13 首，皆源于《阳春白雪》。唐圭璋编辑的《全宋词》，宋人词选也是一个重要的辑佚来源，从其所列的参考书目，亦略可知。由此看出宋人词选所载词作的可信度之高。

---

① ［清］永瑢等：《四库全书简明目录》卷二〇，古典文学出版社 1957 年版，第899 页。

② 赵万里辑：《校辑宋金元人词·例言》，国家图书馆出版社 2013 年版，第 15 页。

③ 其中《谒金门》（人病酒）一词，《绝妙好词》卷四中署名为谭宣子。粤雅堂丛书本《阳春白雪》，此词未标姓氏，清吟阁本作谭宣子。无论如何，此词皆源于宋人词选。

其二，可以增补词作、拓展辑佚空间。首先，宋人词选所载词作是辑录、增补词集的重要源泉。为当时没词集的词人辑录词集、为词集散佚的词人重新辑录词集、增补前人辑录的某些词人词集、增补残本词集等，宋人词选都是不能忽视的珍贵、可靠的资源。如，"近人吴昌绶于残宋本《东山词》一卷，明抄本《贺方回词》二卷以外，又据《乐府雅词》《阳春白雪》《绝妙词选》《草堂诗余》《全芳备祖》《花草粹编》等书，补得贺铸之作三十余阕"。[①] 其次，宋人词选还可拓展辑佚空间。就某家词作的数目来说，有的可依据宋人词选所载与之相关的他人词作，大致推测出其存词数目（或存词数目的底限），为日后的增补留下余地，从而拓展辑佚空间。如黄昇的词作，并不止《中兴以来绝妙词选》卷末所附载的 38 首，这从该选所载冯取洽与黄昇的唱和词，即可推断出来。黄昇 38 首词作中，有 3 首在词题及小序中提到冯取洽。经查考，是集所选的 5 首冯词中，有 2 首为和黄昇之作，即《摸鱼儿·和玉林韵，盖为遗蜕山中桃花》《蝶恋花·和玉林韵》。顺此生发下去，考《彊村丛书》本冯取洽《双溪词》，有 11 首与黄昇唱和的词作：《贺新郎·玉林为风月楼作，次韵以谢》《贺新郎·次玉林见寿韵》《贺新郎·次玉林感时韵》《贺新郎·花庵老子以游戏自在三昧，寓之乐府。溪翁随喜和韵以咏叹之，不知维摩燕坐次，可授散花女，俾歌之以侑茗饮否？艾子，汝为老人书以寄之》《贺新郎·追次玉林所赋溪楼燕集韵》《沁园春·次玉林惠示韵》

① 任二北：《研究词集之方法》，《东方杂志》第二十五卷第九号，商务印书馆 1928 年 5 月，第 49—50 页。

《水调歌头·四月四日自寿，用玉林韵，兼效其体》《念奴娇·次韵玉林寄示》《木兰花慢·韵奉酬玉林病中见示》《摸鱼儿·玉林君为遗蜕山中桃花赋也。花与主人，何幸如之，用韵和谢》《蝶恋花·和玉林韵》。其中，最后 2 首与前面所提到的和词重复。比照黄昇 38 首词作，冯取洽所和黄昇的本词，仅 2 首在其中，即《贺新郎·题双溪冯熙之交游风月之楼》《木兰花慢·乙巳病中》，其余 9 首本词，皆不见。又，黄昇词选中，冯伟寿（号云月）《木兰花慢·和答玉林韵》词，所和黄昇的本词为《木兰花慢·题冯云月玉连环词后》。这样看来，黄昇的词作应该不会少于 47 首。这些不载于《花庵词选》的黄昇词作，不见得就已散佚，或许将来某一天会可能会被翻检到。

当然，有些中小词人词作，也同时散见于其他典籍，但宋人词选毕竟做了大量的辑佚工作，有集中保存词籍的作用，故其文献价值不容低估。尤其是在校勘和辑佚方面，对后世的影响之大，有目共睹。

最后，还需特别指出，所谓的宋人词选是辑录、校勘的重要的依据与可靠的源泉，多就一般情况而言。某些情况下，宋人词选所载词作，也是有讹误的。如《乐府雅词》所选词作，有的署名就有问题。胡仔《苕溪渔隐丛话·前集》卷五十九即指出，曾慥以李邴《念奴娇》（素光练静）误为徐师川作，把孙和仲《点绛唇》（流水泠泠）误为惠洪之作，将晁冲之《汉宫春》（潇洒江梅）误为李邴词；后集卷三十九指出，将曹组《婆罗门引》（帐云暮卷）误为杨景之作。① 即使被四库馆臣誉为"在宋人词选，要不失为善本"的《花庵词选》，也难免此病，如《唐宋诸贤绝妙词选》卷一将李璟《山花子》（菡萏香销翠叶残），误归李煜名下。至于其他词选，也或多或少存在此类问题。如《阳春白雪》卷二《燕山亭》（裁剪冰绡）一词，署名为仲殊，实为宋徽宗作。《绝妙好词》卷四将《瑞鹤仙》（冻痕消梦草）、《玉漏迟》（絮花寒食路）、《法曲献仙音》（花匦第弦）、《好事近》（人去绿屏闲）四词归于楼采名下，而实为赵闻礼所作（见《阳春白雪》卷五）。至于《草堂诗余》，此类情形较多，仅举一例，以概其余。《菩萨蛮》（南园满地堆轻絮）见于《草堂诗余·前集》卷下，署名为何籀，实为温庭筠之作。② 此为宋人词选编者在接受本朝人词作过程中，出现的偏差与失误。因此，从事辑佚、校勘工作时，切不可掉以轻心，

---

① 《念奴娇》载于《乐府雅词》卷中；《点绛唇》《汉宫春》《婆罗门引》三词，收在《乐府雅词·拾遗》上，第一首没标明姓名，后二首皆标出，这与现在通行的《四部丛刊初编》本序引所称"咸不知姓名"，明显存在矛盾。《乐府雅词》编成于绍兴十六年（1146），胡仔《苕溪渔隐丛话》"前集"成书于绍兴十八年（1148），"后集"成书于乾道三年（1167），去曾慥编辑《乐府雅词》不远（特别是前集离《乐府雅词》编成仅二年），故胡氏所见《乐府雅词·拾遗》收录的词作有主名，当为可信。据此，拾遗二卷所收词作，当是有主名与无主名者并存，今通行本即如此。马端临《文献通考·经籍考七三》著录一个正集十二卷拾遗二卷本《乐府雅词》，所录曾慥之序即称："此外有百余阕，平日脍炙人口，或不知姓名。"（马端临著，上海师范大学古籍研究所、华东师范大学古籍研究所点校：《文献通考》卷二百四十六，中华书局 2011 年版，第 6658 页。）
② 《花间集》卷一、《唐宋诸贤绝妙词选》卷一，皆署名为温庭筠。唐圭璋编《全宋词》，亦从之。

一味迷信宋人词选。孟子所谓的"尽信书，则不如无书"，[①] 于此得以诠释。

除词集外，有些词作还散见于稗官野史、类书、诗话、词话等文献。朱彝尊《词综发凡》即云："词有当时盛传，久而翻逸者，遗珠片玉，往往见于稗官载纪。是编自《百川学海》《古今小说》《唐宋丛书》、曾氏《类说》、吴氏《能改斋漫录》、阮氏《诗话总龟》、胡氏《苕溪渔隐丛话》、陶氏《说郛》、商氏《稗海》、陆氏《说海》、陈氏《秘笈》外，翻阅小说，又不下数十家。片词足采，辄事笔疏，故多他选未见之作，庶几一开生面。"[②] 朱氏开列的这份书单，涵盖稗官野史、类书、诗话、词话等各类典籍。它们也或多或少地保存了一些词作。这在很大程度上要归功于宋代发达的刻书业支撑。

---

① ［汉］赵岐注，［宋］孙奭疏，廖名春、刘佑平整理：《孟子注疏》卷一四（上），北京大学出版社 2000 年版，第 449 页。

② ［清］朱彝尊，汪森编：《词综》卷首，上海古籍出版社 1978 年版，第 12 页。

第三章　宋代刻书业与词体观念的演进

所谓词体观念，一般是指人们对词这一音乐与文学复合型文体的本质特征及其功能的综合性体认。卑体与尊体是宋人词学观念的两个重要层面。整体而言，由卑体到尊体，还清晰地展露出宋人词体观念演进的轨迹。宋人词体观念对宋人词集，尤其是词选的编辑与刊刻，有重要的推动作用。换言之，宋人词集的编纂与刊刻，很大程度上取决于宋人由卑体到尊体的词体观念演进。从某种意义可以说，宋代刻书业的发达，对宋代词体观念的演进，具有重要的促进作用。

第一节　由卑体到尊体

宋人词体观念的表征是多层面的。其中，卑体与尊体是两个紧密相联的重要层面。由卑体到尊体，较为清晰地展现出宋人词体观念的演进轨迹。

一、娱宾遣兴与卑体意识

娱宾遣兴是词体的首要功能，这是宋人，尤其是北宋人在很长时期内的一种普遍的认识。词是伴随燕乐而产生的一种音乐文学，其最初的主要功能是供宴席、花间侑觞佐欢之用，这在唐、五代时就已定位。后蜀广政三年（940）夏四月，欧阳炯撰《花间集叙》称：

> 名高白雪，声声而自合鸾歌；响遏行云，字字而偏谐凤律……则有绮筵公子，绣幌佳人，递叶叶之花笺，文抽丽锦；举纤纤之玉指，拍按香檀。不无清绝之词，用助娇娆之态……庶使西园英哲，用资羽盖之欢；南国婵娟，休唱莲舟之引。[①]

很显然，赵崇祚编辑《花间集》的目的，主要是为"绮筵公子""绣幌佳人""西园英哲"，尊前花下"用资羽盖之欢"。北宋人承袭了这一理念，并升华到理论层面。宋仁宗嘉祐三年（1058）十月，陈世修为冯延巳所作的《阳春集序》，明确提出词体具有"娱宾遣兴"的功能：

> 公以金陵盛时，内外无事，朋僚亲旧，或当燕集，多运藻思，为乐府新词，俾歌者倚丝竹而歌之，所以娱

[①] ［后蜀］赵崇祚辑，李一氓校：《花间集校》卷首，人民文学出版社1958年版，第1—2页。

宾而遣兴也。日月寖久，录而成编。①

陈世修称冯延巳"为乐府新词"的最初目的，是"俾歌者倚丝竹而歌之"，从而以"娱宾而遣兴"。欧阳修《西湖念语》也称其《采桑子》十首有此功用："因翻旧阕之辞，写以新声之调，敢陈薄技，聊佐清欢。"②晏殊更有同感，其每宴"必以歌乐相佐"③，可为明证。晏几道又将"娱宾遣兴"细化成"自娱"与"娱客"两个层面。其《小山词序》有曰：

> 叔原往者浮沈酒中，病世之歌词不足以析酲解愠，试续南部诸贤绪余，作五七字语，期以自娱……始时沈十二廉叔，陈十君龙家，有莲、鸿、蘋、云，品清讴娱客。每得一解，即以草授诸儿，吾三人持酒听之，为一笑乐而已。④

黄庭坚《小山词序》也称晏几道"独嬉弄于乐府"。以上所说，主要针对上流的社会士大夫阶层而言，至于一些普通的民众，也是如此。龙榆生《两宋词风转变论》云："令词行于士大夫杯酒交欢之际，慢曲则盛于倡馆酒楼间。"⑤此论虽有绝对化嫌疑，但

① ［南唐］冯延巳：《阳春集》卷首，［明］吴讷编：《百家词》上，天津市古籍书店1992年版，第149页。
② ［宋］欧阳修撰，黄畬笺注：《欧阳修词笺注》，中华书局1986年版，第1页。
③ ［宋］叶梦得撰，徐时仪校点：《避暑录话》卷二，《宋元笔记小说大观》第3册，上海古籍出版社2001年版，第2615页。
④ ［宋］晏几道：《小山词》卷首，朱孝臧辑校编撰：《彊村丛书》第1册，上海古籍出版社1989年版，第653页。
⑤ 龙榆生：《龙榆生词学论文集》，上海古籍出版社2009年版，第259页。

"倡馆酒楼间"的消费人群中有普通民众，确是不争的事实。事实上，词体可以娱宾遣兴，实为北宋人的共识。鲷阳居士《复雅歌词序略》即云："我宋之兴，宗工臣（巨）儒，文力妙天下者，犹祖其（按：指温庭筠等唐末五代词人）遗风，荡而不知所止，脱于芒端，而四方传唱，敏若风雨，人人歆艳，咀味于朋游樽俎之间，以是为相乐也。"①

清人周济曾有言："北宋有无谓之词以应歌，南宋有无谓之词以应社。"② 实际上，南宋同样也存在"无谓"的"应歌"之词，只是程度较北宋相对弱些。南渡以后，词体虽一度成为一些人抒写"平生经济之怀"③的"陶写之具"，④但以为词体可"娱宾遣兴"者，仍不乏其人。胡寅《酒边集序》就称，文章豪放之士虽视词为"谑浪游戏而已"，但"鲜不寄意于此"，⑤就是娱宾遣兴词体观念的一种外现。即使张孝祥、辛弃疾、陈亮等豪放之士，也不能完全摆脱此观念的束缚，无论一般的文人。周密《癸辛杂识》记载：

> 张于湖知京口，王宣子代之。多景楼落成，于湖为

---

① [宋] 谢维新编：《古今合璧事类备要·外集》卷一一，《景印文渊阁四库全书》第941 册，台湾商务印书馆 1986 年版，第 511 页。

② [清] 周济：《介存斋论词杂著》，唐圭璋编：《词话丛编》第 2 册，中华书局 2005 年版，第 1629 页。

③ [宋] 叶适著，刘公纯、王孝鱼、李哲夫点校：《叶适集》卷二九《书龙川集后》，中华书局 2010 年，第 597 页。

④ [宋] 范开：《稼轩词序》，[宋] 辛弃疾撰，邓广铭笺注：《稼轩词编年笺注》（定本）附录二，上海古籍出版社 2007 年版，第 620 页。

⑤ [宋] 向子諲：《酒边集》卷首，[明] 吴讷编：《百家词》上，天津市古籍书店 1992 年版，第 595 页。

大书楼扁，公库送银二百两为润笔。于湖却之，但需红
罗百匹。于是大宴合乐，酒酣，于湖赋词，命妓合唱甚
欢，遂以红罗百匹犒之。①

张孝祥以词娱乐，竟不避嫌疑，于大庭广众之下，赠歌妓红
罗百匹。又，陈亮《与郑景元提幹》："欲为一世故旧朋友作近拍
词三十阕，以创见于后来。本之以方言俚语，杂之以街谈巷歌，
抟搦义理，劫剥经传，而卒归之曲子之律，可以奉百世豪英一
笑。"②为增加宴会的融洽气氛，主人还常命歌妓演唱自家词作。岳
柯《桯史》载："稼轩以词名，每燕必命侍妓歌其所作。"③郭应祥
《鹧鸪天》（我离浏川七载强）词小序云："梦符置酒于野堂，出家
妓歌自制词以侑觞次韵。"④这既能娱宾又可娱己，可谓一举两得。
从理论上说，南宋人视词体的娱宾遣兴功能，与北宋并无二致，
皆看重本色。王炎自叙《双溪诗余》即云："盖长短句宜歌而不宜
诵，非朱唇皓齿，无以发其要妙之声。"⑤刘克庄《翁应星乐府》序

---

① ［宋］周密撰，吴企明点校：《癸辛杂识·续集》卷下，中华书局 1988 年版，第
209 页。
② ［宋］陈亮著，邓广铭点校：《陈亮集》卷二九，中华书局 1987 年版，第 389—
390 页。
③ ［宋］岳柯撰，吴企明点校：《桯史》卷三，中华书局 1981 年版，第 38 页。
④ ［宋］郭应祥：《笑笑词》，［明］吴讷编：《百家词》下，天津市古籍书店 1992 年
版，第 1233 页。
⑤ ［宋］王炎：《双溪诗余》卷首，王鹏运辑：《四印斋所刻词》，上海古籍出版社
2012 年版，第 793 页。

亦云："然长短句当使雪儿、啭春莺辈可歌，方是本色。"① 尽管如此，较之北宋，南宋人对词体娱宾遣兴功能的体认，还是发生了些许变异，主要体现在明确将传统的儒家诗论移于词体，强化了词体的教化色彩。（详见本章第三节）

宋代风俗文化的高涨，又进一步强化了词体的娱宾遣兴功能。风俗，是一个民族、一定地域的人长期积淀而形成的风尚、礼节、习惯等的总和，是一种综合而又复杂的文化现象。应劭《风俗通义序》有言："风者，天气有寒暖，地势有险易，水泉有美恶，草木有刚柔也。俗者，含血之类，像之而生，故言语歌讴异声，鼓舞动作殊形，或直或邪，或善或淫也。"②《汉书·地理志》亦言："凡民函五常之性，而其刚柔缓急，音声不同，系水土之风气，故谓之风；好恶取舍，动静亡常，随君上之情欲，故谓之俗。"③ 这是说，风俗是由不同的自然条件和社会条件沉淀而成的。宋代因其特殊的自然条件和高度繁荣的经济，造就了高度发达的风俗文化。风俗文化的本质是娱乐，一般而言，每一种风俗都有其固定的仪式或娱乐方式，宋代风俗尤其如此。以节序为例，即有元宵赏灯，清明踏青、省墓，端午赛龙舟，七夕祈巧，中秋赏月，重阳登高，冬至祭天，除夕守岁等。即便不是节日，宋人也常适时举行一系列的活动，适时娱乐。《梦粱录》"暮春"条记载：

① ［宋］刘克庄著，辛更儒笺校：《刘克庄集笺校》卷九七，中华书局 2011 年版，第 4083 页。
② ［汉］应劭撰，王利器校注：《风俗通义校注》卷首，中华书局 1981 年版，第 8 页。
③ ［汉］班固撰，［唐］颜师古注：《汉书》卷二八（下），中华书局 1962 年版，第 1640 页。

　　是月春光将暮，百花尽开，如牡丹、芍药、棣棠、木香、荼蘼、蔷薇、金纱、玉绣球、小牡丹、海棠、锦李、徘徊、月季、粉团、杜鹃、宝相、千叶桃、绯桃、香梅、紫笑、长春、紫荆、金雀儿、笑靥、香兰、水仙、映山红等花，种种奇绝。卖花者以马头竹篮盛之，歌叫于市，买者纷然。当此之时，雕梁燕语，绮槛莺啼，静院明轩，溶溶泄泄，对景行乐，未易以一言尽也。①

　　不仅富贵之家如此，即使下层百姓，只要稍具条件者，也常对时行乐。正如吴自牧所言："不特富家巨室为然，虽贫乏之人，亦且对时行乐也。"②

　　各种节日、节序活动，多是少不了宴赏的。由于封建经济的发达，加上最高统治者的提倡，宋代此风甚为流行。对达官贵人来说，即使平日，也是宴饮不断，叶梦得《避暑录话》载：

　　晏元宪公……惟喜宾客，未尝一日不燕饮。而盘馔皆不预办，客至，旋营之。倾有苏丞相子容尝在公幕府，见每有嘉客必留，但人设一空案、一杯。既命酒，果实蔬茹渐至，亦必以歌乐相佐，谈笑杂出。数行之后，案上已灿然矣。稍阑，即罢遣歌乐曰："汝曹呈艺已遍，吾当呈艺。"乃具笔札相与赋诗，率以为常。③

---

① ［宋］吴自牧：《梦粱录》卷二，浙江人民出版社 1980 年版，第 15 页。

② ［宋］吴自牧：《梦粱录》卷三，浙江人民出版社 1980 年版，第 22 页。

③ ［宋］叶梦得撰，徐时仪校点：《避暑录话》卷二，《宋元笔记小说大观》第 3 册，上海古籍出版社 2001 年版，第 2615 页。

其他诸如生日庆寿、诸库迎煮、观钱塘潮、州府节制诸军春教、士人赴殿试唱名、解闱等，也都是宋代比较流行的风俗，在《东京梦华录》《梦粱录》《武林旧事》等宋人笔记小说中，多有详细记载，不再赘述。这些活动中，也少不了以词娱乐（详见下文），这进一步强化了词体的娱乐功能。

正因具有娱宾遣兴的功能，词体遭到一些所谓正统文人的鄙视。《四库全书总目·词曲类一》即云："词曲二体，在文章、技艺之间，厥品颇卑，作者弗贵。"① 其实，在四库馆臣前，这种卑词意识就已存在。唐、五代时，已有人对词体稍有微词。身为相国的和凝，因对自己少时所作曲子词"专托人收拾焚毁不暇"，虽"厚重有德，终为艳词玷之"。② 词虽大盛于两宋，但在当时就遭到一些人的鄙视。胡震亨《宋名家词叙》就称："宋人有词，宋人自小之，曰寄谑，曰写豪，甚曰劝酒。"③ 胡氏持论虽显偏颇，但也道出了一些实情。即宋人多具有不同程度的卑体意识。这种意识，正源于词体的娱宾遣兴功能。中国古人颇重文学的载道、教化功能，而词体具有很强的娱乐功能，自然不受待见。那么宋人又是如何卑视词体的呢？

在许多正统文人眼里，诗文是文学的正宗，歌词多在为赋诗作文之余，偶尔为之，他们一般是不会致力于此的。元祐五年

① ［清］永瑢等：《四库全书总目》卷一九八，中华书局 1965 年版，第 1807 页。
② ［五代］孙光宪撰，贾二强点校：《北梦琐言》卷六，中华书局 2002 年版，第 135 页。
③ ［明］毛晋辑：《宋六十名家词》第 2 集卷首，上海古籍出版社 1989 年版，第 177 页。

（1090）四月，苏轼《题张子野诗集后》就称："子野诗笔老妙，歌词乃其余技耳。"① 这一看法，在南宋更为普遍。王灼《碧鸡漫志》称："东坡先生以文章余事作诗，溢而作词曲。"② 绍兴十七年（1147）七月，关注《石林词跋》称叶梦得："以经术文章为世宗儒，翰墨之余，作为歌调。"③ 嘉定三年（1210），詹傅《笑笑词》序，称郭应祥"以宏博之学，发为经纬之文，形于言语议论，著于发策决科，高妙天下，模楷后学，以其绪余，寓于长短句"。④ 罗泌《六一词跋》称欧阳修："吟咏之余，溢为歌词。"⑤ 淳熙七年（1180）正月，强焕《题周美成词》将这种现象进一步普泛化："文章政事，初非两途。学之优者，发而为政，必有可观；政有其暇，则游艺于咏歌者，必其才有余刃者也。"⑥ 淳祐十一年（1251）五月，赵与訔《白石道人歌曲》跋，更明确表示："歌曲特文人

---

① ［宋］苏轼撰，［明］茅维编，孔凡礼点校：《苏轼文集》卷六八，中华书局1986年版，第2146页。

② ［宋］王灼著，岳珍校正：《碧鸡漫志校正》卷二，人民文学出版社2015年版，第26页。

③ ［宋］叶梦得：《石林词》卷末，［明］吴讷编：《百家词》上，天津市古籍书店1992年版，第565页。

④ ［宋］郭应祥：《笑笑词》卷首，［明］吴讷编：《百家词》下，天津市古籍书店1992年版，第1225页。

⑤ ［宋］欧阳修：《六一词》卷末，［明］吴讷编：《百家词》上，天津市古籍书店1992年版，第245页。

⑥ ［宋］周邦彦：《片玉词》卷首，［明］毛晋辑：《宋六十名家词》，上海古籍出版社1989年版，第177页。

余事耳。"① 鉴于此,有人干脆视填词为笔墨游戏之作。胡寅《酒边集序》就称,词曲"方之曲艺,犹不逮焉,其去曲礼,则益远矣……曰谑浪游戏而已也"。② 嘉泰元年(1201)五月,张镃题《梅溪词》也称:"世之文人才士,游戏笔墨于长短句间。"③ 淳祐九年(1249),胡德方为黄昇所作《词选序》同样持论如此:"古乐府不作,而后长短句出焉。我朝钜公胜士,娱戏文章,亦多及此。"胡氏以为,词为"乐府不作"后的产物,是"娱戏文章"之作。同年,赵以夫自序其《虚斋乐府》,更视填词为末道小技:"文章小技耳,况长短句哉。"④ 其卑词意识之强烈,想而见之。

宋人不仅视词为笔墨游戏、文章余技,还特冠以"小词"称谓。魏泰《东轩笔录》载:"王荆公初为参知政事,闲日因阅读晏元献公小词而笑曰:'为宰相而作小词,可乎?'平甫曰:'彼亦偶然自喜而为尔,顾其事业岂止如是耶?'"⑤ 王安石认为,晏殊身为台阁重臣,不该作小词;王安国骨子里也是鄙视词作的,故其为晏殊辩解,也仅着眼于"偶然自喜而为尔",顾其事业,当不会如此!晏几道见蒲传正时,为其父晏殊辩解道:"先公平日小词虽

---

① [宋]姜夔:《白石道人歌曲》卷末,朱孝臧辑校编撰:《彊村丛书》第4册,上海古籍出版社1989年版,第3183页。

② [宋]向子諲:《酒边集》卷首,[明]吴讷编:《百家词》上,天津市古籍书店1992年版,第595页。

③ [宋]史达祖撰,雷履平、罗焕章校注:《梅溪词》附录二,上海古籍出版社1988年版,第167页。

④ [宋]赵以夫:《虚斋乐府》卷首,吴昌绶、陶湘辑:《景刊宋金元明本词》,上海古籍出版社2012年版,第755页。

⑤ [宋]魏泰撰,李裕民点校:《东轩笔录》卷五,中华书局1983年版,第52页。

多，未尝作妇人语也。"①苏轼也数次称词为"小词"。乌台诗案后，有感于作诗惹祸，他欲改为填词："比虽不作诗，小词不碍，辄作一首，今录呈，为一笑。"②《与鲜于子骏三首》之二："近却颇作小词，虽无柳七郎风味，亦自是一家。"③苏轼虽谓其词"自是一家"，但也不过"写呈取笑"而已，不视其为主业。"小词"甚至还沦为"厕所"文学之境地。钱惟演曾言于其僚属："平生惟好读书，坐则读经史，卧则读小说，上厕则阅小辞。"④"小辞"即小词，上厕所时"阅小辞"，其卑词意识之浓烈，不难想象。可见，"小词"的"小"字，非仅指词体体制短小，还颇具卑视词体的意味，透露出宋人较强的卑词意识。即使宋人论词有意识地向诗歌靠拢，也掩饰不住其骨子里的卑词意识。

二、由卑体到尊体

宋人在卑体的同时，又从两个维度，有限度地推尊词体。王鹏运《词林正韵跋》云："南渡后，（词）与诗并列，词之体始尊。"⑤严格地说，"词之体始尊"应当始于北宋中后期，至南渡

---

① ［宋］赵与时著，齐治平校点：《宾退录》卷一，上海古籍出版社 1983 年版，第 2 页。

② ［宋］苏轼撰，［明］茅维编，孔凡礼点校：《苏轼文集》卷五六《与陈大夫八首》其三，中华书局 1986 年版，第 1698 页。

③ ［宋］苏轼撰，［明］茅维编，孔凡礼点校：《苏轼文集》卷五三，中华书局 1986 年版，第 1560 页。

④ ［宋］欧阳修撰，李伟国点校：《归田录》卷二，中华书局 1981 年版，第 24 页。

⑤ ［清］戈载：《词林正韵》卷末，王鹏运辑：《四印斋所刻词》，上海古籍出版社 2012 年版，第 328 页。

后得到不少人呼应。但是，终宋之世，词体并未能真正"与诗并列"，这一点必须明确。尽管如此，并不影响宋人对词体的推尊。宋人有意识地推尊词体，主要体现于强化诗词界限与弱化诗词畛域两个层面。

其一，强化诗词界限。强化诗词界限，属于文体辨析的范畴。文体辨析兴起于汉末，魏、晋之后，其说遂盛。刘师培《中国中古文学史》称："文章各体，至东汉而大备。汉、魏之际，文家承其体式，故辨别文体，其说不淆。"[①]汉、魏以降，文体辨析愈来愈细密。曹丕《典论·论文》将文章分为四体，并规范道："夫文本同而末异，盖奏议宜雅，书论宜理，铭诔尚实，诗赋欲丽。"[②]晋代陆机的《文赋》将文体分为诗、赋、碑、诔、铭、箴、颂、论、奏、说十类，每一种文体皆予以辨析，归纳出其本质特征。如关于诗、赋、碑、诔，陆氏指出，"诗缘情而绮靡，赋体物而浏亮。碑披文以相质，诔缠绵而悽怆"，[③]较之曹丕愈加细致。梁代刘勰《文心雕龙·附会第四十三》所谓的"夫才量学文，宜正体制"，[④]也流露出很强的辨体意识。他界定了各种文体，对各种文体的风

---

① 刘师培著，舒芜校点：《中国中古文学史》《论文杂记》，人民文学出版社 1959 年版，第 23 页。

② ［梁］萧统编，［唐］李善等注：《六臣注文选》卷五二，中华书局 1987 年版，第 967 页。

③ ［晋］陆机著，杨明校笺：《陆机集校笺》卷一，上海古籍出版社 2016 年版，第 17 页。

④ ［梁］刘勰著，范文澜注：《文心雕龙注》卷九，人民文学出版社 1958 年版，第 650 页。

格详加辨析，如《定势第三十》曰："是以括囊杂体，功在铨别，宫商朱紫，随势各配。章表奏议，则准的乎典雅；赋颂歌诗，则羽仪乎清丽；符檄书移，则楷式于明断；史论序注，则师范于覈要；箴铭碑诔，则体制于弘深；连珠七辞，则从事于巧艳。"①梁代萧统的《文选》，最早按文体分类编排诗文，分为三十八类，分类意识非常明晰。《文选序》云："凡次文之体，各以汇聚。诗赋体既不一，又以类分，类分之中，各以时代相次。"②至唐代，诗文辨体向着多元化的方向发展，其中以韩愈"以文为诗"说，影响较大。此说模糊了诗文间之域限，赋予诗歌以载道的功能，从而削弱了诗歌的审美特质。

宋代是继南朝后又一个文学批评比较发达的朝代，宋人很注重诗文辨体。黄庭坚《书王元之竹楼记后》云："荆公评文章，常先体制，而后文之工拙。"③蔡絛《西清诗话》卷上载其父语云："汝学诗，能知歌、行、吟、谣之别乎？近人昧此，作歌而为行，制谣而为曲者多矣。且虽有名章秀句，若不得体，如人眉目娟好而颠倒位置，可乎？"④宋人的诗文辨体，必然会波及词学。

宋人强调诗词界限，当始于苏门词人群体。《王直方诗话》言：

---

① ［梁］刘勰著，范文澜注：《文心雕龙注》卷六，人民文学出版社 1958 年版，第530 页。

② ［梁］萧统编，［唐］李善等注：《六臣注文选》卷首，中华书局 1987 年版，第 4 页。

③ ［宋］黄庭坚著，刘琳、李勇先、王蓉贵校点：《黄庭坚全集·正集》卷二五，中华书局 2021 年版，第 596 页。

④ 张伯伟编校：《稀见本宋人诗话四种》，江苏古籍出版社 2002 年版，第 182 页。

"东坡尝以所作小词示无咎、文潜，曰：'何如少游？'二人皆对云：'少游诗似小词，先生小词似诗。'"①陈师道《后山诗话》亦言："世语云……苏子瞻词如诗，秦少游诗如词。"②从晁补之（无咎）、张耒（文潜）"二人皆对"，以及"世语云"可知，诗、词有别已是当时许多人的共识。李之仪更是强调，词"自有一种风格"："长短句于遣词中，最为难工，自有一种风格，稍不如格，便觉龃龉。"③所谓"自有一种风格"，是指词体具有与诗歌不同的文体风格。陈师道《后山诗话》称苏轼词"如教坊雷大使之舞，虽极天下之工，要非本色"，④也因此而发。李清照又推出词"别是一家"⑤的"本色论"，主张词要讲求声律，注重铺叙、典重，主情致而有故实，进而从理论的高度强化了词体的婉约本色。

南渡以后，"本色论"依然颇有市场。陈模《怀古录》曰："近时作词者，只说周美成、姜尧章等，而以稼轩词为豪迈，非词家本色。紫岩潘牥云：'东坡为词诗，稼轩为词论'，此说固当。盖

---

① ［宋］胡仔纂集，廖德明校点：《苕溪渔隐丛话·前集》卷四二，人民文学出版社1962年版，第284页。

② ［宋］胡仔纂集，廖德明校点：《苕溪渔隐丛话·前集》卷三八，人民文学出版社1962年版，第255页。

③ ［宋］李之仪：《姑溪居士全集·姑溪居士文集》卷四〇《跋吴思道小词》，《丛书集成新编》第62册，新文丰出版股份有限公司1985年版，第260页。

④ ［宋］胡仔纂集，廖德明校点：《苕溪渔隐丛话·后集》卷二六，人民文学出版社1962年版，第192页。

⑤ ［宋］胡仔纂集，廖德明校点：《苕溪渔隐丛话·后集》卷三三，人民文学出版社1962年版，第254页。

曲者曲也，固当以委曲为体。"①王炎自叙其《双溪诗余》云："盖
长短句宜歌而不宜诵，非朱唇皓齿，无以发其要妙之声……今之为
长短句者，字字言闺阃事，故语懦而意卑。或者欲为豪壮语以矫
之。夫古律诗且不以豪壮语为贵，长短句命名曰曲，取其曲尽人
情，惟婉转妩媚为善，豪壮语何贵焉？"②刘克庄序《翁应星乐府》
亦云："然长短句当使雪儿、啭春莺辈可歌，方是本色。"③沈义父
更强调作词与作诗的差异："作词与诗不同，纵是花卉之类，亦须
略用情意，或要入闺房之意。然多流淫艳之语，当自斟酌。如只
直咏花卉，而不着些艳语，又不似词家体例，所以难为。"④以上
各家，尽管言说对象、所论内容有所差异，但皆于词体本色立言。
宋人强化诗词界限，使词体得到了一定程度的尊崇。清人查礼
《铜鼓书堂词话》"情有文不能达，诗不能道者，而独于长短句中，
可以委宛形容之"⑤的言语、王国维《人间词话》"词之为体，要
眇宜修。能言诗之所不能言，而不能尽言诗之所能言。诗之境阔，
词之言长"⑥的论调，盖皆源于宋人"本色论"。

---

① 〔宋〕陈模撰，郑必俊校注：《怀古录校注》卷中，中华书局1993年版，第61页。
② 〔宋〕王炎：《双溪诗余》卷首，王鹏运辑：《四印斋所刻词》，上海古籍出版社2012年版，第793页。
③ 〔宋〕刘克庄著，辛更儒笺校：《刘克庄集笺校》卷九七，中华书局2011年版，第4083页。
④ 〔宋〕沈义父：《乐府指迷》，唐圭璋编：《词话丛编》第1册，中华书局2005年版，第281页。
⑤ 〔清〕查礼：《铜鼓书堂词话》，唐圭璋编：《词话丛编》第2册，中华书局2005年版，第1481页。
⑥ 王国维：《人间词话》卷下，上海古籍出版社2008年版，第18页。

其二，弱化诗词畛域。所谓的弱化诗词畛域，就是以诗歌作为参照物，将诗歌的内涵、技法等，移置于词体。淡化诗词畛域，也源于苏门词人群体。苏轼虽有卑词意识，但又以为诗、词同源一体，称词体"盖诗之裔"。① 这样，就从理论层面上淡化了诗词间的畛域。又，在《与陈季常十六首》之十三中，他认为，陈慥所惠示的新词，"句句警拔"，乃"诗人之雄"，将其与一般"小词"区分开来。② 在《与蔡景繁十四首》之四中，他以为，蔡所"颁示新词"，是"古人长短句诗"。③ 苏轼的以诗评词，以诗为词的观念，表明其词学观已向传统诗学观靠拢，显然有推尊词体的意识。乾道七年（1171）六月，汤衡撰《张紫微雅词序》称："其后元祐诸公，嬉弄乐府，寓以诗人句法，无一毫浮靡之气，实自东坡发之也。"④ 如此说来，陈洵《海绡说词》所谓的"词体之尊，自东坡始"，⑤ 还是有道理的。既然如此，填词就可以借鉴作诗的技法，"以诗为词"，把诗歌的寄托言志、雅正等诗学观念纳入词体中。

① ［宋］苏轼撰，［明］茅维编，孔凡礼点校:《苏轼文集》卷六三《祭张子野文》，中华书局 1986 年版，第 1943 页。

② ［宋］苏轼撰，［明］茅维编，孔凡礼点校:《苏轼文集》卷五三，中华书局 1986 年版，第 1569 页。

③ ［宋］苏轼撰，［明］茅维编，孔凡礼点校:《苏轼文集》卷五五，中华书局 1986 年版，第 1662 页。

④ ［宋］张孝祥撰，宛敏灏校笺:《张孝祥词校笺》卷首，中华书局 2010 年版，第 31 页。

⑤ 陈洵:《海绡说词》，唐圭璋编:《词话丛编》第 5 册，中华书局 2005 年版，第 4837 页。

黄庭坚《小山词序》就称晏几道词"寓以诗人之句法"。① 李之仪
《跋吴思道小词》也称吴词："其妙见于卒章，语尽而意不尽，意尽
而情不尽，岂平平可得仿佛哉！"② 皆承认词体也可以有比兴寄托，
而不仅仅是娱宾遣兴的工具。比较而言，黄裳的言论，更为全面，
《演山居士新词序》云：

> 演山居士闲居无事，多逸思，自适于诗酒间，或为
> 长短篇及五七言，或协以声而歌之，吟咏以舒其情，舞
> 蹈以致其乐。因言风、雅、颂诗之体，赋、比、兴诗之
> 用，古之诗人，志趣之所向，情理之所感，含思则有赋，
> 触类则有比，对景则有兴，以言乎德则有风，以言乎政
> 则有雅，以言乎功则有颂……六者圣人特统以义而为之
> 名，苟非义之所在，圣人之所删焉。③

黄裳主张词体不仅要有寄托，还须雅正，要符合圣人之义，
明确将儒家的诗乐观引入词论。这种词体意识，南渡后得到很多
人的呼应。如，陈彦行《于湖先生雅词序》称张孝祥："至于托物
寄情，弄翰戏墨，融取乐府之遗意，铸为毫端之妙词，前无古人，

---

① ［宋］晏几道：《小山词》卷首，朱孝臧辑校编撰：《彊村丛书》第 1 册，上海古籍
　出版社 1989 年版，第 651 页。
② ［宋］李之仪：《姑溪居士全集·姑溪居士文集》卷四〇，《丛书集成新编》第 62
　册，新文丰出版股份有限公司 1985 年版，第 260 页。
③ ［宋］黄裳撰，［宋］黄玠编：《演山集》卷二〇，《景印文渊阁四库全书》第 1120
　册，台湾商务印书馆 1986 年版，第 149 页。

后无来者。"① 詹效之《燕喜词叙》谓曹冠词："窃尝玩味之，旨趣纯深，中含法度。使人一唱而三叹，盖其得于六义之遗意，纯乎雅正者也……斯作也，和而不流，足以感发人之善心，将有采诗者，播而飏之，以补乐府之阙，其有助于教化，岂浅浅哉！"② 至宋末，张炎论词尚主"词欲雅而正"。③ 陆文奎则更侧重于抽绎词作的微言大意，其《玉田词题辞》即称："'词'与'辞'字通用，《释文》云：'意内而言外也。'……言外之意，异世谁复知者。览君词卷，抚几三叹。"④ 这种解词的方式，深刻影响到清代张惠言的常州词派。张氏《词选序》即有言："词者，盖出于唐之诗人，采乐府之音，以制新律，因系其词，故曰词。《传》曰：'意内而言外，谓之词'。其缘情造端，兴于微言，以相感动。极命风谣里巷男女哀乐，以道贤人君子幽约怨悱不能自言之情。低徊要眇，以喻其致。盖诗之比兴，变风之义，骚人之歌，则近之矣。"⑤

　　弱化诗词畛域，重要的一点是赋予词体以诗的功能，使之与诗一样，有比兴寄托，可以言志。这是对"厥品颇卑"小词的莫大推崇，后世词学家多了然于此。如周济《介存斋论词杂著》评

① ［宋］张孝祥著，徐鹏校点：《于湖居士文集》附录，上海古籍出版社 2009 年版，第 424 页。
② ［宋］曹冠：《燕喜词》卷首，王鹏运辑：《四印斋所刻词》，上海古籍出版社 2012 年版，第 749 页。
③ ［宋］张炎：《词源》卷下，唐圭璋编：《词话丛编》第 1 册，中华书局 2005 年版，第 266 页。
④ ［宋］张炎撰，吴则虞校辑：《山中白云词》（参考资料辑），中华书局 1983 年版，第 165—166 页。
⑤ ［宋］张惠言辑：《词选》卷首，中华书局 1957 年版，第 6—7 页。

王沂孙词即称："中仙最多故国之感，故著力不多，天分高绝，所谓意能尊体也。"① 尊体意识是南宋特殊文化背景下，宋人对传统词体观的理性反省与阐释。宋人推尊词体，离不开诗体，始终以诗为参照物。查礼《铜鼓书堂词话》即云："词不同乎诗而后佳，然词不离乎诗方能雅。"② 无论是强化还是弱化诗词域限，词体的地位皆因此得到不同程度的提升。

不过，许多宋人对待词体的态度，又是很矛盾的。他们一方面从事词的创制，即"文章豪放之士，鲜不寄意于此"，另一方面又瞧不起词，"随亦自扫其迹"。这在一定程度上透露出宋人卑词意识的顽固性。淳熙十六年（1189），陆游《长短句序》即云："予少时汩于世俗，颇有所为，晚而悔之。然渔歌菱唱，犹不能止，今绝笔已数年，念旧作终不可掩，因书其首，以识吾过。"③ 淳祐九年（1249）中秋，赵以夫自序《虚斋乐府》亦云："文章小技耳，况长短句哉？今老矣，不能为也。因书其后，以志吾过。"④ 陆游、赵以夫等晚年都意识到，自己年轻时填词是有"过"的，故而其晚年结集时，特撰文声明，以识其过。其实，由"念旧作终不可掩"一类的言行来看，他们并非真正的"晚而悔之"；否则，大

① ［宋］周济：《介存斋论词杂著》，唐圭璋编：《词话丛编》第 2 册，中华书局 2005 年版，第 1635 页。

② ［宋］查礼：《铜鼓书堂词话》，唐圭璋编：《词话丛编》第 2 册，中华书局 2005 年版，第 1482 页。

③ ［宋］陆游：《陆游集·渭南文集》卷一四，中华书局 1976 年版，第 2101 页。

④ ［宋］赵以夫：《虚斋乐府》卷首，吴昌绶、陶湘辑：《景刊宋金元明本词》，上海古籍出版社 2012 年版，第 755 页。

可不必将词附于文集或单独结集。如此说来，他们对词体既鄙视，又喜爱，是不忍其磨灭的。正如王炎自叙《双溪诗余》所云："曹公论鸡跖曰：'食之无益，弃之可惜。'此长短句五十余阕，亦鸡跖之类也。故哀而集之，因发其意于首云。"[1]

宋人的卑体与尊体意识，虽多并行，但相对来说，南宋人较北宋更强调尊体。整体上看，从北宋到南宋，宋人对词体的体认，大致经历了一个由卑体走向尊体的演进历程。这在很大程度上得助于宋代发达的刻书业的推进。

第二节　宋代刻书业与娱宾遣兴的词体功能

娱宾遣兴的功能，使词体成为宋人一种时兴的文化娱乐方式，扩大了词作的消费领域。风俗文化的高涨，一方面拓展了宋词的表现领域，另一方面强化了词体的娱乐功能。为满足娱乐消费需求，借助于发达的刻书业，宋人编纂刊刻了大量歌词选本，使词体由口头传播为主，开始向书面传播分化。传播媒介的变化，也在一定程度上促使宋人的词体观念发生改变，加速了词体脱离音乐的进程，导致词变为所谓的"长短句诗"。

一、编纂刊刻词选本，满足唱词娱乐需要

无论是平日的宴饮，还是节日的风俗活动、贺生辰等，多是

---

[1]　［宋］王炎：《双溪诗余》卷首，王鹏运辑：《四印斋所刻词》，上海古籍出版社2012年版，第793页。

少不了唱词娱乐的，这在宋人典籍中多有记载。《梦粱录》"清明节"条载：

> 清明交三月，节前两日谓之"寒食"，京师人从冬至后数起至一百五日，便是此日……至日，亦有车马诣赤山诸攒，并诸宫妃王子坟堂，行享祀礼。官员士庶，俱出郊省坟，以尽思时之敬。车马往来繁盛，填塞都门。宴于郊者，则就名园芳圃，奇花异木之处；宴于湖者，则彩舟画舫，款款撑驾，随处行乐。此日又有龙舟可观，都人不论贫富，倾城而出，笙歌鼎沸，鼓吹喧天，虽东京金明池未必如此之佳。殢酒之欢，不觉日晚。红霞映水，月挂柳梢，歌韵清圆，乐声嘹亮，此时尚犹未绝。①

《梦粱录》"妓乐"条还记载："街市有乐人三五为队，擎一二女童舞旋，唱小词，专沿街赶趁。元夕放灯、三春园馆赏玩、及游湖看潮之时，或于酒楼，或花衢柳巷妓馆家只应。"②宋人还为此寻绎理论依据，林正大《风雅遗音序》即云："古者燕飨则歌诗章。今之歌曲于宾主酬献之际，盖其遗意。乃若花朝月夕，贺筵祖帐，捧觞称寿，对景抒情，莫不有歌随寓而发。"③如此，风俗活动、宴席间的唱词，便有例可循，具备了合理性。

关于宋词的演唱，谢桃坊《宋词演唱考略》认为，有三种基

---

① ［宋］吴自牧：《梦粱录》卷二，浙江人民出版社 1980 年版，第 11—12 页。
② ［宋］吴自牧：《梦粱录》卷二〇，浙江人民出版社 1980 年版，第 192 页。
③ ［宋］林正大：《风雅遗音》卷首，《四库全书存目丛书》集部，第 422 册，齐鲁书社 1997 年版，第 12 页。

本形式：一是朝廷与官署大合乐中词的演唱，由教坊或乐营担任；二是士大夫与贵族家庭晏乐中词的演唱，由家庭小乐队和家妓们表演；三是小唱，歌妓一人执拍板清唱，或在极简单的乐器伴奏下且歌且舞。①无论哪一种形式演出，其目的皆为娱宾遣兴，后二者更如此。歌妓唱词的来源约略有三：一是口承传唱名家名词，二是现场向词人索词，三是事先备好歌本。第一种情况容易受歌源限制，不便灵应承，第二种多可遇而不可求，第三种对各种风俗活动中唱词娱乐最有保障。从歌妓方面而言，她们的确需要一些固定的歌词选本，以保证能有足够的、连续的侑觞歌源。正如沈松勤所言，她们"需要拥有固定的歌本，犹如戏剧演员需要剧本，以保证随时随地歌舞佐酒的表演"。②因此，各种类型的歌词选本应运而生，并借助当时发达的刻书业刊行于世。从歌词消费者的角度而言，为满足娱乐需求，他们也希望有人为歌妓提供歌词选本。当然，不能说歌词选本全是为歌妓唱词而编。宋词本来是宋代的流行歌曲，歌本的编辑出版，也有满足百姓唱词娱乐需要的一面。下面主要从选歌型与非选歌型词选本两个层面，分别予以探析。

其一，选歌型词选本。直接为应歌娱乐而编刻的选本，如《尊前集》《家宴集》《兰畹曲会》《混成集》《群公词选》《复雅歌词》《雅歌》等选本，有的仅从称谓上便可看出。事实上，确亦如此。《家宴集》就是其中的典型。陈振孙《直斋书录解题》称《家

① 谢桃坊：《宋词辨》，上海古籍出版社 1999 年版，第 346 页。
② 沈松勤：《唐宋词社会文化学研究》，浙江大学出版社 2004 年版，第 112 页。

宴集》曰："序称子起，失其姓氏。雍熙丙戌岁也。所集皆唐末、五代人乐府，视《花间》不及也。末有《清和乐》十八章，为其可以侑觞，故名'家宴'也。"①毛晋跋《尊前集》直承此说："雍熙间，有集唐末、五代诸家词，命名'家宴'，为其可以侑觞也。"《尊前集》"殆亦类此"。②《混成集》也是为应歌娱乐而编。据周密记载，《混成集》是修内司为朝廷宴饮、庆寿、歌舞升平而编辑的供教坊或乐营歌妓演唱的歌本。杨冠卿《群公词选》的编辑成帙，应歌娱乐是其一重要动机：

> 余漂流困踬，久客诸侯间，气象萎苶，时有所撄拂，则取酒独酌，浩歌数阕，怡然自适，似不觉天壤之大，穷通之为殊途也。羁旅新丰，既获其助，遂掇拾端伯《雅词》未登载者，厘为三帙，名曰《群公词选》。③

不过，杨冠卿更强调其选的歌以自娱性。《复雅歌词》的编纂刊刻，同样有应歌意图。《直斋书录解题》谓："题鲖阳居士序，不著姓名。末卷言宫词音律颇详，然多有调而无曲。"④"言宫词音律颇详"，为应歌词选本的显著标识。鲖阳居士《复雅歌词序略》

---

① ［宋］陈振孙撰，徐小蛮、顾美华点校：《直斋书录解题》卷二一，上海古籍出版社2015年版，第615页。
② ［明］毛晋撰，潘景郑校订：《汲古阁书跋》，古典文学出版社1958年版，第114页。
③ ［宋］杨冠卿：《客亭类稿》卷七《群公乐府序》，《丛书集成续编》131册，新文丰出版公司1989年版，第228页。
④ ［宋］陈振孙撰，徐小蛮、顾美华点校：《直斋书录解题》卷二一，上海古籍出版社2015年版，第632页。

有曰:

> 属靖康之变,天下不闻和乐之音者,一十有六年。
> 绍兴壬戌,诞敷诏旨。弛天下乐禁。黎民欢忭,始知有
> 生之快。讴歌载道,遂为化国。由是知孟子以"今乐犹
> 古乐"之言,不妄矣。[①]

"讴歌载道,遂为化国"是该选的主要选编宗旨。编者希望借
助歌词媒介,以寓教于乐,来实现这一宗旨。因为,"安上治民,
莫善于礼;移风易俗,莫善于乐"。[②] 王柏《雅歌》的编刻,也缘
于此,其《雅歌序》云:

> 所以学士大夫,尚从事于后世之词调者,既可倚之
> 于弦索,泛之于唇指,宛转萦纡于喉舌之间,忧愤疏畅,
> 思致流动,犹有可以兴起人心故也……类为《雅歌》若
> 干卷,而窃有取于放郑声之遗意云。[③]

《雅歌》作为应歌选本,兼有"兴起人心"与"放郑声"的儒
家教化功能。《雅歌》《复雅歌词》二选虽不同于普通的侑觞应歌
选本,但确有应歌功能。其用意在于,以应歌的外在形式,实现
最终的教化目的。

不仅如此,各种风俗娱乐所唱的歌词,往往还有其特定要求。

---

① [宋]谢维新编:《古今合璧事类备要·外集》卷一一,《景印文渊阁四库全书》第
941 册,台北商务印书馆 1986 年版,第 511 页。

② [宋]班固撰,[唐]颜师古注:《汉书》卷三〇《艺文志》引孔子语,中华书局
1962 年版,第 1711 页。

③ [宋]王柏撰,胡宗楙考异:《鲁斋王文宪公文集》卷五,《丛书集成续编》第 132
册,新文丰出版公司 1989 年版,第 248 页。

《古今词话》即云："万俟雅言自号词隐，崇宁中，充大晟府制撰，与晁次膺按月律进词。"① 张炎也称大晟府周邦彦诸人，按月律为词。② "按月律进词"，即填词要注意词情、乐律与节物之内在关联，就如龙榆生《选词标准论》所言："'按月律进词'，其曲情与词情，必与节物相应。"③ 李元膺《洞仙歌》小序，即外透出些许这方面的信息：

> 一年春物，惟梅柳间意味最深。至莺花烂熳时，则春已衰迟，使人无复新意。予作《洞仙歌》，使探春者歌之，无后时之悔。④

可知，李元膺的《洞仙歌》一词，主要为踏春应歌娱乐而填制。又，《梦粱录》"十月"条："诸大刹寺院，设开炉斋供贵家。新装暖阁，低垂绣幕。老稚团圞，浅斟低唱，以应开炉之序。"⑤ 这是说，"应开炉之序"，也需要演唱相应的歌词。胡浩然《喜迁莺》（谯门残月）下片所反映的情形，与此相类：

> 奇绝。开宴处珠履玳簪，俎豆争罗列。舞袖翩翩，歌喉缥缈，压倒柳腰莺舌。劝我应时纳祜，还把金炉香

---

① ［清］沈辰垣等编：《历代诗余》卷一一六引，上海书店 1985 年版，第 1372 页。

② ［宋］张炎：《词源》卷下，唐圭璋编：《词话丛编》第 1 册，中华书局 2005 年版，第 255 页。

③ 龙榆生：《龙榆生词学论文集》，上海古籍出版社 2009 年版，第 67 页。

④ ［宋］曾慥选，曹元忠原校，葛渭君补校：《乐府雅词》卷上，《唐宋人选唐宋词》上，上海古籍出版社 2004 年版，第 332—333 页。

⑤ ［宋］吴自牧：《梦粱录》卷六，浙江人民出版社 1980 年版，第 46 页。

蓺。愿岁岁、这一卮春酒，长陪佳节。①

可见，宋代的各种风俗活动，往往要演唱与之相应的歌词。其实，张炎于此已明言，昔人咏节序而付诸歌喉者，"不过为应时纳祜之声耳"。②既然宋人有以歌词"应时纳祜"的习俗，那么事先编辑出版歌词选本，以备应时之用，也就顺理成章了。《草堂诗余》就是这样的一个歌词选本。现存最早刻本《增修笺注妙选草堂诗余》，前集分春景类、夏景类、秋景类、冬景类，后集分节序类、天文类、地理类、人物类、人事类、饮馔器用类、花禽类，就有为应时纳祜、庆寿、宴饮等应歌娱乐而设的意图。清人宋翔凤看得清楚，其《乐府余论》有曰：

> 《草堂》一集，盖以征歌而设，故别题春景、夏景等名，使随时即景，歌以娱客。题吉席庆寿，更是此意。其中词语，间与集本不同。其不同者，恒平俗，亦以便歌。以文人观之，适当一笑，而当时歌伎，则必需此也。③

宋氏明确指出，《草堂诗余》分类编排的目的，主要是为"便歌"。赵万里持论与之近似，其《校辑宋金元人词》"引用书目"中《类编草堂诗余》四卷条下注即云："分类本以时令、天文、地理、人物等类标目，与周邦彦《片玉词》、赵长卿《惜香乐府》略

---

① 《增修笺注妙选草堂诗余·后集》卷上，《四部丛刊》初编本。
② ［宋］张炎：《词源》卷下，唐圭璋编：《词话丛编》第1册，中华书局2005年版，第262页。
③ 唐圭璋编：《词话丛编》第3册，中华书局2005年版，第2500页。

同，盖所以取便歌者。"① 龙榆生《选词标准论》亦云："惟以《清真集》之编纂体例，相与比勘。此虽不注宫调，而以时序景物分题，且出自书坊，必为当世比较流行之歌曲……吾人但认为当日之类编歌本可也。"② 吴世昌则以为，《草堂诗余》是供说话艺人唱词使用的专业手册：

> 当时艺人说唱故事，既须随时唱诗或词，而故事虽可临时"捏合"，诗词则须事前准备，非有素养，难于临时引用。至其所引用者或自己编制，或当时流行诗歌，或为名人篇什。即在后世文人编著之拟话本如《三言》《二拍》中，亦多有引前人诗词者。则当时说话人在准备材料时，最须注意采择或拟作适当诗词，以便在描写人物情景时演唱。其中素有修养者，固可翻阅专集，而一般艺人则颇需简便之手册，以资引用。《草堂诗余》将名人词分类编排，增加副题，实为应此辈艺人需要而编。故虽为选集，而标题"词话"。说话人得此，才高者可借此取经，据以拟作，平庸之辈亦可直引时人名作，以增加说话之兴味。故此书实系为说话人所编之专业手册，非为词人选读材料。③

《草堂诗余》不见得就是"为说话人所编之专业手册"，但此

---

① 赵万里辑：《校辑宋金元人词》，国家图书馆出版社 2013 年版，第 24 页。
② 龙榆生：《龙榆生词学论文集》，上海古籍出版社 2009 年版，第 69—70 页。
③ 吴世昌著，吴令华辑注，施议对校：《词林新话》，北京出版社 2000 年版，第 57—58 页。

选确有歌以娱人的编刻动机。李佳曾谓："《草堂诗余》所录，皆鄙俚，万不可读。"①殊不知，《草堂诗余》主要是供唱词之用的，原本就不是专供人阅读的读本。李氏之错，即悯于此。

民间为应时纳祜娱乐，需要《草堂诗余》一类的歌词选本；朝廷宴饮、庆寿、歌舞升平，同样需有现成的歌本。曾慥《乐府雅词》卷上所选录"调笑"，即是"九重传出"的歌词。又《梦粱录》记载宫中庆寿唱词情景：

> 第一盏进御酒，歌板色，一名唱中腔一遍讫，先笙与箫笛各一管和之，又一遍，众乐齐和，独闻歌者之声。宰臣酒，乐部起倾杯。百官酒，三台舞旋，多是诨裹宽衫，舞曲破撷，前一遍，舞者入，至歇拍，续一人入，对舞数拍，前舞者退，独后舞者终其曲，谓之"舞末"。第二盏，再进御酒，歌板色，唱和如前式。宰臣慢曲子，百官舞三台。②

黄昇《中兴以来绝妙词选》康与之小传也有记载："渡江初有声乐府。受知秦申王，王荐于太上皇帝，以文词待诏金马门。凡中兴粉饰治具，及慈宁归养、两宫欢集，必假伯可之咏。"③无论九重传出、宫中上寿，还是"中兴粉饰治具，及慈宁归养、两宫欢集"所演唱的歌词，有些可能即出自歌词选本，上举南宋修内司

---

① ［清］李佳：《左庵词话》卷下，唐圭璋编：《词话丛编》第 4 册，中华书局 2005 年版，第 3169 页。

② ［宋］吴自牧：《梦粱录》卷三，浙江人民出版社 1980 年版，第 18 页。

③ ［宋］黄昇选编，邓子勉校点：《中兴以来绝妙词选》卷一，《唐宋人选唐宋词》下，上海古籍出版社 2004 年版，第 687 页。

所刊《混成集》，佐证了这一推测的正确性。

其二，非选歌型词选本。此类选本虽不以选歌娱乐为主要编选动机，但也与其有千丝万缕的关系。黄大舆《梅苑序》云："若夫呈妍月夕，夺霜雪之鲜；吐嗅风晨，聚椒兰之酷。情涯殆绝，鉴赏斯在。莫不抽毫遗滞，劈彩舒哀，召楚云以兴歌，命燕玉以按节。"[①]这表明，黄大舆有唱词娱乐的意识，这也或多或少影响到其词选的编刊。《乐府雅词》也存在类似的情形。龙榆生《选词标准论》称："宋人选宋词，以'便歌'为主，而以雅正为归者，尚有曾慥之《乐府雅词》。"[②]《乐府雅词》虽不见得以便歌为主，但其编刻多少受应歌影响，倒也属实。较之前二者，黄昇《花庵词选》的编刊，受到便歌影响的痕迹，要稍微浓些，其明显的表征主要有二。第一，黄昇有唱词娱乐的意识。《绝妙词选序》曰："花前月底，举杯清唱，合以紫萧，节以红牙，飘飘然作骑鹤扬州之想，信可乐也。"[③]"骑鹤扬州"，见于梁代殷芸《殷芸小说》："有客相从，各言所志，或愿为扬州刺史，或愿多资财，或愿骑鹤上升。其一人曰：'腰缠十万贯，骑鹤上扬州。'欲兼三者。"[④]后世多以"骑鹤扬州"比喻不切实际的幻想，黄昇以之比喻欣赏"清唱"

---

① ［宋］黄大舆编，许隽超校点：《梅苑》卷首，《唐宋人选唐宋词》上，上海古籍出版社 2004 年版，第 195 页。

② 龙榆生：《龙榆生词学论文集》，上海古籍出版社 2009 年版，第 71 页。

③ ［宋］黄昇选编，邓子勉校点：《中兴以来绝妙词选》卷首，《唐宋人选唐宋词》下，上海古籍出版社 2004 年版，第 685 页。

④ ［梁］殷芸撰，王根林校点：《殷芸小说》卷六，《汉魏六朝笔记小说大观》本，上海古籍出版社 1999 年版，第 1039 页。

词而产生的愉悦。实质上，黄昇本人也确有词作直接言及唱词娱乐，如《摸鱼儿·为遗蜕山中桃花作，寄冯云月》一词：

问山中、小桃开后，曾经多少晴雨。遥知载酒花边去，唱我旧歌金缕。行乐处。正蝶绕、蜂围锦绣迷无路。风光有主。想倚仗西阡，停杯北望，望断碧云暮。　花知道，应倩鸴鸿寄语。年来老子安否。一春一到成虚约，不道树犹如此。烦说与。但岁岁、东风妆点红云坞。刘郎老去。待有日重来，同君一笑，拈起看花句。①

"遥知载酒花边去，唱我旧歌金缕"，清楚地表明黄昇赞同词有应歌娱乐功能。第二，《花庵词选》中有应歌的烙印。《花庵词选》，虽没像《草堂诗余》那样分类编排以应歌，但"上元""初春"之类的诸多多词一题现象的出现，就昭显出一定的分类意识，外露出某些"以征歌而设"的痕迹。更为明显的标识是，词前注调现象。如，《中兴以来绝妙词选》卷末所录冯伟寿三词分别标明"黄钟羽""黄钟商""夹钟羽"等调名，明显烙下了应歌选本的印记。因此可以说，黄昇编辑《花庵词选》，的确有一定的应歌娱乐目的。

二、编纂刊刻词选本，以供填词娱乐与案头阅读之需

南渡以后，在印书业得到进一步发展的背景下，词乐大量流失，词、乐分离的趋势日渐明显，"歌喉所为喜于谐婉者，或玩辞

---

① ［宋］黄昇选编，邓子勉校点：《中兴以来绝妙词选》卷末，《唐宋人选唐宋词》下，上海古籍出版社 2004 年版，第 848 页。

者所不满；骚人墨客乐称道之者，又知音者有所不合"①的现象，日渐明显。词体已由"应歌"向"应社"转变，可歌性减弱，可读性渐强，即词体越来越文人化、技巧化。《四库全书总目·宋名家词》所谓的金、元以后"音律之事变为吟咏之事，词遂为文章之一种"，②大体说来不错，但不太确切。此转变应始于南宋。朱彝尊《词综发凡》"词至南宋，始极其工，至宋季而始极其变"③之论、周济《介存斋论词杂著》"北宋有无谓之词以应歌，南宋有无谓之词以应社"④之说，皆有涉于此。薛砺若则声称：

> 词至南宋中期后完全变为文人的专业了……离开了
> 公共欣赏的地域，失却了一般人咏唱的机会，以致词的
> 领域日狭，生机日促，渐成诗匠的典型机械之作，非复
> 诗人抒写心灵的歌声了。⑤

称"词至南宋中期后完全变为文人的专业"，倒未必然；谓词之的领域日狭，文人化程度日趋强化，词渐已成为文人唱和的工具，倒符合事实。文人在各种风俗活动，甚至日常的聚会、宴饮中，不仅要唱词佐欢，还需即时填词助兴。《梦粱录》"十二月"条记载：

---

① ［元］刘将孙著，李鸣、沈静校点：《刘将孙集》卷九《新城饶克明集词序》，吉林文史出版社 2009 年版，第 89 页。

② ［清］永瑢等：《四库全书总目》卷二〇〇，中华书局 1965 年版，第 1833 页。

③ ［清］朱彝尊、汪森编：《词综》卷首，上海古籍出版社 1978 年版，第 10 页。

④ ［清］周济：《介存斋论词杂著》，唐圭璋编：《词话丛编》第 2 册，中华书局 2005 年版，第 1629 页。

⑤ 薛砺若：《宋词通论》，上海三联书店 2014 年版，第 63 页。

　　考之此月虽无节序，而豪贵之家，如天降瑞雪，则
开筵饮宴，塑雪狮，装雪山，以会亲朋，浅斟低唱，倚
玉偎香，或乘骑出湖边，看湖山雪景，瑶林琼树，翠峰
似玉，画亦不如。诗人才子，遇此景则以腊雪煎茶，吟
诗咏曲，更唱迭和。①

　　一般而言，应酬、即时之作，往往有固定格式与机械套路可
循。因此，为能在各种风俗娱乐活动中得心应手地赋词，编选刊
刻供人取则的诗词选本，自然颇受欢迎。分题类编词选的作用之
一，即是"便于作词时之有参考，同一般类书之为助也"。②《草堂
诗余》的编刻，就有供才高说书艺人拟作之目的。而此时高度发
达的印书业，恰好为此提供了便利与支撑。

　　词体"变为吟咏之事"的另一重要表现，即词可以作为案头
读物，供人阅读娱乐。钱惟演"上厕则阅小辞"，就是读小词。主
张"本色论"的李清照，也认可词具有阅读功能："王介甫、曾子
固文章似西汉，若作一小歌词，则人必绝倒，不可读也。"③朱弁
《风月堂诗话》卷上亦云："晁无咎晚年，因评小晏并黄鲁直、秦少
游词曲，尝曰：'吾欲托兴于此，时作一首以自遣，政使流行，亦
复何害。譬如鸡子中元无骨头也。'"④如此看来，北宋就已有人认

---

① ［宋］吴自牧：《梦粱录》卷六，浙江人民出版社 1980 年版，第 49 页。
② 任二北：《研究词集之方法》，《东方杂志》第二十五卷第九号，商务印书馆 1928
　年 5 月，第 56 页。
③ ［宋］胡仔纂集，廖德明校点：《苕溪渔隐丛话·后集》卷三三，人民文学出版社
　1962 年版，第 254 页。
④ ［宋］朱弁撰，陈新点校：《风月堂诗话》卷上，中华书局 1988 年版，第 101 页。

定，词有供人阅读娱乐的功用。南宋人汪莘也有同感，感觉吟词
"甚自适"，嘉定元年（1208）仲冬，其序《方壶诗余》有曰：

> 余平昔好作诗，未尝作词。今五十四岁，自中秋之
> 日，至孟冬之月，随所寓赋之，得三十篇。乃知作词之
> 乐，过于作诗，岂亦昔人中年丝竹之意耶？每水阁闲吟，
> 山亭静唱，甚自适也。则念与吴中诸友共之，欲各寄一
> 本，而穷乡无人佣书，乃刊本而模之，盖以寄吾友尔，
> 匪敢播诸众口也。①

汪莘以"水阁闲吟"与"山亭静唱"对举，"吟""唱"有别，
用意很明显。词作也能当作诗歌来朗读、吟诵，从中可获得精神
上的愉悦，他"刊本而模之"，寄给友人的目的，也在在于此。不
仅自己以词愉悦，还要推及友人。又，仇远《玉田词题辞》称：
"读《山中白云词》，意度超玄。"②单阕的词作、词别集是如此，
词选本亦然，刘克庄"生怕客谈榆塞事，且教儿诵《花间集》"③的
词句，可为之证。翁元龙《菩萨蛮》"玉纤闲捻《花间集》。赤栏
干对芭蕉立。薤叶晚生凉。竹阴移小床"④句中的《花间集》，也

① ［宋］汪莘：《方壶诗余》卷首，朱孝臧辑校编撰：《彊村丛书》第5册，上海古籍
　出版社1989年版，第3721—3722页。
② ［宋］张炎撰，吴则虞校辑：《山中白云词》（参考资料辑），中华书局1983年版，
　第164页。
③ ［宋］刘克庄著，钱仲联笺注：《后村词笺注》卷三《满江红·夜雨凉甚忽动从戎之
　兴》，上海古籍出版社1980年版，第260页。
④ ［宋］赵闻礼选编，葛渭君校点：《阳春白雪》卷四，上海古籍出版社1993年版，
　第303页。

是用来充当读本的。

宋人将词作当作案头文学读本来欣赏，对词选的编刻也有一定的影响。黄大舆编辑《梅苑》即有"以为斋居之玩"①的目的。黄昇《绝妙词选序》也透露出此意："中兴以来，作者继出，及乎近世，人各有词，词各有体，知之而未见，见之而未尽者，不胜算也。暇日裒集，得数百家，名之曰《绝妙词选》。佳词岂能尽录，亦尝鼎一脔而已。"②"知之而未见""尝鼎一脔"，表明词选本可作为案头读物，以愉悦身心。顾起纶《花庵词选跋》"昔之《玉树》新声，《花间》艳染，临风一唱，遂翩翩有鹄背扶摇之想。假令我辈浮白倚瑟，解嘲度曲，固不可得而废是编"③的言论，也指明《花庵词选》有此功用。这种情形在一定程度上也逐渐使得受众的接受重心，由以前的注重音乐性，转向词作自身的文学性。而接受者的审美取向，又会影响到词创作者、批评者的创作目的与批评旨向，这从宋末元初张炎、沈义父等人词学论著，不厌其烦地论析句法、字面、作词之法等条目中，略可见之。④

这里还必须强调指出的是，有些词选的编辑、刊刻，同时受

---

① ［宋］黄大舆编，许隽超校点：《梅苑》卷首，《唐宋人选唐宋词》上，上海古籍出版社 2004 年版，第 195 页。

② ［宋］黄昇选编，邓子勉校点：《中兴以来绝妙词选》卷首，《唐宋人选唐宋词》下，上海古籍出版社 2004 年版，第 685 页。

③ ［宋］黄昇编：《花庵绝妙词选》卷末，汲古阁《词苑英华》本。

④ 张炎《词源》卷下，列有句法、字面、虚字、清空、意趣、用事、咏物、节序、赋情、离情、杨守斋作词五要等条目，专论词法、词艺。沈义父《乐府指迷》也专门开列论作词之法、作词当以清真为主、论起句、论过处、论结句、论咏物用事、要求字面当看唐诗、咏物不可直说、论造句、句上虚字等条目。

唱词及填词、案头阅读娱乐的影响，难以截然分清。此处之所以分两个层面论析，主要是为行文便利。无论从哪一层面而言，词选本最终多是以板印本的形式呈示的。而"印刷版本使作品从亲笔写的和隐秘的身份变成手写变体和公共的书写身份。作为手稿，甚至是'定稿'，当作者在世时，总是可以对作品做修改"，是作品印刷版本的变化，"把处于这种状况的作品确定为最后稿本，出版物以固定的方式把作品的这种状况固定下来"，[①] 这进一步固化了词体的阅读功能。"随着印刷带动文本的大规模普及，它更成为变迁背后的原动力，其影响已非手抄书本所能企及"，[②] 这里所谓的"变迁"，自然也包括词体观念演进。宋人词选的编纂刊刻，在满足歌舞娱乐功能的同时，也开启了宋词的文本阅读功能，这在一定程度上加速宋人词体观念由卑体向尊体演进的进程。

第三节　宋代刻书业与宋人推尊词体

词体观念的变化，必然会多少影响词文本的呈示方式；同时，词文本的呈示方式，又会成为词体观念的宣言书。既然词与诗有别、词与诗一样可以言志，那么就有必要编纂刊刻一些词集，以体现、强化尊体意识，推尊词体。宋代发达的刻书业，恰好为此

---

① （法）皮埃尔－马克·德比亚齐著，汪秀华译：《文本发生学》，天津人民出版社2005年版，第27页。

② （法）费夫贺、（法）马尔坦著，李鸿志译：《印刷书的诞生》，广西师范大学出版社2006年版，第248页。

提供了契机。本节主要以词选本为例，加以论析。

明人钟惺《与蔡敬夫书》有曰："虽选古人诗，实自著一书。"① 这是说，选辑出版者可以借助选本，传达一己之文学主张，宣扬自家的审美思想。鲁迅《集外集·选本》于此论述，更为精辟：

> 凡是对于文术，自有主张的作家，他所赖以发表和流布自己的主张的手段，倒并不在作文心，文则，诗品，诗话，而在出选本。

> 选本可以借古人的文章，寓自己的意见。博览群籍，采其合于自己意见的为一集，一法也，如《文选》是。择取一书，删其不合于自己意见的为一新书，又一法也，如《唐人万首绝句选》是。如此，则读者虽读古人书，却得了选者之意。②

鲁迅之言，前者不免有些绝对化，后者却甚为允当。一般说来，文学选本选谁的作品，不选谁的作品，谁的作品选得多，谁的作品选得少，以及如何排列这些作品，本身就寓有编者"自己的意见"。王安石编选《四家诗选》"以杜甫为第一"，可为一证。《遯斋闲览》载：

> 或问王荆公云："编四家诗，以杜甫为第一，李白为第四，岂白之才格词致不逮甫也？"公曰："白之歌诗，豪放飘逸，人固莫及；然其格止于此而已，不知变也。

---

① ［明］钟惺著，李先耕、崔重庆标校：《隐秀轩集》卷二八，上海古籍出版社 2017 年版，第 546 页。

② 《鲁迅全集》第 7 卷，人民文学出版社 2005 年版，第 138—139 页。

至于甫，则悲欢穷泰，发敛抑扬，疾徐纵横，无施不可，故其诗有平淡简易者，有绮丽精确者，有严重威武若三军之帅者，有奋迅驰骤若泛驾之马者，有淡泊娴静若山谷隐士者，有风流酝藉若贵介公子者。盖其诗绪密而思深，观者苟不能臻其闳奥，未易识其妙处，夫岂浅近者所能窥哉？此甫所以光掩前人，而后来无继也。[①]

况且，有些词的选编者还在序、跋及词评词注中直接阐明一己"意见"。从尊体的角度看，南宋人编纂刊刻词选本以"寓自己的意见"，不外乎涵盖如下几个层面。

一、宣传复雅

南渡以后，词体地位不断得到推尊，以儒家诗乐观论词的做法，得到了不少宋人的认同，歌词复雅一度成为时代的主体旋律。于是有人便以词选寄寓自己的复雅"意见"，如此就编辑、刊刻了一些词选本。

《梅苑》的产生，就与作者宣传"复雅"有一定联系。黄大舆《梅苑序》曰："目之曰《梅苑》者，诗人之义，托物取兴。屈原制骚，盛列芳草，今之所录，盖同一揆。"[②] 在黄大舆看来，词体可以与诗体具有相似的作用，词体也可上溯至《诗经》《离骚》，"托物

---

① ［宋］胡仔纂集，廖德明校点：《苕溪渔隐丛话·前集》卷六，人民文学出版社 1962 年版，第 37 页。

② ［宋］黄大舆编，许隽超校点：《梅苑》卷首，《唐宋人选唐宋词》上，上海古籍出版社 2004 年版，第 195 页。

取兴"，这与南渡词坛上的"复雅"的声音是一致的。鲷阳居士编辑《复雅歌词》的一个主要目的，就是为了宣传其"复雅"主张。《复雅歌词序略》有曰：

> 孟子尝谓："今之乐犹古之乐。"论者以谓今之乐，郑、卫之音也，乌可与《韶》《夏》《濩》《武》比哉！孟子之言，不得无过。此说非也。《诗》三百五篇，商、周之歌乱（辞）也，其言止乎礼义，圣人删取以为经。因（周）衰，郑、卫之音作，诗之声律废矣。汉兴，制氏犹传其铿锵……迄于开元、天宝间，君臣相与为淫乐，而明宗尤溺于夷音，天下熏然成俗。于时才士始依乐工拍弹之声，被之以辞，句之长短，各随曲度，而愈失古之"声依永"之理也。温、李之徒，率然抒一时情致，流为淫艳猥亵不可闻之语。我宋之兴，宗工臣（巨）儒，文力妙天下者，犹祖其遗风，荡而不知所止，脱于芒端，而四方传唱，敏若风雨，人人歆艳，咀味于朋游樽俎之间，以是为相乐也。其韫骚雅之趣者，百一二而已。以古推今，更千数百岁，其声律亦必亡无疑。属靖康之变，天下不闻和乐之音者，一十有六年。绍兴壬戌，诞敷诏旨，弛天下乐禁。黎民欢忭，始知有生之快。讴歌载道，遂为化国。由是知孟子以"今乐犹古乐"之言，不安矣。①

① ［宋］谢维新编：《古今合璧事类备要·外集》卷一一，《景印文渊阁四库全书》第941册，台北商务印书馆1986年版，第511页。

　　"绍兴壬戌"，即绍兴十二年（1142）。铜阳居士此序写于"弛天下乐禁"之际，是有其针对性的。他以孟子"今之乐犹古之乐"为切入点，将今乐与古代圣人之乐相提并论，并追溯词体源头至《诗经》，这是对词体最大限度的尊崇，意在将诗歌的"骚雅"赋予歌词，以"讴歌载道，遂为化国"。为此，他极力鞭挞唐至北宋以来的"淫艳猥亵不可闻之语"，对"繁声淫奏"的世俗之乐、有失雅正之音，痛加批驳。基于此，他欲借前人歌词"寓自己的意见"，"采其合于自己意见的为一集"，编辑成《复雅歌词》。有时出于某种需要，他还于所选词作附加评论，直抒己见。如苏东坡《卜算子》（缺月挂疏桐）调下有评语曰：

　　　"缺月"，刺明微也。"漏断"，暗时也。"幽人"，不得志也。"独往来"，无助也。"惊鸿"，贤人不安也。"回头"，爱君不忘也。"无人省"，君不察也。"拣尽寒枝不肯栖"，不偷安于高位也。"寂寞吴江冷"，非所安也。此与《考槃》诗相似。①

　　《考槃》一诗，出自《诗经·国风·卫风》，正义曰："作《考槃》诗者，刺庄公也。刺其不能继其先君武公之业，修德任贤，乃使贤者退而终处于涧阿。"②铜阳居士以为，此词的用意"与《考槃》诗相似"，即讽刺帝王不能修德、举贤任能，使贤者失志，不

---

① 〔宋〕黄昇选编，邓子勉校点：《唐宋诸贤绝妙词选》卷二，《唐宋人选唐宋词》下，上海古籍出版社 2004 年版，第 603 页。

② 〔汉〕毛亨传，〔汉〕郑玄笺，〔唐〕孔颖达疏，龚抗云等整理：《毛诗正义》卷三，北京大学出版社 2000 年版，第 259 页。

得其位。不过，这种讽刺多怨而不怒，出于"爱君不忘"目的，合乎温柔敦厚的诗教法则。王柏编辑《雅歌》的主要意图，也在于宣传"放郑声"的复雅主张，《雅歌序》云：

> 予尝谓郑、卫之音，二南之罪人也。后世之乐府，又郑、卫之罪人也。凡今词家所称脍炙人口者，则皆导淫之罪魁耳，而可一寓之于目乎？然《三百篇》之音调已亡，虽《鹿鸣》而天下篇，腔律具于《仪礼》集传，又非乐工之所能通识。观其章叠句整，气韵和平，而渊永深穆之意，乃在于一唱三叹之表，孰能审其音以转移其气质，涵泳于义理哉？至于习俗之歌谣，辞俚而韵窒，又无足取。所以学士大夫，尚从事于后世之词调者，既可倚之于弦索，泛之于唇指，宛转萦纡于喉舌之间，忧愤疏畅，思致流动，犹有可以兴起人心故也。间因暇日，有传寇忠愍《阳关》之作，而子朱子为之感慨题赞，其意深矣。因并及它作，可以丽于此者。不问古今，类为《雅歌》若干卷，而窃有取于放郑声之遗意云。[1]

曾慥《乐府雅词》的编刊，更有强烈的复雅意识。其《乐府雅词引》曰："余所藏名公长短句，裒合成篇，或后或先，非有诠次；多是一家，难分优劣，涉谐谑则去之，名曰《乐府雅词》。"[2]

---

① ［宋］王柏撰，胡宗楙考异：《鲁斋王文宪公文集》卷五，《丛书集成续编》第 132 册，新文丰出版公司 1989 年版，第 248 页。

② ［宋］曾慥选，曹元忠原校，葛渭君补校：《乐府雅词》卷首，《唐宋人选唐宋词》上，上海古籍出版社 2004 年版，第 295 页。

黄昇《花庵词选》主要编纂目的虽在选词存史（详见下文），但也流露出某种程度的复雅意识。其评沈公述《望海潮·上太原知府王君贶尚书》云：

> 公述此词，典雅有味，而今世但传其"杏花过雨"之曲，真所谓"吾未见好德如好色者也。"①

"吾未见好德如好色者也"，语出《论语·子罕》。②可见，黄昇也是直接以儒家经典论词。又，其《中兴词话》有曰：

> 闺词牵于情，易至诲淫。马古洲有一曲云："睡鸭徘徊烟缕长，日长春困不成妆。步欺草色金莲润，撚断花须玉笋香。轻洛浦，笑巫阳，锦纹亲织寄檀郎。儿家门户藏春色，戏蝶游蜂不敢狂。"前数语不过纤艳之词耳，断章凛然，有以礼自防之意。所谓发乎情，止乎礼义，近世乐府，未有能道此者。③

"发乎情，止乎礼义"，系出自《毛诗序》，是典型的儒家论诗法则。黄昇以之论词，宣传其复雅主张的意图，甚是明显。赵闻礼《阳春白雪》多选所谓的江湖雅人词作，从词选的命名，也可看出编者极富尚雅意识。阮元《研经室外集》卷三即评之曰：

---

① ［宋］黄昇选编，邓子勉校点：《唐宋诸贤绝妙词选》卷六，《唐宋人选唐宋词》下，上海古籍出版社 2004 年版，第 649 页。

② 程树德撰，程俊英、蒋见元点校：《论语集释》卷一八，中华书局 2013 年版，第 706 页。

③ ［宋］魏庆之著，王仲闻点校：《诗人玉屑》卷二一引，中华书局 2007 年版，第 691 页。

"去取亦复谨严，绝无猥滥之习""非专以柔媚为工者可比"。① 瞿
镛《铁琴铜剑楼藏书目录》著录道："所辑词凡二百余家，一归
雅音。"② 伍崇曜跋《阳春白雪》也称："彭甘亭《小谟觞馆集》有
《征刻宋人词学四书启》，称是书与《乐府雅词》斥哇去郑，归于
雅音。宋代选家，此其职志，推崇已极。"③

　　《绝妙好词》的编者周密，尚雅意识也是非常强烈的。其评
李彭老词云曰："筼房李彭老词，笔妙一世……张直夫尝为《词
叙》云：'靡丽不失为《国风》之正，闲雅不失为《骚》《雅》之
赋。'"④ 在《上平舟杨先生》二首其一中，他明确主张："取为昭华
管，吹作黄钟音。相期在大雅，一洗哇俚淫。"⑤ 故戈载称其"所辑
《绝妙好词》，采掇菁华，无非雅音正轨"。⑥ 可知，《绝妙好词》的
成书，也或多或少受到复雅思潮之浸润，有宣传编者复雅意识的
一面。

　　综上所述，尽管词选编辑者所谓的"雅"，内涵有所不同，但
其多少皆有借助编辑出版词选本宣传其复雅主张的意识。从这一

---

① ［清］阮元撰，邓经元点校：《研经室集》，中华书局 1993 年版，第 1245 页。

② ［清］瞿镛编纂，瞿果行标点，瞿凤起复校：《铁琴铜剑楼藏书目录》卷二四，上海
　　古籍出版社 2000 年版，第 692 页。

③ ［宋］赵闻礼选编，葛渭君校点：《阳春白雪》附录，上海古籍出版社 1993 年版，
　　第 605 页。

④ ［宋］周密撰，孔凡礼点校：《浩然斋雅谈》卷下，中华书局 2010 年版，第 51—52
　　页。

⑤ ［宋］周密：《草窗韵语》一稿，［宋］周密著，杨瑞点校：《周密集》第 5 册，浙江
　　古籍出版社 2015 年版，第 1 页。

⑥ ［清］戈载辑：《宋七家词选》卷五，曼陀罗华阁重刊本。

角度来说，清田同之所谓的"宋人选词，多以雅为尚"，①还是有一定道理的。

二、为词存史

文学选本可以作品来展示文学发展的进程及其规律，从而为入选的文体存史。清人袁枚就将选诗与作诗史等同视之，其《再与沈大宗伯书》云："选诗之道，与作史同。一代人才，其应传者皆宜列传，无庸拘见而狭取之。"②这是说，通过所选录的作家作品，可以大致了解特定时期入选文体的整体风貌与大致的发展走向。易言之，以文学选本可以探求、追溯文体的源流正变，文学选本具有"文学史"的意义。沈德潜对此认识，更为清醒，《古诗源序》谓其选"既以编诗，亦以论世。使览者穷本知变，以渐窥风雅之遗意，犹观海者由逆河上之，以溯昆仑之源"。③管世铭也称自己编选《读雪山房唐诗》，意在"备一代之大观，该三百年之正变"。④诗歌选本如此，词选本犹然。陈廷焯拟辑古今《二十九家词选》，大意"务在穷源竟委，故取其正，兼收其变"。⑤诗文是中

---

① ［清］田同之：《西圃词说》，唐圭璋编：《词话丛编》第 2 册，中华书局 2005 年版，第 1452 页。
② ［清］袁枚著，周本淳标校：《小仓山房诗文集·小仓山房文集》卷一七，上海古籍出版社 1988 年版，第 1504 页。
③ ［清］沈德潜选：《古诗源》卷首，中华书局 2006 年版，第 1—2 页。
④ ［清］管世铭著，金武祥校刊：《读雪山房唐诗序例·自序》，郭绍虞编选，富寿荪校点：《清诗话续编》第 3 册，上海古籍出版社 2016 年版，第 1466 页。
⑤ ［清］陈廷焯著，屈兴国校注：《白雨斋词话足本校注》卷一〇，齐鲁书社 1983 年版，第 749 页。

国古代文学的正宗，源远流长，自有史可鉴。词体产生较晚，又长期被视为"末技""小道"，不足与诗文骖驾，因此欲"自树一帜"，取得与诗文同等地位，就有必要"词亦有史"。[①]而编辑词选，即为词存史之一法。陈维崧《词选序》即云："选词所以存词，其即所以存经存史也夫！"[②]龙榆生《选词标准论》亦云："词至南宋，制作亦繁，专家亦日众，于是网罗散佚，以昭示来兹，乃为文士之所图，而类乎词史之选本出。"[③]二家所论，虽各有侧重，但在词选可存史这点上，意见颇为一致。某些宋人词选，如《花庵词选》《阳春白雪》《群公乐府》等的编辑刊刻，就与编集者的存史意识直接相关。

以词选存史，可分为通代存史与为断代存史两种基本体式。所谓通代存史，特指为几朝存史；断代存史，则专指为某一朝存史，本书姑且视两宋为一代。

为通代存史。黄昇《花庵词选》为此类词选的典型，其主要为唐、五代及宋词存史。选词标准上，黄昇选词不拘一格，凡"盛丽如游金、张之堂，妖冶如揽嫱、施之祛，悲壮如三闾，豪俊如五陵"的"佳词"，[④]皆可入选，掭录标准相当宽泛。具体选词

---

① ［清］周济：《介存斋论词杂著》，唐圭璋编：《词话丛编》第 2 册，中华书局 2005 年版，第 1630 页。

② ［清］陈维崧著，陈振鹏标点，李学颖校补：《陈维崧集·陈迦陵散体文集》卷二，上海古籍出版社 2010 年版，第 55 页。

③ 龙榆生：《龙榆生词学论文集》，上海古籍出版社 2009 年版，第 74 页。

④ ［宋］黄昇选编，邓子勉校点：《中兴以来绝妙词选》卷首，《唐宋人选唐宋词》下，上海古籍出版社 2004 年版，第 685 页。

上，《花庵词选》所选词人词作之众多、风格之多样，在宋人词选中几乎无与伦比。据《唐宋人选唐宋词》本统计，《花庵词选》共选唐、五代、两宋词人 223 家，词作凡 1277 首，为现存选词最多、最全面的宋人词选本。在选词时，黄昇能尽可能顾及词人词作风格的多样性，使不同风格者皆能入选，甚至不放过仅存 1 首的词人词作。就选一家词而言，特别是对一些大家，《花庵词选》基本能在力所能及的范围内，尽可能地顾及每家词作的整体面貌。如选录辛词多达 42 首，就充分考虑到了其词风的多样性；后人通过此选本，可对辛词有相对比较全面的了解。其后周密的《绝妙好词》，于辛词仅选录《摸鱼儿》（更能消几番风雨）、《瑞鹤仙》（雁霜寒透幕）、《祝英台近》（宝钗分）3 首，风格单一，很难由此窥见辛词之大概。就一家而论如此，整体选词亦然。《中兴以来绝妙词选》选词风格的多样化，基本上可使读此选本者对南宋词坛，有大致的认识。清人焦循《雕菰楼词话》有言：

> 黄玉林《花庵绝妙词选》，不名一家，其中如刘克
> 庄诸作，磊落抑塞，真气百倍，非白石、玉田辈所能到。
> 可知南宋人词，不尽草窗一派也。①

张炎以为，《花庵词选》"所取不精一"，不如"周草窗所选《绝妙好词》之为精粹"，②乃仅从开宗立派的角度立论，没能从存

---

① ［清］焦循：《雕菰楼词话》，唐圭璋编：《词话丛编》第 2 册，中华书局 2005 年版，第 1494 页。

② ［宋］张炎：《词源》卷下，唐圭璋编：《词话丛编》第 1 册，中华书局 2005 年版，第 266 页。

史的层面予以观照，不足为信。陈匪石《声执》卷下亦言："黄氏
此选，非姝姝为一家之言，唐、五代以来，千门万户，无所不收，
颇能存各人之真面目，与《阳春白雪》《绝妙好词》之有宗派者不
同"，并谓"佳处正在其'不精一'。"[1]选词体例上，《花庵词选》
于各家之下，系以小传，并间附评语，既可考见仕履身世，又能
见各家之流别，使得此选存史的意义更为明显。毛晋《花庵词选
跋》即称："所选或一首，或数十首，多寡不伦。每一家缀数语，
纪其始末，铨次微寓轩轾，盖可作词史云。"[2]其实，黄昇本人已隐
约外透出以词选存史的意图，《绝妙词选序》即有曰：

> 长短句始于唐，盛于宋。唐词具载《花间集》，宋词
> 多见于曾端伯所编，而《复雅》一集，又兼采唐、宋，迄
> 于宣和之季，凡四千三百余首，吁，亦备矣。况中兴以
> 来，作者继出，及乎近世，人各有词，词各有体，知之而
> 未见，见之而未尽者，不胜算也。暇日裒集，得数百家，
> 名之曰《绝妙词选》。佳词岂能尽录，亦尝鼎一脔而已。
> 然其盛丽如游金、张之堂，妖冶如揽嫱、施之祛，悲壮如
> 三闾，豪俊如五陵，花前月底，举杯清唱，合以紫萧，节
> 以红牙，飘飘然作骑鹤扬州之想，信可乐也。亲友刘诚甫
> 谋刊诸梓，传之好事者，此意善矣。又录余旧作数十首附

---

① 陈匪石编著，钟振振校点：《宋词举》（外三种），江苏古籍出版社 2002 年版，第
195 页。

② ［明］毛晋撰，潘景郑校订：《汲古阁书跋》，古典文学出版社 1958 年版，第
115 页。

于后，不无珠玉在侧之愧，有爱我者，其为删之。①

　　此序中，黄昇至少有两处意在表明其有存史意图：其一，在他之前，已有《花间集》《乐府雅词》《复雅歌词》等词选问世，但选词下限仅至于"宣和之季"，而"中兴以来"尚为选词的空白，大有可为；其二，他有意将各类词体、不同风格的词人词作，包括自家词作，裒集为一集，望其流布后世。其存史意识之强烈，不言而喻。对此，四库馆臣看得明白："观昇自序，其意盖欲以继赵崇祚《花间集》、曾慥《乐府雅词》之后，故搜罗颇广。"②舍之（施蛰存）也有言："盖花庵原意，欲续《乐府雅词》及《复雅歌词》二书。"③二家皆以为黄昇有填补空白的存史意识。黄昇的诗友胡德方，于此也有觉察，其《词选序》云：

　　　　古乐府不作，而后长短句出焉。我朝钜公胜士娱戏
　　文章，亦多及此，然散在诸集，未易遍窥。玉林此选，
　　博观约取，发妙音于众乐并奏之际，出至珍于万宝毕陈
　　之中，使人得一编，则可以尽见词家之奇，厥功不亦
　　茂乎。④

---

① ［宋］黄昇选编，邓子勉校点：《中兴以来绝妙词选》卷首，《唐宋人选唐宋词》下，上海古籍出版社 2004 年版，第 685 页。
② ［清］永瑢等《四库全书总目》卷一九九《花庵词选》，中华书局 1965 年版，第 1824 页。
③ 舍之：《历代词选集叙录》（二），《词学》第二辑，华东师范大学出版社 1983 年版，第 229 页。
④ ［宋］黄昇选编，邓子勉校点：《中兴以来绝妙词选》卷首，《唐宋人选唐宋词》下，上海古籍出版社 2004 年版，第 686 页。

所谓的"博观约取",是说从大量词籍中,细加斟酌,撷取有代表性的词作。"使人得一编,则可以尽见词家之奇",即谓通过黄选,可窥南宋词坛概貌,即"盖可作词史"解。以此观之,存史意识确是黄昇纂辑《花庵词选》的重要动机。

要之,《花庵词选》是唐、五代词与宋词发展的历史记录,是一部罗列唐、宋词人词作的"词通史"。周泳先"宋人选词,《花庵》以前,大都断代"①之论,道出了此选在词选史上的特殊地位。

为断代存史。此类词选主要以《阳春白雪》《群公乐府》等为代表。赵闻礼《阳春白雪》共选词 671 首,有主名的作者 230 余人(据《粤雅堂丛书》本),除少量的北宋词外,所选多为南宋词,且多为名不见经传的南宋江湖词人词作。陈振孙称:《阳春白雪》主要"取《草堂诗余》所遗以及近人之词"②而成。肖鹏以为,此选"是要在时代上补出书坊原刻《草堂诗余》身后江湖词坛的一段空白"。③以上各家不约而同地指出,存史为《阳春白雪》的编纂意图之一。杨冠卿的《群公词选》,也是如此。淳熙十四年(1187),杨氏所撰《群公乐府序》称:

> 温陵曾端伯虽加裒集,遗逸尚多。况自绍兴迄于今,阅岁浸久,贤豪述作,川增云兴,绝妙好词表表在人耳目者,不下数十百家。湮没于时,岂不甚可惜!余漂流

---

① 周泳先:《兰畹曲会辑本题记》,《唐宋金元词钩沉》本。

② [宋]陈振孙撰,徐小蛮、顾美华点校:《直斋书录解题》卷二一,上海古籍出版社2015年版,第633页。

③ 肖鹏:《群体的选择——唐宋人词选与词人群通论》,凤凰出版社2009年版,第296页。

困踬，久客诸侯间……羁旅新丰，既获其助，遂掇拾端
伯《雅词》未登载者，釐为三帙，名曰《群公词选》。锓
木寓室，以广其传。①

如此看来，杨冠卿《群公词选》主要为孝宗淳熙之前的宋词
存史而编，意欲解决曾慥《乐府雅词》选词"遗逸尚多"的遗憾，
"增补绍兴迄于今""川增云兴"的"贤豪述作"，其存史意识之浓
烈，也是不言自明的。

三、开立宗派

郑文焯《郑大鹤先生论词手简》称："凡为文章，无论词赋诗
文，不可立宗派。"②而实际情况是，无论词赋诗文又多是要"立宗
派"的，有些文学选本来就承载着开立宗派的功能。屠隆《论诗
文》曰："李于鳞选唐诗，止取其格峭调响类己者。"③吴乔云："于
鳞选之，惟取似于鳞者；钟、谭选之，惟取似钟、谭者。"④周长
卿亦云："选词如《昭明文选》，但一入选，面目相似。不入选者，

① ［宋］杨冠卿：《客亭类稿》卷七，《丛书集成续编》第 131 册，新文丰出版公司
　　1989 年版，第 228 页。
② ［清］郑文焯撰，龙沐勋辑：《大鹤山人词话》附录，唐圭璋编：《词话丛编》第 5
　　册，中华书局 2005 年版，第 4332 页。
③ ［明］屠隆著，汪超宏等点校：《鸿苞》卷一七，［明］屠隆著，汪超宏主编：《屠隆
　　集》第 8 册，浙江古籍出版社 2012 年版，第 443 页。
④ ［清］吴乔：《围炉诗话》卷四，郭绍虞编选、富寿荪校点：《清诗话续编》第 2 册，
　　上海古籍出版社 2016 年版，第 571 页。

非无佳词，觉有怅气。"①也就是说，某些诗选本不同程度地体现出选者的流派意识。词选也一样，任二北就明确指出：

> 选集有可以代表某一词派者，如宋周密之《绝妙好词》，清朱彝尊之《词综》，张惠言之《词选》，其最著者，学者不可失之也。②

因此，选本在文学流派的形成过程中，确实发挥着举足轻重的作用。可以说，有的选本就是开宗立派的宣言书。

通常，开宗立派要着眼于盟主意识、统系意识和风格意识三个层面③，这在宗派领袖身上表现尤为凸显。现存宋人词选中，《绝妙词选》的开宗立派意识，最为鲜明，这是周密编刻此选的主要动机所在。

从盟主意识方面看，一个文学流派必须具有盟主意识的代表文人。周密即有以盟主自居的意识。从该选词数量上看，《绝妙好词》中自作词占22首，入选数目居各家之首，且远远高出其他任何一家。其前的《花庵词选》，黄昇的自作词占不到选词总量的0.3%，《阳春白雪》不足1%，而《绝妙好词》竟占5.6%多。从

---

① ［清］沈雄：《古今词话·词品》下卷，唐圭璋编：《词话丛编》第1册，中华书局2005年版，第880页。

② 任二北：《研究词集之方法》，《东方杂志》第二十五卷第九号，商务印书馆1928年5月，第55—56页。

③ 陈文新：《中国文学流派意识的发生和发展》，见《古典文学论著四种·前言》，武汉大学出版社2007年版，第8页。

选词倾向上看，"周氏多录他平生交游的作品"。^①可见，周密确有"雄踞于群体盟主的尊显地位"^②的流派意识。后世有人即如此视之，如刘毓崧《重刊周草窗词稿序》即称：当时"艺林推为领袖"。^③

　　由统系意识与风格意识的角度观之，"每一个文学流派都是在一定的文学传统中展开的，对经典的选择是其文学活动的起点"，^④而这种选择又多取决于宗派领袖。

　　周密论词以姜夔、吴文英等人为宗，创作上以其词为师法对象。《弁阳老人自铭》即称："间作长短句，或谓似陈去非、姜尧章。"^⑤刘毓崧《重刊周草窗词稿自序》："周草窗之词，以姜白石为模范，与吴梦窗同志友善。"^⑥周济《大圣乐·东园饯春》："草窗最近梦窗。"^⑦戈载跋周密词选："其词尽洗靡曼，独标清丽，有韶倩之色，有绵缈之思，与梦窗旨趣相侔，二窗并称，允矣无忝。其

① 詹安泰：《从宋人的五部词选中所看到的一些问题》，吴承学、彭玉平编：《詹安泰文集》，中山大学出版社 2004 年版，第 33 页。

② 肖鹏：《群体的选择——唐宋人词选与词人群通论》，凤凰出版社 2009 年版，第 363 页。

③ ［清］刘毓崧著，刘承干校：《通义堂文集》卷一三，《丛书集成续编》第 196 册，新文丰出版公司 1989 年版，第 449 页。

④ 陈文新：《中国文学流派意识的发生和发展》，武汉大学出版社 2007 年版，第 10 页。

⑤ ［明］朱存理纂辑，王允亮点校：《珊瑚木难》卷五，浙江人民美术出版社 2012 年版，第 369 页。

⑥ ［清］刘毓崧著，刘承干校：《通义堂文集》卷一三，《丛书集成续编》第 196 册，新文丰出版公司 1989 年版，第 449 页。

⑦ ［清］周济编：《宋四家词选》，古典文学出版社 1958 年版，第 69 页。

于律亦极严谨。"① 陈廷焯《云韶集辑评》卷八:"梦窗、草窗大致相同,昔人已有定评。然两家之师白石,取法皆同。"② 因此,周密将姜、吴等人风雅派的词作视为经典,予以选择,其选所录多是姜、吴等风雅派及其追随者的词作(如,姜夔 13 首,吴文英 16首,周密 22 首),风格凄婉、清丽醇雅,大体趋于一致。又,王沂孙的词作,也有白石风度,张炎《琐窗寒》(断碧分山)词小序即称之:"能文工词,琢语峭拔,有白石意度。"③ 故而,其能有10 首词入选。张炎有 3 首词入选,主要取决于其风度与姜夔、吴文英等人的词风相侔。郑思肖《玉田词题辞》云:"(张炎)自仰扳姜尧章、史邦卿、卢蒲江、吴梦窗诸名胜,互相鼓吹春声于繁华世界。"④ 仇远《玉田词题辞》亦云:"读《山中白云词》意度超玄……方之古人,当与白石老仙相鼓吹。"⑤ 张炎《西子妆慢》(白浪摇天)以"效梦窗"为题,可为其有意识地追模梦窗词风之证。其他入选者,如张辑、卢祖皋、史达祖等,其词也多"具夔之一体"。⑥ 此皆为周密有意使其词选风格趋同所致,从中也见出其强

---

① 〔清〕戈载辑:《宋七家词选》卷五,曼陀罗华阁重刊本。
② 〔清〕陈廷焯撰,孙克强等辑校:《白雨斋词话全编》,中华书局 2013 年版,第195 页。
③ 〔宋〕张炎撰,吴则虞校辑:《山中白云词》卷一,中华书局 1983 年版,第 10 页。
④ 〔宋〕张炎撰,吴则虞校辑:《山中白云词》(参考资料辑),中华书局 1983 年版,第 164 页。
⑤ 〔宋〕张炎撰,吴则虞校辑:《山中白云词》(参考资料辑),中华书局 1983 年版,第 164 页。
⑥ 〔清〕朱彝尊:《曝书亭集》卷四〇《黑蝶斋诗余序》,世界书局 1937 年版,第488 页。

烈的流派风格意识。陈匪石《声执》卷下即有言：

> 盖周氏在宋末，与梦窗、碧山、玉田诸人，皆以凄婉绵丽为主，成一大派别，此书即宗风所在，不合者不录。观所选于湖、稼轩之词，可以概见。[1]

此确为不刊之论。周密所开立的流派为广义的文学流派，可称为临安词派，或临安词人群体。

赵闻礼《阳春白雪》的成书，也与宗派意识有一定关联。是选主要以南宋江湖词人群体为入选对象，故施蛰存以为，其"为江湖词人选集，相当于《江湖词人小集》，亦可谓一流派"。[2] 詹安泰也称："他不能不以较少的篇幅选录一些久已'脍炙人口'的另一流派的杰作，而叫它做'外集'来表示自己的立场观点。"[3] 显然，二人皆认为赵闻礼编集《阳春白雪》，有某种程度的开立宗派意识。

后代有论者对以选本开宗立派，尤其对周密的这一做法，颇有非议。谢章铤《赌棋山庄词话续编》云："夫人之嗜好不同，文之强弱亦异，安能尽裁以一律。况人各有心，文各有意，又安能以我为人意，谓人意必尽如我意……而必谓子面如吾面，得无削趾

---

① 陈匪石编著，钟振振校点：《宋词举》（外三种），江苏古籍出版社 2002 年版，第196 页。

② 舍之：《历代词选集叙录》（二），《词学》第二辑，华东师范大学出版社 1983 年版，第 240 页。

③ 詹安泰：《从宋人的五部词选中所看到的一些问题》，吴承学、彭玉平编：《詹安泰文集》，中山大学出版社 2004 年版，第 31—32 页。

适履之嫌乎？"① 陈廷焯《白雨斋词话》也批评道："草窗《绝妙好词》之选，并不能强人意。当是局于一时闻见，即行采入，未窥各人全豹耳。不得以草窗所辑，一概尊之。"② 称"当是局于一时闻见，即行采入"，不见得属实，而谓其"并不能强人意""不得以草窗所辑，一概尊之"，还是比较客观的。

客观地说，这种做法对后世产生的影响，还是比较深远的。朱彝尊《词综》、张惠言《词选》，即沿袭此法。清人王煜《清十一家词钞自序》就称："竹垞淳深，独张南宋，抗颜《乌》《帽》，词派始成。"龙榆生《选词标准论》亦称："自《词综》出而浙派以成"，"朱氏之选录《词综》，其目的固在建立宗派"，"《词综》之作，原以宏开宗派"。③ 张惠言编辑《词选》，有开宗立派之意，就如吴梅所言："皋文《词选》一编，扫靡曼之浮音，接风骚之真脉……皋文与翰风出，而溯源竟委，辨别真伪，于是常州词派成。"④ 实质上，周密也为后世开启了一种新的选词做法，恰如陈匪石《声执》卷下所言："以一家之言成总集者，清代为盛，而周氏实启之。即谓其选法、做法皆开有清风气之先，亦无不可。"⑤

---

① ［清］谢章铤：《赌棋山庄词话续编》卷二，唐圭璋编：《词话丛编》第 4 册，中华书局 2005 年版，第 3501 页。

② ［清］陈廷焯撰，孙克强等辑校：《白雨斋词话全编·白雨斋词话》卷二，中华书局 2013 年版，第 1187 页。

③ 龙榆生：《龙榆生词学论文集》，上海古籍出版社 2009 年版，第 82、83 页。

④ 吴梅：《词学通论》，上海古籍出版社 2006 年版，第 122 页。

⑤ 陈匪石编著，钟振振校点：《宋词举》（外三种），江苏古籍出版社 2002 年版，第 197 页。

　　此外，为了扩大词体影响力，也可借助刻书业发达的便利条件，编辑、刊刻词选本。在许多正统文人眼里，诗文为中国文学的正宗，有许多选本供人阅读欣赏；而词曲则是不登大雅之堂的小道、末技，加之其产生较晚，而少有选本。因此，要推尊词体，就有必要如同诗文一样，编辑出版一些词选本供人欣赏，以扩大词体的影响力，从而达到最终目标。宋代有些词选，即有为此而编刻的一面。黄大舆《梅苑序》称："聊书卷目，以贻好事云。"①曾慥《乐府雅词引》云："此外，又有百余阕，平日脍炙人口，咸不知姓名，则类于卷末，以俟询访，标目'拾遗'。"②黄昇《绝妙词选序》称："亲友刘诚甫谋刊诸梓，传之好事者，此意善矣。"③可见，三家皆有自觉的文学传播意识。杨冠卿《群公乐府序》更是直接宣称，其选"锓木寓室"，就是为"以广其传"。④传播本意味着扩大影响力，关于这一问题，将在余论部分详细分析。

　　综上所述，宋人无论是卑体、尊体，还是由卑体到尊体，皆与当时发达的印书业有着千丝万缕的关系。宋人娱宾遣兴需要借助于当时发达的刻书业，编辑出版各类选本。印刷选本在满足歌

---

① ［宋］黄大舆编，许隽超校点：《梅苑》卷首，《唐宋人选唐宋词》上，上海古籍出版社 2004 年版，第 195 页。

② ［宋］曾慥选，曹元忠原校，葛渭君补校：《乐府雅词》卷首，《唐宋人选唐宋词》上，上海古籍出版社 2004 年版，第 295 页。

③ ［宋］黄昇选编，邓子勉校点：《中兴以来绝妙词选》卷首，《唐宋人选唐宋词》下，上海古籍出版社 2004 年版，第 685 页。

④ ［宋］杨冠卿：《客亭类稿》卷七，《丛书集成续编》第 131 册，新文丰出版公司 1989 年版，第 228 页。

舞娱乐的同时，也为宋人提供了阅读范本。再说，推尊词体更离不开在印书业支持下出版各种词选本，这极大强化了词体的阅读功能，从而加速了词体脱离音乐的进程，最终使之成为"以文藻为工"①的长短句诗。

　　当然，促使宋人词体观念演进的原因是多维度、多层面的，既有内部因素，又有外部条件。其中，宋代发达的刻书业，仅是一个重要的外部条件而已，不可以过分渲染。

①　钱伯城、郭群一整理，顾廷龙校阅:《艺风堂友朋书札》下，上海人民出版社 2018 年版，第 1103 页。

| 第四章 宋代刻书业与词人群体 |

群体是由两个以上的个体构成的相互依存、相互作用的有机整合体。依据不同标准，从不同角度，可将群体划分出不同类型。其中，根据群体内部个体之间相互作用的目的与特征，可将群体划分为正式群体与非正式群体两大基本类型。这一分法，是由美国心理学家梅约（E. Mayo）于 1931 年正式提出的。所谓的正式群体（formal group），是指根据成员编制、章程或其他正式文件而建立的群体。正式群体结构明确，内部成员的地位和角色定位比较清晰，成员的权利和义务也很明确，同时还具有群体成员共同认可的行为规范。非正式群体（informal group），主要是指自发形成的、无固定编制的松散群体，其成员的地位和角色，权利与义务，并不明确。此类群体主要是为满足人们的某种社会需要而形成的，且带有较为明显的情感色彩，即以个体的好感为纽带。非正式群体的形成，一般需要具备三个基本条件：其一，有某种共同的利益追求；其二，有大致相同的兴趣爱好与价值取向；其三，有类似的人生经历或背景。非正式群体虽主要以情感为纽带、以兴趣爱好为基础，也具有一定的凝聚力与吸引力。

本章所涉及的南宋江湖词人群体、临安词人群体，多可视为非正式群体。词人群体的形成，是多种社会文化因素与个体因素共同作用的结果。其中，宋代刻书业的发达，无疑是一个重要的社会文化因素。宋代词人群体的形成及其特质，与之关系密切。

第一节　陈起刻书与江湖词人群体

"江湖"一词，出自《庄子·大宗师》："泉涸，鱼相与处于陆，相呴以湿，相濡以沫，不如相忘于江湖。"[①]"江湖"原本指河流湖泊，后又指隐士所居之所。如《南史·隐逸传序》："若夫陶潜之徒……或遁迹江湖之上，或藏名岩石之下，斯并向时隐沦之徒欤。"[②]范仲淹《岳阳楼记》："居庙堂之高，则忧其民；处江湖之远，则忧其君。"[③]"江湖"与诗人联系在一起，作为一种特定称谓——"江湖诗人"，特指南宋末年的一个松散的诗人群体，其见于典籍者，比比皆是。如岳珂《藏一话腴序》："尝谓近时江湖诗人多，然不夸而诞则空而迂，流于谒者皆是。"[④]严羽《沧浪诗话·诗辨》："近世赵紫芝翁、灵舒辈，独喜贾岛、姚合之诗，稍

---

① ［清］郭庆藩撰，王孝鱼点校：《庄子集释》卷三上，中华书局 2016 年版，第 249 页。

② ［唐］李延寿：《南史》卷七五，中华书局 1975 年版，第 1856 页。

③ ［宋］范仲淹著，李勇先、王蓉贵校点：《范仲淹全集·范文正公文集》卷八，四川大学出版社 2007 年版，第 195 页。

④ ［宋］陈郁：《藏一话腴》卷首，《景印文渊阁四库全书》第 865 册，台北商务印书馆 1986 年版，第 539 页。

稍复就清苦之风；江湖诗人多效其体。"[1]

至于"江湖词人"这一称谓，鲜见于古代典籍，晚清四大家之一的朱祖谋，曾有提及，其跋周密《草窗韵语》有曰："南宋江湖词人兼以诗传者，前唯白石最著。草窗生当末造，虽风格稍弱，而举体修洁，庶几似之。"[2] 随后，"江湖词人"这一称谓，得到了词学界的广泛认可。朱氏所提到江湖词人兼诗人的问题，是说南宋末年的江湖词人，同时又是江湖诗人，这在当时是一种较为普遍的现象。从时间上看，江湖词人大致出现在中兴词人群体之后。肖鹏认为："就在中兴词人群大部分还没有退出词坛的时候，已经有无数江湖草野之辈联袂而至，拥挤着走向词坛……至宋末的吴文英、宋自逊、翁元龙、赵闻礼之时，光宗、宁宗、理宗、度宗四个朝代约八十余年，是两宋词史上非常特殊的阶段：江湖时期。"[3] 作为一个较为松散的词人群体，江湖词人群体在中兴词人群体尚未退出词坛时，就已开始走入词坛，并能迅速扩大其影响力，与宋理宗初年的临安书商陈起刊行《江湖集》，是密不可分的。也就是说，江湖词人群体的形成与发展，与宋代刻书业，有一定的关联。

---

① ［宋］严羽著，郭绍虞校释：《沧浪诗话校释》，人民文学出版社 1983 年版，第27 页。

② ［宋］周密：《草窗韵语》卷末，乌程蒋氏密韵楼景宋本。

③ 肖鹏：《群体的选择——唐宋人词选与词人群通论》，凤凰出版社 2009 年版，第248 页。

一、《江湖集》的编刻与江湖词人群体意识的形成

《江湖集》是陈起刊刻的江湖诗人诗集的统称，究竟有多少种，目前已不得而知。据《四库全书总目》称，尚有《江湖集》《江湖前集》《江湖后集》《江湖续集》《中兴江湖集》诸名称，见于《永乐大典》。经明、清人收集、整理的各种版本的江湖诗集，主要有《南宋六十家小集》《六十名家小集》《江湖小集》《南宋群贤小集》《群贤小集》《江湖集》等多种。《文渊阁四库全书》收录的《江湖小集》与《江湖后集》，后者为辑本，"其书刻非一时，版非一律。故诸家所藏……辗转传钞，真赝错杂，莫详孰为原本"。①

陈起刊刻的《江湖集》系列，主要是"取中兴以来江湖之士以诗驰誉者"，②采用丛刻的形式刊刻而成，其形式灵活，不拘一格，收录范围甚为广泛。丁丙《善本书室藏书志》称之曰："收刻海内诗人小集，虽十数叶，亦名一家，命曰《江湖集》。盖一时举场游客炫名之资，并名公贵人小卷，间及北宋所遗本，无一定家数、卷数。"③《四库全书总目·江湖后集》也称：

> 惟是当时所分诸集，大抵皆同时之人。随得随刊，

---

① ［清］永瑢等:《四库全书总目》卷一八七《江湖后集》，中华书局1965年版，第1701页。

② ［宋］陈振孙撰，徐小蛮、顾美华点校:《直斋书录解题》卷一五，上海古籍出版社2015年版，第452页。

③ ［清］丁丙著，曹海花点校:《善本书室藏书志》卷三八《群贤小集》，浙江古籍出版社2016年版，第1637页。

稍成卷帙，即别立一名以售。其分隶本无义例，故往往
一人之诗，而散见于数集之内。①

江湖诗人群体是南宋后期一个比较松散的诗人群体，其内部
没有严格的组织形式与理论纲领，也没有所谓的公认盟主，②是陈
起《江湖集》系列的编辑刊刻，将分散的个体江湖诗人笼络在一
起的。江湖诗人相互交往、唱和，拜谒名宦、权贵，甚至向官府
请愿，成为宋末文坛上一道比较独特的风景线。

陈起，字宗之，又字彦才，号芸居，自号陈道人，别称武林
陈学士，钱塘（今属浙江杭州）人。宁宗时乡贡第一，时人称之
"陈解元"。陈起不仅是著名的书商，还是一位颇有才艺、小有名
气的学者、文人。许棐《赠芸窗》称之："能书能画又能诗，除却
芸窗别数谁？"③周端臣《挽芸居二首》其一也称其："字画堪追晋，
诗刊欲徧唐。"④郑斯立《赠陈宗之》谓其诗兼具陶、韦与郊、岛之
风："诵其所为诗，刻苦雕肺肝。陶韦淡不俗，郊岛深以艰。君勇

---

① ［清］永瑢等：《四库全书总目》卷一八七，中华书局 1965 年版，第 1701 页。
② 《四库全书总目·梅屋集》称江湖诗人许棐"以刘克庄为领袖"。（永瑢等：《四库
　全书总目》卷一六四，中华书局 1965 年版，第 1406 页。）这应当是许棐个人的观
　点。刘克庄曾是江湖诗人中官职最高者，诗词成就较高，影响力较大，但称其为
　江湖诗人领袖，大概为个别现象，并未得到当时整个江湖诗人群体的认同。
③ ［宋］许棐：《梅屋集》卷一，《景印文渊阁四库全书》第 1183 册，台北商务印书馆
　1986 年版，第 192 页。
④ ［宋］陈起编：《江湖后集》卷三，《景印文渊阁四库全书》第 1357 册，台北商务印
　书馆 1986 年版，第 755 页。

欲兼之，日夜吟辛酸。"① 作为书商、藏书家兼有学者、文人身份的陈起，的确治学用功，态度谨严，其《夜诵》诗自云："父子跏趺绝似僧，青灯一盏夜三更。读残戴记儿将倦，山栗旋煨仍擘橙。"② 陈起流传至今的诗集，有《芸居乙稿》《芸居遗稿》各一卷。

具有较高的文学艺术素养的书商陈起，刊刻印行了许多成本低廉、发行量相对较大的江湖诗人小集。这不仅可为其带来一定经济效益，还可凭此扬名立万。他能以刊刻《江湖集》《江湖后集》等一系列江湖诗人的小集为媒介，将当时众多、分散的江湖诗人联络成为一个松散的文人群体，还与其和江湖诗人的特殊关系，甚为相关。《江湖集》的组稿与刊行，为陈起搭建起一个良好的交际平台，积蓄了广泛的人脉。其中，有些稿源是陈起根据自己的编刊计划，主动向江湖诗人约稿、索稿的。危稹《赠书肆陈解元》即云："巽斋幸自少人知，饭饱官闲睡转宜。刚被旁人去饶舌，刺桐花下客求诗。"③ "客求诗"，可能是陈起主动向危氏约稿。黄文雷自序其《看云小集》，即明言道："芸居见索，倒箧出之，料简仅止此。自《昭君曲》而上，盖尝经先生印正云。"④ 这并非偶然

---

① ［清］厉鹗辑撰：《宋诗纪事》卷六四引《前贤小集拾遗》，上海古籍出版社 2013 年版，第 1600 页。

② ［宋］陈起编：《江湖后集》卷二四，《景印文渊阁四库全书》第 1357 册，台北商务印书馆 1986 年版，第 1013 页。

③ ［宋］危稹：《巽斋小集》，［宋］陈起编：《江湖小集》卷六〇，《景印文渊阁四库全书》第 1357 册，台北商务印书馆 1986 年版，第 489 页。

④ ［宋］黄文雷：《看云小集》，［宋］陈起编：《江湖小集》卷五〇，《景印文渊阁四库全书》第 1357 册，台北商务印书馆 1986 年版，第 376 页。

为之，陈起经常向当时的江湖名士约稿，赵师秀《赠陈宗之》即有言："每留名士饮，屡索老夫吟。"① "每留名士饮"，看出陈起的热情好客。"屡索老夫吟"，可见其不止一次地向人索取诗篇、诗稿，此举"不仅为了欣赏，而且是为了刊刻"。② 积少成多，集腋成裘，不少江湖诗人的诗集可能是由陈起亲自编订的，尤其是那些"虽十数叶，亦名一家"的小集。作为书商与藏书家，陈起还向当时的江湖诗人购买书籍。

陈起的热情好客，乐意出资刊刻江湖诗人的诗集，也激发起他人主动向其投稿的热情。许棐自跋《梅屋第四稿》即称："右甲辰一春诗，诗共四五十篇，寻求芸居吟友印可。棐惶恐。"③ 尽管有些"惶恐"，许棐最终还是主动地投稿于陈起。在收到他人投稿之后，陈起会细心审阅、修改、编辑。从黄文雷"自《昭君曲》而上，盖经先生印正"之语，大致可窥其端倪。在陈起看来，审读他人的稿件，是愉悦身心的快事，其乐无穷。其《题西窗食芹稿》即有曰："曾味西窗稿，经年齿颊清。细评何物似？碧涧一杯羹。"④ 陈起编辑别人的诗稿相当用心，谓之精益求精，当不为过。宝祐三年（1255）春，张至龙自序《雪林删余》云：

---

① ［宋］赵师秀：《清苑斋诗集》，《景印文渊阁四库全书》第1171册，台北商务印书馆1986年版，第197页。
② 张宏生：《〈江湖集〉编者陈起交游考》，《文献》1989年第4期，第37—54页。
③ ［宋］许棐：《梅屋集》卷四，《景印文渊阁四库全书》第1183册，台北商务印书馆1986年版，第208—209页。
④ ［宋］陈起：《芸居乙稿》，［宋］陈起编：《江湖小集》卷二八，《景印文渊阁四库全书》第1357册，台北商务印书馆1986年版，第234页。

予自髫龀癖吟，所积稿四十年，凡删改者数四。比承芸居先生又为摘为小编，特不过十中之一耳。其间一联之雕，一句之琢，一字之炼，一意之镕，政犹强弓牵满，度不中不发，发必中的……予遂再浼芸居先生，就摘稿中拈出律绝各数首，名曰《删余》，以受耕老。芸居所删，非为芜滓设，特在少而不在多耳。[①]

正因编辑出版态度如此谨慎，陈起编刊的书籍，颇得后人好评。如杨守敬《日本访书志》著录《李推官披沙集》即言："盖陈氏在临安刊书最多而且精也。今观此本，刻印雅洁，全书复完美无缺，信可宝也。"[②]

陈起刻书并不以逐利为首要目的。在保证盈利的同时，有时他还低价售书，类似于今天的商家打折促销。周文璞《赠陈宗之》中"哦诗苦似悲秋客，收价清于卖卜钱"[③]的诗句，便是写照。考虑到某些江湖诗人的实际经济情况，陈起还赊欠图书给他们。黄简《秋怀寄陈宗之》即谓："独愧陈征士，赊书不问金。"[④]有时，陈起也会向江湖友人赠送一些图书，朱继芳《桃源官罢芸居以唐诗拙作赠别》即称："自作还相送，唐诗结伴来。归装携此重，笑

---

① ［宋］张至龙：《雪林删余》卷首，《汲古阁景宋钞南宋群贤六十家小集》第 33 册，古书流通处，1921 年版。
② ［清］杨守敬撰，张雷校点：《日本访书志》卷一四，辽宁教育出版社 2003 年版，第 228 页。
③ ［清］叶德辉：《书林清话》卷二引，中华书局 1957 年版，第 51 页。
④ ［清］叶德辉：《书林清话》卷二引，中华书局 1957 年版，第 51 页。

口为君开。"①可知，陈起此次赠予朱继芳的书籍，除朱本人诗集样书，还有一些唐人诗集刻印本。当然，陈起赠送书籍，有时也是应江湖诗人的索要而为之。许棐《陈宗之叠寄书籍小诗为谢》即称："君有新刊须寄我，我逢佳处必思君。"②

以上多为当事的江湖诗人的说法。其实，陈起本人也言及于此。其《史记送后村刘秘监兼致欲见之惊》云：

> 忆昔西湖滨，别语读教条。嘱以马迁史，文贵细字雕。名言犹在耳，堤柳凡几凋。兹焉得蜀刻，持赠践久要。会晤知何时，霁色审来朝。③

陈起不忘刘克庄以前之嘱托，在得到蜀刻本《史记》后，便急切盼望早日送给他，以了却其宿愿。

作为书商兼文人，陈起的藏书量颇为丰富。杜耒《赠陈宗之》称之曰："往年曾见赵天乐，数说君家书满床。"④赵天乐，即赵师秀，从江湖诗人欲向陈起售卖书籍，亦可知之。叶绍翁《赠陈宗之》："随车尚有书千卷，拟向君家卖却归。"⑤陈起还乐于将其藏书借予江湖友人。张弋《夏日从陈宗之借书偶成》称："案上书堆满，

---

① ［宋］朱继芳：《静佳乙稿》，［宋］陈起编：《江湖小集》卷三二，《景印文渊阁四库全书》第 1357 册，台北商务印书馆 1986 年版，第 256 页。

② ［宋］许棐：《梅屋集》卷四，《景印文渊阁四库全书》第 1183 册，台北商务印书馆 1986 年版，第 208 页。

③ ［宋］陈思编，［元］陈世隆补：《两宋名贤小集》卷三四八，《景印文渊阁四库全书》第 1364 册，台北商务印书馆 1986 年版，第 688 页。

④ ［清］叶德辉：《书林清话》卷二引，中华书局 1957 年版，第 50 页。

⑤ ［宋］陈思编，［元］陈世隆补：《两宋名贤小集》卷二六〇，《景印文渊阁四库全书》第 1364 册，台北商务印书馆 1986 年版，第 116—117 页。

多应借得归。"① 杜耒《赠陈宗之》也称："往年曾见赵天乐，数说君家书满床。成卷好诗人借看，盈壶名酒母先尝。"② 赵师秀其《赠陈宗之》云："最感书烧尽，时容借检寻。"③ 焚书之余，陈起尚能如此，实属不易。

如此一来，陈起结交了大量的江湖诗人。据张宏生、胡益民、周月亮等学者的考证，陈起与四十多位诗人有过交游酬唱。④ 在他所编辑的《南宋六十家小集》中，六十位诗人中，有十八位与其有唱和记录。无怪乎蒋太璞《赠陈宗之》称之："南渡好诗都刻尽，中朝名士与交多。"⑤ 陈起与不少江湖诗人之关系，并非泛泛之交，而是相处得相当融洽。周端臣《奉谢芸居清供之招》有曰：

> 日昨访芸居，见我如伯仲。剧谈辟幽荒，妙论洗沉痛。呼童张樽罍，芳醪启春瓮。乃约屏膻荤，初筵俱清供。⑥

许棐过世后，陈起撰《挽梅屋》诗称："桐阴吟社忆当年，别

---

① ［宋］张弋：《秋江烟草》，［宋］陈起编：《江湖小集》卷六八，《景印文渊阁四库全书》第 1357 册，台北商务印书馆 1986 年版，第 529 页。

② ［清］叶德辉：《书林清话》卷二引，中华书局 1957 年版，第 50 页。

③ ［宋］赵师秀：《清苑斋诗集》，《景印文渊阁四库全书》第 1171 册，台北商务印书馆 1986 年版，第 197 页。

④ 参见张宏生：《〈江湖集〉编者陈起交游考》，《文献》1989 年第 4 期，第 37—54 页。胡益民、周月亮：《江湖集编者陈起交游续考》，《文献》1991 年第 1 期，第 14—17 页。

⑤ 佚名：《诗渊》，书目文献出版社 1985 年版，第 518 页。

⑥ ［宋］陈起编：《江湖后集》卷三，《景印文渊阁四库全书》第 1357 册，台北商务印书馆 1986 年版，第 744 页。

后攀梅结数椽。湖海有声推逸韵，弓旌不至笑遗贤。"① 从中见其对往日江湖旧交及诗酒唱和的恋念不忘。陈起对江湖诗人能以诚相待，"凡江湖诗人皆与之善"，② 也多引之为知己。徐从善《呈芸居》即云："生来稽古心，文士独知音。"③ 陈起与有些江湖诗人交游，时间还颇为长久。黄文雷《挽芸居》称："海内交游三十年，临分我到卧床前。西湖一叶西风落，泪尽秋风松下阡。"④ 因喜好交游，陈起的住所芸居楼，也就顺理成章地成为许多江湖诗人聚会、唱和的固定场所。吴文英《丹凤吟·赋陈宗之芸居楼》一词，对芸居楼有所描绘：

> 丽景长安人海，避影繁华，结庐深寂。灯窗雪户，光映夜寒东壁。心雕鬓改，镂冰刻水，缥简离离，风签索索。怕遣花虫蠹粉，自采秋芸熏架，香泛纤碧。　更上新梯窈窕，暮山澹著城外色。旧雨江湖远，问桐阴门巷，燕曾相识。吟壶天小，不觉翠蓬云隔。桂斧月宫三万手，计元和通籍。软红满路，谁聘幽素客。⑤

---

① 〔宋〕陈起：《芸居乙稿》，〔宋〕陈起编：《江湖小集》卷二八，《景印文渊阁四库全书》第 1357 册，台北商务印书馆 1986 年版，第 234 页。

② 〔元〕方回评选，李庆甲集评校点：《瀛奎律髓汇评》卷二〇，上海古籍出版社 2005 年版，第 843 页。

③ 〔宋〕陈起编：《江湖后集》卷一五，《景印文渊阁四库全书》第 1357 册，台北商务印书馆 1986 年版，第 918 页。

④ 〔宋〕陈起编：《江湖后集》卷二一，《景印文渊阁四库全书》第 1357 册，台北商务印书馆 1986 年版，第 980—981 页。

⑤ 〔宋〕吴文英撰，孙虹、谭学纯校笺：《梦窗词集校笺》（典藏本），中华书局 2017 年版，第 389 页。

据夏承焘《吴梦窗系年》考证，吴文英结交陈起，大约在淳祐十一年（1251），其《丹凤吟·赋陈宗之芸居楼》，"当此时在杭作"。① 词中再现了环境幽雅的"桐阴门巷"，以及陈起芸居楼中"往来无白丁"的热闹情景。"灯窗雪户，光映夜寒东壁"，明显化用"囊萤映雪""凿壁偷光"的典故，意在赞美陈起及其芸居楼普惠于江湖诗人。同时，也惋叹陈起虽然"桂斧月宫三万手，计元和通籍"，即编刻了许多高水平的诗文集，成就了不少江湖文人，而自己却无人赏识，惨淡经营书肆多年。

陈起与江湖诗人除一般性的诗酒唱和，还包括谈文论艺等内容。黄文雷《挽芸居》："长安道上细哦诗，如此相知更有谁？"② 许棐《宗之惠梅窠水玉笺》："忆君同在孤山下，商略春风弄笔时。"③ 文学宗尚上，陈起欲融合宗陶、韦之平淡与郊岛之艰深于一身："陶韦淡不俗，郊岛深以艰。君勇欲兼之，日夜吟辛酸。"④

这样，在陈起周围，聚集了一大批江湖诗人，形成了一个庞杂的江湖诗人群体。这就是四库馆臣所谓的"以书贾陈起为声气之联络"。⑤ 江湖诗人中，许多人兼具词人身份，如姜夔、史达祖、

---

① 夏承焘：《唐宋词人年谱》，商务印书馆 2017 年版，第 430 页。

② ［宋］陈起编：《江湖后集》卷二一，《景印文渊阁四库全书》第 1357 册，台北商务印书馆 1986 年版，第 981 页。

③ ［宋］许棐：《梅屋集》卷二，《景印文渊阁四库全书》第 1183 册，台北商务印书馆 1986 年版，第 201 页。

④ ［宋］郑斯立：《赠陈宗之》，厉鹗辑撰：《宋诗纪事》卷六四引《前贤小集拾遗》，上海古籍出版社 2013 年版，第 1600 页。

⑤ ［清］永瑢等：《四库全书总目》卷一六四《梅屋集》，中华书局 1965 年版，第 1405 页。

刘克庄等。也就是说，江湖诗人群体中，同时还包含着一个既能诗又能词的亚群体——江湖词人群体。正如肖鹏所言：

> 江湖词人群与元祐词人群一样，是唐宋词史上的第二个两栖型词人群：同一个群体，既是诗人群，又是词人群，同时覆盖了诗坛与词坛两个领域。[①]

据张宏生《江湖诗派研究》统计，江湖诗派成员有 138 人。[②]这些诗人又多属于不同的诗社。据欧阳光《宋元诗社研究丛稿》一书统计，江湖时期出现的见于记载的诗社有史达祖、高观国诗社，陈郁、陈世崇诗社，廖行之诗社，潘牥诗社，陈著鄞县诗社，林季仲真率会，王阮诗社，杨冠卿诗社，陈文蔚诗社，戴栩诗社，汪莘诗社，曹邍豫章诗社，苏泂诗社，陈造真州诗社，林希逸诗社，高翥诗社，胡仲弓、胡仲参诗社，徐集孙诗社，林尚仁诗社，敖陶孙诗社，王琮诗社，姚镛诗社，薛嵎诗社，薛师石诗社，李涛诗社，黄敏求诗社，刘植诗社，邓允瑞诗社，张辑诗社，吴潜诗社，戴复古江湖诗社，叶茵诗社，共 30 余家。[③]这其中，有许多我们熟悉的词人身影，如史达祖、高观国、吴文英、张辑、吴潜、戴复古、刘克庄等。

---

① 肖鹏：《群体的选择——唐宋人词选与词人群通论》，凤凰出版社 2009 年版，第261 页。
② 张宏生：《江湖诗派研究》，中华书局 1995 年版，第297 页。
③ 欧阳光：《宋元诗社研究丛稿》，广东高等教育出版社 1996 年版，第317—320 页。

二、江湖诗祸与江湖诗人填词

在正统文人眼中，填词历来为小道、末技，难登大雅之堂，统治者对填词也多持宽容的态度，文人填词不像写诗那样容易惹祸上身。乌台诗案发生后，苏轼感慨颇深："比虽不作诗，小词不碍，辄作一首，今录呈，为一笑。"①朱弁《风月堂诗话》卷上称："晁无咎晚年，因评小晏并黄鲁直、秦少游词曲，尝曰：'吾欲托兴于此，时作一首以自遣，政使流行，亦复何害。譬如鸡子中元无骨头也。'"②有鉴于此，江湖诗祸发生后，有些诗人由写诗而改为填词。

作为宋代文字狱的江湖诗祸，发生在宋理宗宝庆（1225—1227）初年。宋人罗大京《鹤林玉露》中有记载道：

> 渡江以来，诗祸殆绝，惟宝、绍间，《中兴江湖集》出，刘潜夫诗云："不是朱三能跋扈，只缘郑五欠经纶。"又云："东风谬掌花权柄，却忌孤高不主张。"敖器之诗云："梧桐秋雨何王府，杨柳春风彼相桥。"曾景建诗云："九十日春晴景少，一千年事乱时多。"当国者见而恶之，并行贬斥。景建，布衣也，临川人，竟谪春陵，死焉。③

罗大京认为，诗祸缘于陈起刊刻的《中兴江湖集》。其中载有

---

① ［宋］苏轼撰，［明］茅维编，孔凡礼点校：《苏轼文集》卷五六《与陈大夫八首》其三，中华书局1986年版，第1698页。

② ［宋］朱弁撰，陈新点校：《风月堂诗话》，中华书局1988年版，第101页。

③ ［宋］罗大京撰，王瑞来点校：《鹤林玉露·乙编》卷四，中华书局1983年版，第188页。

刘克庄、敖陶孙（器之）、曾景建等令"当国者见而恶"的诗篇。其缘由有些隐约其辞，盖罗氏生当其时，有些东西不便于明言。

其实，江湖诗祸真正的起因，是权相史弥远为掩盖自己擅行废立的行径、钳制舆论而制造的一起文字狱。其直接导火索是陈起刊刻的《江湖集》，涉嫌为"济邸之冤"鸣不平。元人方回《瀛奎律髓》记之甚详：

> 当宝庆初，史弥远废立之际，钱塘书肆陈起宗之能诗，凡江湖诗人皆与之善。宗之刊《江湖集》以售，《南岳稿》与焉。宗之赋诗有云："秋雨梧桐皇子府，春风杨柳相公桥。"哀济邸而诮弥远，本改刘屏山句也。敖臞庵器之为太学生时，以诗痛赵忠定丞相之死，韩侂胄下吏逮捕，亡命。韩败，乃始登第，致仕而老矣。或嫁"秋雨""春风"之句为器之所作，言者并潜夫《梅》诗论列，劈《江湖集》板，二人皆坐罪。初，弥远议下大理逮治，郑丞相清之在琐闼，白弥远中辍，而宗之坐流配。于是诏禁士大夫作诗，如孙花翁惟信季蕃之徒，寓在所，改业为长短句。绍定癸巳，弥远死，诗禁解。①

江湖诗祸发生以后，《江湖集》遭到劈板，刘克庄、敖陶孙等人获罪，陈起被流放。朝廷随之"禁士大夫作诗"，江湖诗人群体的诗歌创作，因此遭到重创。一些江湖诗人，如孙惟信之徒，便"改业为长短句"。刘克庄《夜检故书，得孙季蕃词，有怀其人二

---

① ［元］方回评选，李庆甲集评校点：《瀛奎律髓汇评》卷二〇，上海古籍出版社2005年版，第843—844页。

首》其二称之曰:"中年豪宕以词行,醉墨淋漓一座倾。"① 随着一些江湖诗人弃诗为词,江湖诗人的创作阵容发生了分化,江湖词人群体一时为之壮大,江湖词人也因此在宋末文坛大放异彩。

江湖诗禁始于理宗宝庆元年(1225),解禁于端平元年(1234),即史弥远过世的第二年。肖鹏将这十年视为江湖词坛前期的结尾。② 同时,这也意味着江湖词坛后期的开始。江湖词坛前期跨越光宗、宁宗、理宗三朝,近五十年的时间。

综上所述,陈起《江湖集》等一系列江湖诗人诗籍的刊刻,客观上起到了联络分散的江湖诗人、词人,使之同气相应的作用,在一定程度上强化了其群体意识。特别是江湖诗祸之后,一些江湖诗人的弃诗为词,江湖词人群体阵容一时壮大,使得创作重心发生了转移,形成了宋末江湖词坛兴盛的文化、文学景观。

第二节　江湖三选与江湖词人群体

《草堂诗余》《中兴以来绝妙词选》《阳春白雪》,是南宋词坛上江湖时代的三部著名词选本,其编纂、刊刻,皆烙有不同程度的江湖印痕。三部词选本,从不同的维度,展示出了江湖时代的刻书业与江湖词人群体,以及词选编者之关联。

---

① ［宋］刘克庄著,辛更儒笺校:《刘克庄集笺校》卷二三,中华书局 2011 年版,第 1272 页。

② 肖鹏:《群体的选择——唐宋人词选与词人群通论》,凤凰出版社 2009 年版,第 250 页。

一、《草堂诗余》与江湖词人群体

作为"江湖第一词选",①《草堂诗余》原本是一部由民间书坊编纂刊刻的应歌型词选本。陈振孙《直斋书录解题》卷二十一著录,该书二卷,"书坊编集者"。《四库全书总目》考订,其成书在庆元以前。据王楙《野客丛书》,他所见到的《草堂诗余》,已有笺注。现在能见到的最早的刊本,为元代至正年间(1341—1370)双璧陈氏刊本,是在失传二卷本的基础上增修而成的。书名为《增修笺注妙选草堂诗余》,题"建安古梅何士信君实编选"。书中新添、新增的词人,有不少江湖词人,如黄昇、宋自逊、刘克庄、潘牥、史达祖等。此本笺注有多处引自黄昇的《花庵词选》,故此笺注本不会早于《花庵词选》。"新增""新添",可能是两次增修时留下的痕迹,也可能是书商为博取世人眼球,有意为之。无论如何,何士信是其中一位重要的编订者,是毋庸置疑的。何士信为福建人,其补增的一些词人,如刘克庄、潘牥、黄昇等,多为闽人,或流寓闽地之人。因此,此增修本或有可能刻于闽地书坊。

《草堂诗余》是早期江湖词人与书坊合作的产物。孝宗至宁宗时期,南宋刻书业进入了高度发达时期,形成了浙中、闽中、蜀中三大刻书中心,书坊刻书颇为繁盛,刻印书籍的范围已非常广泛,词集自然也在其中。而且,书坊还时常与文人士子合作编纂

① 肖鹏:《群体的选择——唐宋人词选与词人群通论》,凤凰出版社2009年版,第267页。

刻印书籍。《草堂诗余》就是书坊与文人合作的产物。

从书坊一方来说，为了保证盈利，其刊刻书籍在兼顾不同审美层次的群体时，还需要考虑向某些特定的群体倾斜。《草堂诗余》主要是为歌妓准备歌本，适俗是其主要特点，这一点前面已有述析，不再赘述。在谈到《草堂诗余》不选姜夔词作时，宋翔凤《乐府余论》释之曰：

> 《草堂诗余》，宋无名氏所选，其人当与姜尧章同时。
>
> 尧章自度腔，无一登入者。其时姜名未盛。[1]

其实，不仅白夔的词作，即使与其风格近似者，也少有人能入选，故宋氏之言论，难以服人。姜夔从江西诗派中来，其词风生新瘦硬、清空骚雅，且又多自度曲，并非一般的歌妓所能演唱得了的；而《草堂诗余》的主要选编目的是"便歌"，不选姜夔词作，理固宜然。朱彝尊则又从另一角度加以诠释，《词综发凡》有曰："填词最雅无过石帚（白石），《草堂诗余》不登其只字……可谓无目者也。"[2] 如此说来，并不是《草堂诗余》的编者"无目"，倒是朱氏"无目"。稍后的四库馆臣，较之朱氏，意识清醒得多。《四库全书总目·竹屋痴语》有曰：

> 词自鄱阳姜夔，句琢字炼，始归醇雅，而达祖、观
> 国为之羽翼。故张炎谓数家格调不凡，句法挺异，俱能
> 特立清新之意，删削靡曼之词。乃《草堂诗余》于白石、

---

① ［清］宋翔凤：《乐府余论》，唐圭璋编：《词话丛编》第 3 册，中华书局 2005 年版，第 2500 页。

② ［清］朱彝尊、汪森编：《词综》卷首，上海古籍出版社 1978 年版，第 14 页。

　　梅溪则概未寓目，竹屋词亦止选其《玉蝴蝶》一阕。盖
　　其时方尚甜熟，与风尚相左故也。①

　　"时方尚甜熟"，而姜夔词"与风尚相左"，自然不易入选，
这才是问题的关键所在。其后的胡薇元，在其《岁寒居词话》中
转述此段话，改"甜熟"为"酣熟"。② 相较而言，"酣熟"，用词
似乎更妥帖；"甜熟"或许笔误。

　　从江湖词人方面言之，尽管他们中不少人奔走江湖，为达官
贵人的食客、门客，求人施舍，请人荐举，无甚人格，③ 但表面上

----

① ［清］永瑢等：《四库全书总目》卷一百九十九，中华书局 1965 年版，第 1820 页。

② ［清］胡薇元《岁寒居词话》曰："自白石而后，句琢字炼，始归雅纯，而竹屋、梅
　溪为之羽翼。故张炎谓其格调不凡，句法挺异，特立清新，删削靡曼。乃《草堂》
　于白石、梅溪尽不入选。竹屋词仅登《玉蝴蝶》一阕，盖其时专尚酣熟故也。"
　（唐圭璋编：《词话丛编》第 5 册，中华书局 2005 年版，第 4032 页。）

③ ［元］方回《瀛奎律髓》载戴复古《寄寻梅》诗注云："盖'江湖'游士，多以星命
　相卜，挟中朝尺书，奔走阃台郡县糊口耳。庆元、嘉定以来，乃有诗人为谒客者，
　龙洲刘过改之之徒不一人，石屏亦其一也。相率成风，至不务举子业，干求一二要
　路之书为介，谓之'阃匦'，副以诗篇，动获数千缗，以至万缗。如壶山宋谦父自
　逊，一谒贾似道，获楮币二十万缗，以造华居是也。钱塘、湖山，此曹什伯为群，
　阮梅峰秀实、林可山洪、孙花翁季蕃、高菊磵九万，往往雌黄士大夫，口吻可畏，
　至于望门倒屣。"（方回选评，李庆甲集评校点：《瀛奎律髓汇评》卷二〇，上海古
　籍出版社 2005 年版，第 840 页。）周密《齐东野语》云："淳祐辛亥，郑丞相清之
　当国，朝议以游士多无检束，群居率以私喜怒轩轾人，甚者以植党挠官府之政，
　扣阍揽黜陟之权，或受赂丑诋朝绅，或设局骗胁民庶，风俗寖坏。"（周密撰，张
　茂鹏点校：《齐东野语》卷六，中华书局 1983 年版，第 110 页。）费衮《梁溪漫志》
　曰："近年以来，率俟相见之时以书启面投，大抵皆求差遣，丐私书，干请乞怜之
　言；主人例避谢而入袖，退阅一二，见其多此等语，往往不复终卷。彼方厌其干
　请，安得为之延誉？士之自处既轻，而先达待士之风，至此亦扫地矣。"（费衮撰，
　金圆校点：《梁溪漫志》卷三，上海古籍出版社 1985 年版，第 28 页。）

他们还要表露出文人高雅的一面，这是其性格的矛盾之处，也是其人格二重性的展现。表现在实际选词上，就是既要选所谓的高雅名士之作，又录与其同病相怜、同气相应的江湖词人词作；而两者比例，有时又是失调的。鉴于书坊主人、商人的经济实力，编选者又不得不让步，迁就其要求，率先满足其盈利的目的，不得不改变自家原本的意图，压缩表现江湖词人审美旨趣的词作所占比与空间。选编者与书商这种不对等的合作关系，甚至可以说是雇佣关系，使得《草堂诗余》呈现出高雅与世俗两种风格共存的现象，而且高雅最终让位于世俗。此现象甚至存在于入选的同一词人词作中。这是《草堂诗余》多遭人诟病的重要原因之一。

总之，《草堂诗余》是一个江湖词人迁就书商的歌词选本。刻书业对词选本整体风貌是具有一定制约作用的。这也是在印书业高度发达背景下，词选作为一种娱乐消费品的直接体现。

二、《中兴以来绝妙词选》《阳春白雪》与江湖词人群的选择

黄昇的《中兴以来绝妙词选》、赵闻礼的《阳春白雪》是由江湖词人独立选编的词选本。与《草堂诗余》不同，选编者的审美情趣、选词观念，在这两部选本中皆得到了比较充分的显现。而且，选编者各自流落江湖的一段人生经历及体验，也在其选本中得到了较为深刻的展示。

据黄昇《绝妙词选序》，《中兴以来绝妙词选》由其亲友刘诚甫刊刻于理宗淳祐九年（1249），或稍后。《中兴以来绝妙词选》

的主要选编目的，在于存史。此选多以江湖词人的眼光，来关注
中兴以来的南宋词坛，并为之存史。《阳春白雪》主要是为南宋江
湖词人群体存史，"是要在时代上补出书坊原刻《草堂诗余》身后
江湖词坛的一段空白"，江湖意识更加浓郁。

　　《中兴以来绝妙词选》所录的江湖词人，多为声名显著者；而
《阳春白雪》所列，除江湖名家外，更多的是一些名不见经传的江
湖小词人。为方便起见，现将《中兴以来绝妙词选》词人词作的
基本情况，列表统计如下：

卷数	词人名字	数目	占籍	仕宦	备注
卷一	康与之（伯可）	23	※洛阳，居滑州		
	陈与义（去非）	7	※洛阳	以诗文被注于高皇帝，入参大政	
	李邴（汉老）	5	※济州任城	建炎二年入翰林，从驾南渡	※寓居泉州十七年
	叶梦得（绍蕴）	7	※吴县	建炎初召为户部，入翰苑，参大政，以节度使致仕	
	曾纡（公衮）	3	※南丰	官至中奉大夫、直宝文阁	
	曾觌（纯父）	14	※汴京		
	曾惇（弦甫）	3	※南丰		
	吕本中（居仁）	12	※寿州	绍兴初赐进士第、中书舍人	
	朱敦儒（希真）	10	※洛阳		
	朱雍	3	※里籍不详		
	张元干（仲宗）	12	三山		

续表

卷数	词人名字	数目	占籍	仕宦	备注
卷二	刘子翚（彦冲）	2	※ 建州崇安		
	赵鼎（元镇）	11	※ 解州闻喜	中兴名相	
	王庭珪（民瞻）	5	庐陵	弃官养志二十年	
	李弥逊（似之）	2	※ 吴县	中兴名士，不附秦桧，坐贬	
	张抡（材甫）	9	※ 开封		
	张孝祥（安国）	24	历阳	以妙年射策魁天下，不数载入直中书	
	吴激（彦高）	2	※ 建州	先朝故臣	
	杨万里（廷秀）	2	吉州		
	吴亿（大年）	2	※ 里籍不详		
	范成大（至能）	7	※ 吴县	孝宗朝入参大政。尝为蜀帅	
	陆游（务观）	20	山阴	官至焕章阁待制	
卷三	张镃（功甫）	15	西秦		
	胡仔（仲任）	1	苕溪		
	张震（东父）	5	※ 汉州		
	韩元吉（无咎）	3	※ 开封雍邱	文献、政事、文学，为一代冠冕	
	辛弃疾（幼安）	42	※ 济南历城		
	京镗（仲远）	5	豫章	宁宗朝拜相	
	姚宽（令威）	5	※ 会稽嵊县		
卷四	吴礼之（子和）	16	钱塘		
	郑域（中卿）	5	三山	庆元丙辰，多随张贵谟使虏	
	谢懋（勉仲）	10	※ 洛阳		
	赵善扛（文鼎）	14	※ 里籍不详		
	赵彦端（德庄）	5	※ 汴	官龙图	

续表

卷数	词人名字	数目	占籍	仕宦	备注
卷四	黄铢（子厚）	3	※ 建安		
	赵蕃（昌甫）	2	※ 侨居信州		
	韩淲（仲止）	1	※ 祖籍开封，南渡后隶籍信州上饶		
	易祓（彦祥）	2	长沙	宁宗朝状元	
	蔡幼学（行之）	1	永嘉	壬辰南宫进士第一	
	陈亮（同甫）	7	永康	光宗朝状元	
	李廷忠（居厚）	6	※ 于潜		
	李石（知几）	4	※ 资阳		
	游次公（子明）	3	建安	石湖帅桂林日，西池实参内幕	西池，其号
	危稹（逢吉）	3	※ 抚州临川		
卷五	刘光祖（德修）	10	※ 简州阳安		
	李洪（子大）	1	庐陵	家世同登桂籍，跻膴人仕，号淮甸儒族	兄弟五人
	李漳（子清）	2			
	李咏（子咏）	1			
	李洤（子召）	1			
	李溉（子秀）	1			
	刘过（改之）	10	太和		
	刘仙伦（叔拟）	17	庐陵		
	严仁（次山）	30	樵溪（建阳）		
	严参（少鲁）	2	昭武		
卷六	马子严（庄父）	11	建安		
	高观国（宾王）	20	※ 山阴		
	姜夔（尧章）	34	居鄱阳		

续表

卷数	词人名字	数目	占籍	仕宦	备注
卷七	史达祖（邦卿）	17	※ 开封		
	卓田（稼翁）	3	建阳		
	崔与之（正子）	1	※ 原籍宁都	屡以右相召，不起	
	魏了翁（华父）	4	临邛	庆元己未，黄甲第三名	
	刘克庄（潜夫）	42	莆田	淳祐辛丑八月御笔：刘某文名久著，史学尤精，可特赐同进士出身	
	刘褒（伯庞）	5	武夷		
卷八	刘镇（叔安）	22	※ 南海		有集刊于三山
	施乘之	1	※ 里籍不详		
	戴复古（式之）	10	天台		
	卢祖皋（申之）	24	※ 永嘉		
	李刘（公甫）	8	※ 崇仁白沙		
卷九	张辑（宗瑞）	21	鄱阳		
	宋自逊（谦父）	6	南昌		
	王埜（子文）	1	※ 金华		
	曹幽（西士）	1	※ 瑞安		
	李昴英（俊明）	1	※ 番禺		
	赵以夫（用父）	1	※ 长乐		
	黄师参（子鲁）	1	三山		
	潘昉（庭坚）	1	※ 福州富沙	乙未探花，以气节闻于时	
	吴潜（毅甫）	13	※ 宣州宁国	嘉定丁丑壮元	
	王迈（实之）	7	莆阳	丁丑第四人及第	
	方千里	3	三衢		
	刘清夫（静甫）	5	居麻沙		

卷数	词人名字	数目	占籍	仕宦	备注
卷十	刘子寰（圻父）	8	居麻沙		
	吴文英（君特）	9	四明		
	陈以庄（敬叟）	2	建安		
	冯取洽（熙之）	5	延平		双溪翁
	冯艾子（伟寿）	6	※里籍不详		云月双溪子
	李芸子（耘叟）	1	昭武		
	连久道（可久）	1	※里籍不详		
	洪璨（叔玙）	16	※里籍不详		
附录	黄昇（叔旸）	38	※建安		

注：凡《中兴以来绝妙词选》未载，而表中补出的词人占籍，均以"※"标出。

黄昇《中兴以来绝妙词选》选词凡89家760首，由上表可知，入选的能确定为闽籍或寓居闽地的22人，词作211首，分别占入选词人、词作的24.7%、27.8%，人均选词量9.59首多。另外，冯取洽号"双溪翁"，为延平（今福建南平）人；而冯艾子号"云月双溪子"，故后者极可能也为闽人。刘镇，宁宗嘉泰二年（1202）进士，以诖误谪居三山三十年，"有《随如百咏》刊于三山"。这样，《中兴以来绝妙词选》就收录闽籍（或寓居闽地）的词人至少有24家，词作239首，占词人总量近27%，词作总量的31.4%，人均选量9.96首。高出该选其他里籍词人均入选8.015首近2首。是选入选量占前五位的词人有：辛弃疾、刘克庄各42首，黄昇38首，姜夔34首，严仁30首。其中，刘克庄、黄昇、严仁，皆为闽籍词人。尤其是黄昇，将自己的38首词，附于卷末，开词选选录

自家词作之先河。从某种意义上可以说，《中兴以来绝妙词选》是
一部闽人操政的闽籍词人词选。是选卷一至卷三选录的多为中兴
词人词作，自卷四始，选录了许多江湖词人，其中，没有标出仕
宦履历的多为江湖词人。张宏生考订的 138 位江湖诗人中，有 10
位名列选中，他们是：卢祖皋、刘过、刘仙伦、刘克庄、危稹、
李咏、宋自逊、赵善扛、姜夔、戴复古。其词作入选之数量，也
非常可观：卢祖皋 24 首、刘过 10 首、刘仙伦 17 首、刘克庄 42 首、
危稹 3 首、李咏 1 首、宋自逊 6 首、赵善扛 14 首、姜夔 34 首、戴
复古 10 首。凡 161 首，人均 16 首之多。至于入选一首至几首不等
的江湖词人更多。因此，《中兴以来绝妙词选》可以视为江湖词人
以自己的眼光，为南宋词坛存史之产物。

　　较之黄昇的《中兴以来绝妙词选》，赵闻礼的《阳春白雪》，
更多的是以南宋江湖词人群体为主要选词对象。该选选录词作 671
首，除 18 首或不署名，或署无名氏外，凡 231 家。其中北宋 30 余
家，占总数的 12%；南渡词人 20 余家，约占总数的 10%；南渡前
期中兴词人 20 余家，约占总数的 10%。另外，还选有五代词人孟
昶 1 家，金源词人吴激、蔡松年 2 家。而其他三分之二的词人中，
100 家左右有江湖行踪记载可以考稽。另外 40 人事迹不详，时代
和身份无从推断，这些人多半是默默无闻的江湖草野之流。江湖
词人占全部入选者 60% 以上，是肯定无疑的。① 该选词也体现出以
江湖词人为选词重心的倾向，由《阳春白雪》选词情况统计（见

---

① 肖鹏：《群体的选择——唐宋人词选与词人群通论》，凤凰出版社 2009 年版，第
　298 页。

第二章第三节相关表格），可大致见之。与黄昇相近似，赵闻礼也将自家 7 首词作选入各卷中，二人的江湖意识，于此得到较充分的展示。黄昇、赵闻礼二人都是当时的江湖词人，以词人身份选词，更能精准把握当时词坛动向，对此有更清晰的了解，可避免单纯文人选词、诗人选词的某些弊端。《梅墩词话》曾有言："文人选词，与诗人选词，总难言当行者。文人选词，为文人之词。诗人选词，为诗人之词。"① 既然如此，那么词人选词，即为词人之词，总该差不多当行了。

三、江湖词人自我意识的强化

较之《草堂诗余》，作为江湖词人选江湖词人词作，《花庵词选》《阳春白雪》所选词，尤其是其中的自选词，更能体现出选编者的江湖意识。黄昇与赵闻礼的自选词，是其自觉融入江湖词人群体的显现，较为充分地展示了二人流落江湖的各自一段心路历程，丰富了江湖词坛的文化意蕴。

黄昇少时曾有远大的志向，但因时局动荡、仕宦无望，不得不早早归隐闲居。闲居期间，他虽向往陶渊明式的潇洒，② 但内心并不能保持平静，由其自选，可以窥知。自选词作是黄昇心路历程与人格精神的写照，在宋末江湖词人中颇具典型性。胡德方

---

① ［清］沈雄：《古今词话·词品》下卷，唐圭璋编：《词话丛编》第 1 册，中华书局 2005 年版，第 881 页。

② 关于黄昇向往陶渊明式的潇洒，可参拙文《南宋词人黄昇的渊明情结》，《湘南学院学报》2004 年第 1 期，第 32—35 页。

《词选序》云:

> 玉林蚤弃科举，雅意读书，间从吟咏自适。阁学受
> 斋游公，尝称其诗为"晴空冰柱"，闽帅秋房楼公，闻其
> 与魏菊庄为友，并以"泉石清士"目之。[①]

可见，如同大多数士子，黄昇早年也期冀骑过科举，踏入仕
途，以实现自己的雄心壮志。其《水龙吟·赠丁南邻》词有曰:

> 少年有志封侯，弯弓欲挂扶桑外。一朝敛缩，萧然
> 清兴，了无拘碍。袖里阴符，枕中鸿宝，功名蝉蜕。看
> 舌端霹雳，剧谈玄妙，人间世、疑无对。　　阆苑醉乡佳
> 处，想当年、绿阴犹在。群仙寄语，不须点勘，鬼神功
> 罪。碧海千寻，赤城万丈，风高浪快。待蹯龟食蛤，相
> 期汗漫，与烟霞会。[②]

此词盖为黄昇中年以后所作，可以说是其人生历程的艺术化
浓缩。"弯弓欲挂扶桑外"，源自阮籍《咏怀》（其三十八）中的诗
句"解弓挂扶桑，双剑倚天外"。[③] 阮籍此诗是公认的言功名、抒
大志之作。黄节引蒋师爚语云:"此篇'功名'，下篇'忠义'，皆
托词耳。"方东树评曰:"言己本欲建功业，非无意于世者。今之所
以望首阳、登太华，愿从仙人、渔父以避世患者，不得已耳，岂

---

① ［宋］黄昇选编，邓子勉校点:《中兴以来绝妙词选》卷首，《唐宋人选唐宋词》
　下，上海古籍出版社 2004 年版，第 686 页。

② ［宋］黄昇选编，邓子勉校点:《中兴以来绝妙词选》卷末，《唐宋人选唐宋词》
　下，上海古籍出版社 2004 年版，第 849 页。

③ ［三国］阮籍著，陈伯君校注:《阮籍集校注》卷下，中华书局 2015 年版，第
　318 页。

庄生枯槁比哉！"黄侃亦曰："高视长生，功名复大……诚为满志矣。"① 黄昇援引此句，可见其少年时曾有济世壮志。只是有感于"擘茧莫探官。人间行路难"，②"功名蝉蜕"，封侯之梦破灭后，他才"蚤弃科举"，开始"与烟霞会""久作溪山主"的闲适生活。其《酹江月·戏题玉林》词曰：

> 玉林何有，有一弯莲沼，数间茅宇。断堑疏篱聊补葺，那得粉墙朱户。禾黍秋风，鸡啄晓日，活脱田家趣。客来茶罢，自挑野菜同煮。　多少甲第连云，十眉环座，人醉黄金坞。回首邯郸春梦破，零落珠歌翠舞。得似衰翁，萧然陋巷，长作溪山主。紫芝可采，更寻岩谷深处。③

此词以江湖词人自居，以轻松、明快的笔调，描绘出黄昇隐居的诸多乐趣，颇有看破红尘之意，俨然是一位高洁的隐士。毛晋《花庵词选跋》即誉之为"殆五柳先生一流人也"。④ 不仅于词作中，黄昇还在诗歌中表达其出尘之想。如《游金精山》诗，抒

---

① ［三国］阮籍著，陈伯君校注：《阮籍集校注》卷下，中华书局 2015 年版，第319—320 页。

② ［宋］黄昇选编，邓子勉校点：《中兴以来绝妙词选》卷末《重叠金·除日立春》，《唐宋人选唐宋词》下，上海古籍出版社 2004 年版，第 851 页。

③ ［宋］黄昇选编，邓子勉校点：《中兴以来绝妙词选》卷末，《唐宋人选唐宋词》下，上海古籍出版社 2004 年版，第 849—850 页。

④ ［明］毛晋撰，潘景郑校订：《汲古阁书跋》，古典文学出版社 1958 年版，第115 页。

发出其离尘慕仙的思想。①

闲居期间，黄昇与名士魏庆之（号菊庄）为友，时人闽帅楼秋房"以泉石清士目之"，魏氏也以"出尘"之士称之。元人韦居安《梅磵诗话》卷中有曰：

> 菊庄与玉林黄叔晹友善，有《过玉林》诗云："一步离家是出尘，几重山色几重云。沙溪清浅桥边路，折得梅花又见君。"②

其实，黄昇并非楼秋房、魏庆之所吹嘘的那种"出尘""泉石清士"。隐居期间，他内心也时常很不平静，甚至还有"金刚怒目"的一面。《木兰花慢·怀旧》词曰：

> 问春春不语，谩新绿，满芳洲。记历历前游，看花南陌，命酒西楼。东风翠红围绕，把功名一笑付糟丘。醉里了忘身世，吟边自负风流。　　风流。莫莫复休休。白发渐盈头。怅十载重来，略无欢意，惟有闲愁。多情向人似旧，但小桃婀娜柳纤柔。望断残霞落日，水天拍拍飞鸥。③

---

① 厉鹗《宋诗纪事》引《金精风月》所载黄昇《游金精山》诗云："曳履江城北，逍遥访仙乡。扫却千里恨，爱此六月凉。云根埋宿雨，木末酣斜阳。峭崖列岩窦，老树攀穹苍。地坼三关暗，天开一隙光。青霄丽太白，应此金之芒。双桃几日熟，冷笑痴吴王。洞开人已去，刚风舞霓裳。仙凡本相近，此理自可量。学诗未学仙，凡骨生惭惶。"（厉鹗辑撰：《宋诗纪事》卷六九，上海古籍出版社2013年版，第1717页。

② 丁福保辑：《历代诗话续编》中，中华书局2006年版，第564页。

③ ［宋］黄昇选编，邓子勉校点：《中兴以来绝妙词选》卷末，《唐宋人选唐宋词》下，上海古籍出版社2004年版，第847页。

　　黄昇并非真如其所云，"把功名、一笑付糟丘"，他不过是
"醉里了忘身世，吟边自负风流"而已。否则，又何必"怅十载重
来，略无欢意，惟有闲愁"？中年后，他仍在叹息"少年事，成梦
里"，并感叹"世间富贵要时贤"，[①]闲居并未忘却世事，个中仍透
露出些许不平之气。他曾填过一首《贺新郎·感时》词，惜已不
传，具体内容已不可知，但从其友人冯取洽的和词《贺新郎·次
玉林感时韵》，可略见其大概。冯词曰：

> 　　知彼须知此。问筹边、攻守规模，云何则是。景色
> 惨惨犹日暮，壮士无由吐气。又安得、将如廉李。燕坐
> 江沱甘自瘱，笑腐儒、枉榰朝家紫。用与舍，徒为耳。
>
> 　　黄芦白苇迷千里。叹长淮、篱落空疏，仅余残垒。读父
> 兵书宁足恃，击楫谁盟江水。有识者、知其庸矣。多少英
> 雄沈草野，岂堂堂、吾国无君子。起诸葛，总戎事。[②]

　　清人毕沅《续资治通鉴》记载，淳祐五年（1245）七月，"蒙
古察罕会张柔掠淮西，至扬州而去"。[③]词中的"叹长淮、篱落空
疏，仅余残垒"，当指此事。[④]由此可知，黄昇虽身在江湖，但仍心

---

① ［宋］黄昇选编，邓子勉校点：《中兴以来绝妙词选》卷末《西河·己亥秋作》，
　　《唐宋人选唐宋词》下，上海古籍出版社2004年版，第849页。

② ［宋］冯取洽：《双溪词》，朱孝臧辑校编撰：《彊村丛书》第6册，上海古籍出版社
　　1989年版，第4930页。

③ ［清］毕沅编著，"标点续资治通鉴小组"校点：《续资治通鉴》卷一七一，中华书
　　局1957年版，第4672页。

④ 陈庆元：《词中的江湖派——南宋后期闽北词人群述评》，《词学》第一二辑，华东
　　师范大学出版社2000年版，第98页。

存魏阙，不能忘却动荡的时局。

平心而论，黄昇"蚤弃科举"、放弃"少年事"而归隐，有其无奈的一面，实为不得已之举，他并非是一位坚定的隐士。否则，他就没必要去干谒名流游九功了。当然，也不必因此而视其为假隐士。唐、宋以来，人们的隐逸观念已发生了较大改观，对隐士出仕的行为，态度较为宽容。北宋以来，人们多以隐逸为高雅之举，隐士出仕不再被视为可耻的行径。苏轼《书李简夫诗集后》即云："陶渊明欲仕则仕，不以求之为嫌，欲隐则隐，不以去之为高。"① 宋释契嵩《西山移文》亦云：

> 隐者之道有三焉：有天隐，有名隐，有形隐。形隐也者，密藏深伏，往而不返，非世傲人者之所好也，长沮、桀溺者，其人也；名隐也者，不观治乱，与时浮沉，循禄全生者之所好也，东方曼倩、扬子云者，其人也；天隐也者，心不凝滞拘绝于事，无固无必，可行即行，可止即止，通其变者之所好也，太公望、孔子、颜渊者，其人也。……与其道在于山林，曷若道在于天下？与其乐与猿猱麋鹿，曷若乐与君臣父子？其志远而其节且大，为之名也赫赫，掀天地、照万世，不亦盛矣哉！②

契嵩将隐士分为三种：天隐、名隐、形隐，他甚为称道天隐

---

① ［宋］苏轼撰，［明］茅维编，孔凡礼点校：《苏轼文集》卷六八，中华书局1986年版，第2148页。

② ［宋］释契嵩著，林仲湘、邱小毛校注：《镡津文集校注》卷八，巴蜀书社2014年版，第162—163页。

之"通其变"。在他看来，为官要比老死山林明智得多。基于宋人的这种意识，后人不必指摘黄昇干谒游九功。由此也可见出，作为江湖词人的黄昇，其心路历程复杂、矛盾的一面。

总之，黄昇的自选词，比较清晰地勾勒出其从"少年有志觅封侯"到"久作溪山主"的一段心路历程。这一心路历程的形成，与中国传统文化、南宋特殊的时代文化背景，以及黄昇个体因素的影响是分不开的。

再看赵闻礼。陈振孙《直斋书录解题》称柳永之词作"尤工于羁旅行役"。[①] 从现存词作看，赵闻礼也多"羁旅行役"之词。《校辑宋金元人词》本赵闻礼《钓月词》，收词 14 首，多为羁旅行役之作，弥漫着一种感伤色彩。见于《阳春白雪》的 7 首自选词，也是如此。赵闻礼自选词的数量虽不及黄昇，内容风格也不如其多样化，但也能折射出其一段幽微的江湖心路历程。

抒写羁旅行役情怀，不外乎两方面内容：流落江湖不遇的感叹，相思离别的痛苦。这其实是一个问题的两个方面，在多数情况下，两者是交融于特定的词作之中的。

身为江湖词人的赵闻礼，本就有很强烈的尚名意识，自不甘寂寞，四处奔波，游谒权贵。他曾以诗及"所藏汉、魏、隋、唐碑刻七十种"，[②] 往蜀地干谒程公许。与黄昇一样，也未达成预期

---

① ［宋］陈振孙撰，徐小蛮、顾美华点校：《直斋书录解题》卷二一，上海古籍出版社 2015 年版，第 616 页。

② ［宋］程公许：《沧洲尘缶编》卷六，《景印文渊阁四库全书》第 1176 册，台北商务印书馆 1986 年版，第 953 页。

目的。在尚名意识的驱动下，宋理宗淳祐间，他曾一度客寓临安。丁默《齐天乐·庚戌元夕都下遇赵立之》可证之：

> 倦云休雨风还作，交相醒花苏柳。字满吟灰，痕添坐席，赢得新愁痴守。归期未有。负小院移兰，故园尝韭。谩道春来，沈腰惟觉似秋瘦。　　烧灯时候是也，楚津留野艇，曾趁芳友。问月赊晴，凭春买夜，明日添香解酒。□知别久。怅帝陌论心，客尘侵首。戏鼓声中，旧情犹在否。[1]

庚戌，即理宗淳祐十年（1250）。据此词可知，其时赵闻礼、丁默二人仍落魄江湖。南宋中后期是江湖词人较为活跃的时期。在临安这个"销金锅"里，江湖词人中，有人大捞一把，"动获数千缗，以至万缗"；[2]有人经他人的举荐而进入仕途；有人则羁绊此地，抑郁不得志。赵闻礼属于后者，心中满是羁旅惆怅。其《瑞鹤仙》词曰：

> 客边情味恶。花漏远、春静风鸣凤铎。空梁燕泥落。映柔红微胃，海棠帘箔。愁钟恨角。怕催人、黄昏索寞。拥吟袍、凭暖栏干，醉怯冷香罗薄。　　阿鹊。幽芳月淡，紫曲云昏，有人说著。名缰易缚。归鞭杳，误期约。计金泥卜昼，银屏娱夜，弹指匆匆恨错。为情多、挽尽

---

① ［宋］赵闻礼编，葛渭君校点：《阳春白雪》卷八，《唐宋人选唐宋词》下，上海古籍出版社 2004 年版，第 992 页。

② ［元］方回选评，李庆甲集评校点：《瀛奎律髓汇评》卷二〇，上海古籍出版社 2005 年版，第 840 页。

芳春，带围瘦觉。^①

"客边情味恶"，开门见山地抒写寓居他乡的凄凉心境。何以如此？词人自己给出了答案：因"名缰易缚"，以致"归鞭杳，误期约"。这与柳永为奔名竞利，以"又争奈、已成行计"^②的自解，何其近似！词人淋漓尽致地抒发了寓居异乡、仕宦无望的凄苦心情。

古代文人落魄失意之时，红颜知己、妻妾往往成为其逃避现实、慰藉落寞心灵的港湾。赵闻礼客寓京而师仕宦无望，又不甘归隐，其内心郁积着几多的失望与愤懑！念及闺阁佳丽，自不出意料。其《玉漏迟》词曰：

> 絮花寒食路。晴丝罥日，绿阴吹雾。客帽欺风，愁满画船烟浦。彩柱秋千散后，怅尘锁、燕帘莺户。从间阻。梦云无准，鬓霜如许。　夜永绣阁藏娇，记掩扇传歌，剪灯留语。月约星期，细把花须频数。弹指一襟幽恨，谩空倩、啼鹃声诉。深院宇。黄昏杏花微雨。^③

江南寒食日，"晴丝罥日，绿阴吹雾"，词人因客居而惆怅满怀，春日丽景，无心欣赏，只有"愁满画船烟浦"；对拂面春风，生发"客帽欺风"感叹。因羁旅不得与秀阁佳人相会，思念之极，

---

① ［宋］赵闻礼编，葛渭君校点：《阳春白雪》卷五，《唐宋人选唐宋词》下，上海古籍出版社 2004 年版，第 940 页。

② ［宋］柳永著，薛瑞生校注：《乐章集校注》卷下《忆帝京》，中华书局 1994 年版，第 227 页。

③ ［宋］赵闻礼编，葛渭君校点：《阳春白雪》卷五，《唐宋人选唐宋词》下，上海古籍出版社 2004 年版，第 939 页。

便忆及往昔与之"掩扇传歌，剪灯留语"的情景。而今，自己贻误约期，佳人恐怕只好满怀"一襟幽恨"，"细把花须频数"，而苦苦等待归期。令人不禁想起柳永"想佳人、妆楼颙望，误几回、天际识归舟。争知我、倚阑杆处，正恁凝愁"①的词句。词人流落江湖的无奈与失落，跃然纸间。可见，赵闻礼的自选确是其羁旅漂泊、追求仕宦的一段心路历程的自我表白。

不过，赵闻礼的羁旅行役情怀，多限于"自我"小天地，缺乏黄昇"世间富贵要时贤，深居宜有余味""擘茧莫探官。人间行路难"之类的感慨。黄昇求仕碰壁后，较早踏上归隐之路（尽管有不自愿的一面），故少有羁旅情怀词作。可见，同为江湖词人，黄、赵二人的思想意识、人生境界，还是有不小差距的。

综上所述，江湖三选《草堂诗余》《花庵词选》《阳春白雪》从不同的维度，展示了编纂刊刻者与江湖词人的种种关联。《草堂诗余》是一部由民间书坊编纂刊刻的应歌词选本，是江湖词人与书坊共同合作的产物，选编者既欲体现所谓江湖雅人的选词观念，又不得不屈就书商意愿，其所选词多"恒俗"，呈现出高雅与低俗两种风格并存现象。《花庵词选》是典型的江湖词人选词，选编目的在于为词存史，当然也包括为江湖词人存史，许多仅存词一二首的江湖词人，因此选得以留名后世。另外，该选闽地词人词作入选率很高，具有较强的地域色彩。《阳春白雪》的编纂意图也在于存史，主要是要补上《草堂诗余》后江湖词坛的一段空白，许

---

① ［宋］柳永著，陶然、姚逸超校笺:《乐章集校笺》卷下，上海古籍出版社 2016 年版，第 578 页。

多名不见经传的江湖小词人及其词作，借此选得以流传于世。更重要的是，后二选的编纂者黄昇与赵闻礼，还将自家词作选入各其自操政的词选，有意识地以江湖词人自居，并将自己融入江湖词人群体中，其各自流落江湖的一段心路历程，由此展露无遗。其实，这也是当时不少江湖词人生活的缩影。

第三节　《绝妙好词》与临安词人群体

与江湖三选不同，周密编纂的《绝妙好词》，既是临安词人群体成立的宣言书与群体风貌的展示，又寄托着其易代之际深沉的家国意识。

一、《绝妙好词》与临安词人群体的建构

周密的《绝妙好词》是宋代较为晚出的词选本，其编纂刊刻与当时的临安词人群体，有着密切关系。所谓临安词人群体，是江湖词人群体的一个亚群体。宋理宗以后，从江湖词人群体中，逐渐分化出一个所谓的江湖雅人词人群体。这个群体多以姜夔为宗，特别推崇其词品与人品，其活动地域相对较狭窄，主要以都城临安为中心，向外辐射至湖州、会稽等地。临安词人群体最初的成员，多来自西湖吟社。理宗景定五年（1264）夏，由紫霞翁杨缵"会吟社诸友"张枢、施岳、周密、李彭老等人在西湖唱和。周密《采绿吟》词小序有曰：

> 甲子夏，霞翁会吟社诸友，逃暑于西湖之环碧。琴

尊笔研，短葛束巾，放舟于荷深柳密间，舞影歌尘，远
谢耳目。酒酣，采莲叶探题赋词。余得塞垣春，翁为翻
谱数字，短箫按之，音极谐婉，因易今名云。[①]

甲子，即景定五年（1264）。霞翁，即紫霞翁，杨缵之号。环
碧，环碧园，即杨郡王府。[②] 夏承焘据此考证，西湖吟社成立于此
时。这是西湖吟社一次比较重要的文学活动。

西湖吟社主要由一些士大夫以及寓居临安的门第显赫、文学
修养较高的文人组成。耐得翁《都城纪胜》即称："文士则有西湖
诗社，此社非他社集之比，乃行都士大夫及寓居诗人。旧多出名
士。"[③] 杨缵、张枢、施岳等，于度宗朝先后过世后，周密、王沂
孙、李彭老、张炎等人，自然就成为临安词人群体的核心成员。

与一般的江湖词人不同的是，临安词人群体成员多具有较高
的艺术素养。[④] 杨缵作为西湖吟社的发起者，以及临安词人群体的
第一代盟主，是继姜夔之后又一位著名的音律通晓文人。周密曾

---

① [宋] 周密撰，江昱考证：《蘋洲渔笛谱》卷一，朱孝臧辑校编撰：《彊村丛书》第
6 册，上海古籍出版社 1989 年版，第 4791—4792 页。

② [宋] 周密著，钱之江校注：《武林旧事》卷五，浙江古籍出版社 2011 年版，第
104 页。

③ [宋] 耐得翁：《都城纪胜》，《东京梦华录》（外四种），古典文学出版社 1956 年版，
第 98 页。

④ 王炎《双溪诗余自叙》云："予于诗文本不能工，而长短句不工尤甚。盖长短句宜
歌而不宜诵，非朱唇皓齿无以发其要妙之声。予为举子时，早夜治程文，以幸中
于有司，古律诗且未暇著意，况长短句乎！三十有二始得一第，未及升斗之粟，
而慈亲卒世。以故家贫清苦，终身家无丝竹，室无姬侍，长短句之腔调，素所不
解。"（王炎：《双溪诗余》卷首，王鹏运辑：《四印斋所刻词》，上海古籍出版社
2012 年版，第 793 页。）此虽王炎一家之言，但于江湖词人，相当普遍。

有言：

> 往时，余客紫霞翁之门。翁知音妙天下，而琴尤精
> 诣。自制曲数百解，皆平淡清越，灏然太古之遗音也。
> 复考正古曲百余，而异时官谱诸曲，多黜削无余，曰：
> "此皆繁声，所谓郑卫之音也。"①

周密《浩然斋雅谈》更盛赞杨缵："洞晓律吕，尝自制琴曲
二百操。又常云：'琴一弦，可以尽曲中诸调。'当广乐合奏，一
字之误，公必顾之。故国工乐师，无不叹服，以为近世知音，无
出其右者。"②元人夏文彦《图绘宝鉴》也称他："好古博雅，善琴，
倚调制曲，有《紫霞洞谱》传世，时作墨竹。"③张枢也颇精通音
律。周密称其："笔墨萧爽，人物蕴藉，善音律。尝度依声集百阕，
音韵谐美。"④张炎更是精审音律，其所著《词源》，对音律问题进
行了较全面、系统的探讨。仇远《玉田词题辞》称之曰："读《山
中白云词》，意度超玄，律吕协洽，不特可写青檀口，亦可被歌管
荐清庙，方之古人，当与白石老仙相鼓吹。"⑤王沂孙工于诗，晓畅
音律。张炎《琐窗寒》（断碧分山）词小序称之："能文工词，琢

---

① ［宋］周密撰，张茂鹏点校：《齐东野语》卷一八，中华书局 1983 年版，第 339 页。
② ［宋］周密撰，孔凡礼点校：《浩然斋雅谈》卷下，中华书局 2010 年版，第 53 页。
③ ［元］夏文彦：《图绘宝鉴》卷四，《景印文渊阁四库全书》第 814 册，台北商务印
　　书馆 1986 年版，第 595 页。
④ ［宋］周密撰，孔凡礼点校：《浩然斋雅谈》卷下，中华书局 2010 年版，第 50 页。
⑤ ［宋］张炎撰，吴则虞校辑：《山中白云词》（参考资料辑），中华书局 1983 年版，
　　第 164 页。

语峭拔，有白石意度。"①周密《踏莎行·题中仙词卷》也称之道："玉笛天津，锦囊昌谷。春红转眼成秋绿。重翻花外侍儿歌，休听酒边供奉曲。"②另一位词人施岳，也"能词，精于律吕"。③

周密出身于名门望族，自幼受过良好的教育与艺术熏陶，多才多艺。少年时，随其父周晋宦游于闽、浙一带，且深得其父执钟爱。理宗淳祐五六年（1245—1246），周晋为衢州通判，与知州杨伯嵒等名流交游甚密，常为湖山之游，周密时常伴随左右。《长亭怨慢》词小序曰：

> 岁丙午、丁未，先君子监州太末。时刺史杨泳斋员外、别驾牟存斋、西安令翁浩堂、郡博士洪恕斋，一时名流星聚，见为奇事。倅居据龟阜，下瞰万室，外环四山，先子作堂曰"啸咏"，撮登览要。蜿蜒入后圃。梅清竹癯，亏蔽风月，后俯官河，相望一水，则小蓬莱在焉。老柳高荷，吹凉竟日。诸公载酒论文，清弹豪吹，笔研琴尊之乐，盖无虚日也。余时甚少，执杖屦，供洒扫，诸老绪论殷殷，金石声犹在耳。④

周密自幼浸润在如此良好的艺术氛围中，为其后来的多才多

① ［宋］张炎撰，吴则虞校辑：《山中白云词》卷一，中华书局1983年版，第10页。
② ［宋］周密撰，江昱辑：《蘋洲渔笛谱集外词》，朱孝臧辑校编撰：《彊村丛书》第6册，上海古籍出版社1989年版，第4872页。
③ ［宋］周密著，钱之江校注：《武林旧事》卷五，浙江古籍出版社2011年版，第113页。
④ ［宋］周密撰，江昱考证：《蘋洲渔笛谱》卷二，朱孝臧辑校编撰：《彊村丛书》第6册，上海古籍出版社1989年版，第4811页。

艺，奠定了坚实的基础。宝祐二年（1254），周晋调任福建路建宁漕属官；宝祐四年（1256），卒于汀州任上。次年，周密北归。之后，他便来到临安，加入了杨缵主盟的临安词人群体，很快就成为其骨干成员。时常与社友吟咏湖山，诗酒唱和，又尝"客紫霞翁之门"，常伴随杨缵左右。《重过东园兴怀知己》称："东园桃李记春时，杖屦相从日日嬉。乌帽插花筹艳酒，碧莲探韵赋新诗。"①东园，即杨缵之家园。其诗友戴表元《周公谨弁阳诗序》称：

> 公盛年藏书万卷，居饶馆榭，游足僚友。其所居弁阳，在吴兴山水清峭处。遇好风佳时，载酒淆，浮扁舟，穷旦夕赋咏于其间。②

吟诗赋词之余，周密等人还常探讨音律问题。戈载跋周密词选称周与"梦窗、王碧山、陈西麓、施梅川、李笷房辈，相与讲明而切究之，宜其律之无不谐矣"。③

宋恭帝德祐元年（1275）二月，贾似道兵败鲁港，元兵长驱直入，宋廷危在旦夕。在此国难之际，周密出任为义乌令。这年冬天，他南下赴任，途经山阴，造访了王沂孙，月余之后，赴义乌任职。次年三月，元军攻破临安城，东南各地也相继失守。作为地方官，周密义不降于元蒙。

南宋灭亡后，昔日的友人，如王沂孙、陈允平、戴表元、仇

---

① ［宋］周密：《草窗韵语》卷三，乌程蒋氏密韵楼景宋本。

② ［元］戴表元著，陈晓冬、黄天美点校：《戴表元集》卷八，浙江古籍出版社 2014 年版，第 184 页。

③ ［清］戈载辑：《宋七家词选》卷五，曼陀罗华阁重刊本。

远、赵孟頫等人，相继应诏出仕新朝。而周密却一直不与新朝合作，隐居家园，"树桑艺竹，垒台疏池，间遇胜日好怀，幽人韵士，谈谐吟啸，觞咏流行。酒酣，摇膝浩歌，摆落羁罥，有蜕风埃，齐物我之意。客去，则焚香读书，晏如也"。① 在此期间，他开始致力于宋代文献的整理与编纂工作。其中，就包括编辑著名的词选本《绝妙好词》。

周密在世时，《绝妙好词》已经刊刻出版。《浩然斋雅谈》称："秋厓李莱老与其兄笋房竞爽，号龟溪二隐。予已刊十二阕于《绝妙选》矣，今复别见。"② 杨缵、张枢、施岳等人过世以后，周密、王沂孙、李彭老、张炎等人，已成为临安词人群体的核心成员。尤其是周密，实际上已成为西湖吟社的第二代盟主。周密当时被誉为"乐府妙天下"，其《绝妙好词》是典型的词人选词，且又以词坛盟主的身份选词，自然与一般江湖词人选词有很大的区别。《花庵词选》《阳春白雪》也是词人选词，但毕竟是不太知名的江湖词人选词。再者，作为当代人选当代词的选本，黄昇、赵闻礼的选本，皆编纂刊刻于南宋灭亡前；而周密的《绝妙好词》编纂

---

① ［明］朱存理纂辑，王允亮点校：《珊瑚木难》卷五《弁阳老人自铭》，浙江人民美术出版社 2012 年版，第 369 页。

② ［宋］周密撰，孔凡礼点校：《浩然斋雅谈》卷下，中华书局 2010 年版，第 51 页。

刊刻于南宋灭亡之后，^①很容易以一种所谓过来人的眼光，审视和总结南宋词坛。

　　既然《绝妙好词》编纂刊刻于宋亡以后，那么编纂者周密就难免多少有些整理、保存故国文献的意识。其《武林旧事序》有曰：

　　　　乾道、淳熙间，三朝授受，两宫奉亲，古昔所无。一时声名文物之盛，号"小元祐"。丰亨豫大，至宝祐、景定，则几于政、宣矣。予曩于故家遗老得其梗概，及客修门间，闻退珰老监谈先朝旧事，辄倾耳谛听，如小儿观优，终日夕不少倦。既而曳裾贵邸，耳目益广，朝歌暮嬉，醉玩岁月，意谓人生正复若此，初不省承平乐事为难遇也。及时移物换，忧患飘零，追想昔游，殆如

---

① 吴熊和称：周密《绝妙好词》"所选词年代最晚的，为卷六张炎《甘州》'饯草窗西归'一词，作于元成宗元贞元年（1295），时周密已六十四岁。周密卒于大德二年（1298），年六十七。《绝妙好词》当编定于周密卒前的这二三年间"。（吴熊和：《唐宋词通论》，商务印书馆 2003 年版，第 337 页。）这一结论的得出，是建立在夏承焘考证基础上的，夏承焘《周草窗年谱》引周密《癸辛杂识》"自杭还雪，省墓杼山"，并称"玉田在四年前至元辛卯年归自燕京，词当作于此年（即元贞元年）"。（夏承焘：《唐宋词人年谱》，商务印书馆 2017 年版，第 324 页。）肖鹏以为，"周密晚年频繁来往于湖州、杭州之间，非仅元贞元年还雪省墓这一次。断张炎《甘州》词作于元贞元年嫌无确证。以词之内容与周密晚年事迹印证，该词似更可能作于周密六十岁时归故里卜选墓地营建复庵，并自作墓铭的至元二十八年（1291）。"（肖鹏：《群体的选择——唐宋人词选与词人群通论》，凤凰出版社 2009 年版，第 355 页。）肖鹏的论断，同样也"嫌无确证"。以张炎的一首年代尚不确定的词作，推测《绝妙好词》的成书年代，本就有些靠不住。因此，还是笼统地认为是选编纂刊刻于宋亡后、周密过世前，较为妥当。

梦寐，而感慨系之矣。岁时檀栾，酒酣耳热，时为小儿
女戏道一二，未必不反以为夸言欺我也。每欲萃为一编，
如吕荥阳《杂记》而加详，孟元老《梦华》而近雅，病
忘慵惰，未能成书。世故纷来，惧终于不暇纪载，因摭
大概，杂然书之。青灯永夜，时一展卷，恍然类昨日事，
而一时朋游沦落，如晨星霜叶，而余亦老矣。噫，盛衰
无常，年运既往，后之览者，能不兴忾我寤叹之悲乎！①

周密晚年沉溺于编纂《武林旧事》之类的野史笔记，其主要
目的在于"时移物换，忧患飘零"之时，"追想昔游，殆如梦寐，
而感慨系之"，其编纂词选本《绝妙好词》，应与元好问编辑《中
州乐府》保存金源一代之文献，②盖同一揆。况周颐《蓼园词选
序》称："弁阳翁《绝妙好词》，泰半同时侪辈之作，往往以词存
人。"③"以词存人"，即有保存一代文献的意识。

不仅如此，周密《绝妙好词》的主要编纂动机，是要构建临
安词人群体之谱系，从而开宗立派。与江湖词人群体不同，临安
词人群体是一个相对有组织、有纲领、有盟主的词人群体，也可

---

① ［宋］周密著，钱之江校注：《武林旧事》卷首，浙江古籍出版社 2011 年版，第 1—
2 页。

② 元好问《中州鼓吹翰苑英华序》称："念百余年以来，诗人为多，苦心之士，积日
力之久，故其诗往往可传。兵火散亡，计所存者，才什一耳，不总萃之，则将遂
湮灭而无闻，为可惜也。乃记忆前辈及交游诸人之诗，随即录之。"（元好问编：
《中州集》卷首，中华书局 1959 年版，第 1 页。）

③ ［清］黄氏：《蓼园词评》，唐圭璋编：《词话丛编》第 4 册，中华书局 2005 年版，
第 3017 页。

以称为临安词派。肖鹏称:"《绝妙好词》是以选为论，以选为宗派图，建构临安词人群的宗派门户，借选词申述江湖雅人以骚雅幽怨之格调、严格协律之形式、言志言品之立意三大特征为核心的词学审美观念。"①

首先，周密以《绝妙好词》确立了临安词人群体所推崇的经典。一个文学流派，一个有组织的词人群体，"都是在一定的文学传统中展开的，对经典的选择是其文学活动的起点"，②周密的选词，就鲜明地体现出这一特征。将张孝祥置于卷首，体现出选词的严格断代性，更有推崇张孝祥高洁人格与潇洒的江湖情怀之意。开篇选张孝祥4首词，即《念奴娇·过洞庭》《西江月·丹阳湖》《清平乐》(光尘扑扑)、《菩萨蛮》(东风吹约略吹罗幕)，全是抒写江湖雅人的逸怀远致，风格清丽，而不选其《六州歌头》(长淮望断)一类的慷慨豪放的词作，就是鲜活的明证。不过，置张孝祥词于卷首的用意，恐怕还不止于此。杨冠卿曾称，其《群公词选》以寇准、范仲淹词冠于篇首，有以其主导整部词选之意。③曾慥称"欧公一代儒宗，风流自命，词章幼眇，世所矜式"，④《乐府

① 肖鹏:《群体的选择——唐宋人词选与词人群通论》，凤凰出版社2009年版，第357页。
② 陈文新:《中国文学流派意识的发生和发展》，武汉大学出版社2007年版，第10页。
③ 杨冠卿《群公乐府序》:"惟以寇忠愍公、范文正冠篇首，庶几浮靡之议无所容声，而是集之作，亦得所主盟焉。"(杨冠卿:《客亭类稿》卷七，《丛书集成续编》131册，新文丰出版公司1989年版，第228页。)
④ [宋]曾慥选，曹元忠原校，葛渭君补校:《乐府雅词》卷首《乐府雅词引》，《唐宋人选唐宋词》上，上海古籍出版社2004年版，第295页。

雅词》的雅词部分以欧阳修为首，显然也有以其领袖一代、为整部词选奠定尚雅基调的意识。周密以张孝祥为首，且不选其慷慨豪气词作，大概也有此意。这也是临安词人群体追求词品与人品统一的具体反映。

周密建构临安词人群体所尊崇的经典词人词作的入选数量，就颇具说服力。绝妙好词共选入131家391首词作，人均不足3首，现将选词3首（包括3首）以上的词人，列表如下：

卷数	入选4首（含4首）以上的词人及词作数目	入选3首的词人
卷一	张孝祥4、范成大5、谢懋4、卢祖皋10	陆游、吴琚、辛弃疾、刘过、徐照、刘翰
卷二	姜夔13、刘仙伦5、孙惟信5、史达祖10、高观国9、张辑5	韩疁
卷三	刘克庄4、赵汝茪5、李肩吾7、薛梦桂4	尹焕、周晋、杨缵、翁孟寅、许棐
卷四	吴文英16、翁元龙5、楼采6、赵闻礼6、施岳11	
卷五	陈允平9、张枢6、李演6、莫崙4、杨恢6	刘澜
卷六	李彭老12、李莱老13	王易简、张炎
卷七	周密22、王沂孙10、赵与仁6	仇远

从上表可以看出，周密建构的临安词人所尊崇的经典词人，主要有两大类：其一，张孝祥、范成大、陆游、辛弃疾、刘过、等中兴词人；其二，卢祖皋、姜夔、刘仙伦、孙惟信、史达祖、高观国、张辑、吴文英、刘克庄等江湖词人。无论是中兴词人，还是江湖词人，周密皆选符合其"三大审美特征"的词作，尤其

对辛弃疾、刘过等豪放词人，摒弃其豪放词、豪气词。① 对姜夔、吴文英的清空骚雅之作，尤为青睐，从而确立起了临安词人群体的经典。

其次，罗列出临安词人群体的整体阵容。全书131家词人中，几乎半数的词人都属于临安词人群体，而且又以西湖吟社成员为核心。这大致可分三种情形：其一，周密的父辈以及词坛宿老，如杨伯嵒、杨缵、吴文英、施岳、李彭老、李莱老，陈允平、周晋等；其二，周密的同辈词人，如王沂孙、赵与仁等；其三，周密的晚辈词人，如张炎、仇远等。不仅如此，周密还特别关照那些与自己有唱和关系的友人词作。如李彭老入选的12首词中，有4首注明与周密唱和，李莱老13首中有3首，王易简3首中有2首，张炎3首中有1首，王沂孙10首中有3首。更有甚者，周密还将

① 周密《绝妙好词》卷一，于辛弃疾词只选《摸鱼儿》（更能消几番风雨）、《瑞鹤仙》（雁霜寒透幕）、《祝英台近》（宝钗分）三首风格清丽之作，而不选其《水龙吟·登建康赏心亭》《满江红·感兴》一类的慷慨悲壮词作。周密《浩然斋雅谈》引张直夫为李彭老所作《词叙》云："靡丽不失为《国风》之正，闲雅不失为《骚》《雅》之赋。模拟《玉台》，不失为齐梁之工。"（周密撰，孔凡礼点校：《浩然斋雅谈》卷下，中华书局2010年版，第52页。）从引用动机上看，周密对此是持认同态度的。高士奇《绝妙好词序》即称："公谨生于宋末，以博雅名东南。所作音节凄清，情寄深远，非徒以绮丽胜者。"（周密辑，查为仁、厉鹗笺：《绝妙好词笺》卷首，上海古籍出版社1984年版。）故而，辛弃疾的豪放词是不可能入选的。正如为周密称道不已的张炎所言："辛稼轩、刘改之作豪气词，非雅词也。"（张炎：《词源》卷下，唐圭璋编：《词话丛编》第1册，中华书局2005年版，第267页。）另外，稍涉淫艳者，也不得入选，不管为何人。周密《浩然斋雅谈》即有曰："辛幼安尝有句云：'闻道绮陌东头，行人曾见帘底纤纤月。'则以月喻足，无乃太媒乎。"（周密撰，孔凡礼点校：《浩然斋雅谈》卷下，中华书局2010年版，第59页。）词句出自辛弃疾《念奴娇·书东流村壁》，此词就未能入选。

自己的 22 首词选入其操政的词选中，较之居第二位的吴文英词多
出 6 首，是入选词人词作平均数的七倍之多。其自视为盟主的意识
的确殊为强烈。当然，这也与周密在当时的词坛地位有关。周密
开列的临安词人中，还有一些名不见经传、又不见其他词选的小
词人，不少为其友人。正如詹安泰《从宋人的五部词选中所看到
的一些问题》所言："他选录了许多不见史传的词人的作品，其中
很大一部分又是他平生的交游，声应气求，使我们从中可以看出
当时这派词流行的情况。"①

　　毋庸讳言，作为词人选词，周密的《绝妙好词》也有党同伐
异嫌疑，不同己者，不加采录。就如肖鹏所言："这是一个以个人
标准肖像观察和放大词坛的宗派之选，所有显影出来的风格和体
式，都是周密暨临安词人群'核准'和认可的风格体式。其他落
在这个标准肖像框之外的部分，都被精心剪裁掉了。"②

　　不过，需要指出的是，现存七卷本的《绝妙好词》，可能并
非完帙，应为八卷本。倪灿撰卢文订正《宋史艺文志补》、黄虞稷
《千倾堂书目》，皆称此选有八卷，可能有所本。朱彝尊《书绝妙
好词后》也称："第七卷仇仁近词残阙，目亦无存，可惜也。"③ 就
现存的七卷本来看，第七卷选词明显少于前六卷，有失平衡，可
能的确有残缺。另外，现存七卷本《绝妙好词》也偶有选编者评

① 吴承学、彭玉平编：《詹安泰文集》，中山大学出版社 2004 年版，第 32 页。
② 肖鹏：《群体的选择——唐宋人词选与词人群通论》，凤凰出版社 2009 年版，第
　354 页。
③ ［清］朱彝尊：《曝书亭集》卷四三，国学整理社 1937 年版，第 522 页。

语或注释，如施岳《步月·茉莉》词下，就附有一则。^①从现存典籍引用情况来看，原本还应有不少类似的评语。^②这不能不说是宋代词学的一大损失。

尽管如此，周密的《绝妙好词》仍是临安词人群体或临安派词人的宣言书。它进一步总结、强化了临安词人群体的构成与共同的审美追求。如果没有《绝妙好词》的编纂刊刻，后人恐怕很难以比较清晰地把握临安词人群体的构成及其审美追求。这应是宋代刻书业对宋代词学的一大重要贡献。

二、深沉家国忧患意识的呈露

这里所谓的家国意识，主要涵盖两个层面：即家国忧患意识、故国情结。葛立方云："自古文人，虽在艰危困踬之中，亦不忘于制述。盖性之所嗜，虽鼎镬在前不恤也，况下于此者乎？"^③此类"制述"中，当然包括寓有深沉家国意识、故国情绪之作。《绝妙

---

① ［宋］周密选编，朱孝臧原校，葛渭君补校：《绝妙好词》卷四，《唐宋人选唐宋词》下，上海古籍出版社 2004 年版，第 1082 页。

② 如，吴则虞校辑张炎《山中白云词》"参考资料辑"词话中，录自道光本《绝妙好词》的一则曰："乐笑翁张炎如'荒桥断浦，柳阴撑出渔舟小'，赋春水如画。其咏《孤雁》云：'自顾影欲下寒塘，正沙净草枯，水平天远。写不成书，只寄得相思一点。'如此等语，虽丹青难画矣。"（张炎撰，吴则虞校辑：《山中白云词》，中华书局 1983 年版，第 184 页。）另外，《历代诗余》征引涉及"草窗词评""周密词评""草窗词选"等，出于别本《绝妙好词》，亦未可知。词籍流传过程中出现的此类散佚，是词学难以弥补的损失。

③ ［宋］葛立方：《韵语阳秋》卷三，［清］何文焕辑：《历代诗话》下，中华书局 2004 年版，第 504 页。

好词》中有些"制述"即如此。宋翔凤称："南宋词人，系情旧京，凡言归路，言家山，言故国，皆恨中原隔绝。此周公谨氏《绝妙好词》所由选也。"① "系情旧京""恨中原隔绝"是否为周密编辑《绝妙好词》的动机，姑且不论。不过，宋氏却道出，此选寓含着较强家国忧患意识与故国情结。这在周密的自选词中，表现得更为明显。

周密生当宋世末造，国势日蹙，自强无望，宋室覆亡，为时不远。政治理想根本无法实现，为此他甚感遗憾，《弁阳老人自铭》有曰：

> 以大父泽，初调建康府都钱库，廉勤自持，或以为材。自是六上辟书畿漕京闱幕府，由丰储仓□改秩升朝，出宰婺之义乌。平生及物荣亲之志，至此谓可少酬，而时异数奇，素抱弗展，耄且及之矣，非天欤？②

周密还在诗中多次表达这种感受。《夜雨泊双林》云："无成空白首，来往愧溪翁。"③《次秋厓韵》云："逢时不偶聊藏拙，漫仕无成欲赋归。"④ 马廷鸾《题周公谨弁阳集后》称其"上世为中兴名从

---

① [清] 宋翔凤：《乐府余论》，唐圭璋编：《词话丛编》第 3 册，中华书局 2005 年版，第 2502 页。

② [明] 朱存理纂辑，王允亮点校：《珊瑚木难》卷五，浙江人民美术出版社 2012 年版，第 368 页。

③ [宋] 周密：《草窗韵语》五稿，[宋] 周密著，杨瑞点校：《周密集》第 5 册，浙江古籍出版社 2015 年版，第 79 页。

④ [宋] 周密：《草窗韵语》六稿，[宋] 周密著，杨瑞点校：《周密集》第 5 册，浙江古籍出版社 2015 年版，第 94 页。

臣……其所交皆陈平诸王孙",① 但这对周氏的仕宦前程，并无多少帮助。尽管如此，这并不影响他对江河日下的国事的焦虑。其《一萼红·登蓬莱阁有感》云：

> 步深幽。正云黄天淡，雪意未全休。鉴曲寒沙，茂林烟草，俛仰今古悠悠。岁华晚、漂零渐远，谁念我、同载五湖舟。磴古松斜，崖阴苔老，一片清愁。　　回首天涯归梦，几魂飞西浦，泪洒东州。故国山川，故园心眼，还似王粲登楼。最负他、秦鬟妆镜，好江山、何事此时游。为唤狂吟老监，共赋销忧。②

蓬莱阁，在绍兴卧龙山，为浙东名胜。周密曾两次至绍兴。王沂孙《淡黄柳》词小序称："甲戌冬，别周公瑾丈于孤山中。次冬，公谨游会稽，相会一月。又次冬，公谨自剡还，执手聚别，且复别去。怅然于怀，敬赋此解。"③ "甲戌冬"，即宋度宗咸淳十年（1274）冬，"又次冬"，即宋端宗景炎元年（1276）冬。由王词中"翠镜秦鬟钗别，同折幽芳怨摇落"等语句，可知词作于是年冬。恭帝德祐元年（1275），元兵大败宋军，沿江南下，进逼临安，此时周密被任命为婺州义乌县令。赴任途中，经会稽（今浙江绍兴），与王沂孙相会一月。第二年初，元兵攻破临安，接着又南下占领婺州等地，周密被迫离开义乌。这年冬天，他再经会稽，

---

① ［宋］马廷鸾：《碧梧玩芳集》卷一五，《丛书集成续编》第 132 册，新文丰出版公司 1989 年版，第 475 页。

② ［宋］周密辑，［清］查为仁、厉鹗笺：《绝妙好词笺》卷七，中华书局 1957 年版，第 398 页。

③ ［宋］王沂孙撰，吴则虞笺注：《花外集》，上海古籍出版社 1988 年版，第 115 页。

拜访了王沂孙。一日他登上卧龙山下的蓬莱阁，吊古伤今，赋此词。词人登临远眺、抒发羁旅情怀的同时，隐含着强烈的忧患意识。词中的"故国山川，故园心眼"，不仅是对故乡的怀恋，亡国之虞，亦寓其中。"好江山、何事此时游"，"国破家亡之恨，主意至此揭出"。①词人化用"王粲登楼"等典故，将国破家亡的隐痛灌注其中，表现出深沉的家国忧患意识。陈廷焯评此词云："苍茫感慨，情见乎词，当为《草窗集》中压卷，虽使美成、白石为之，亦无以过。"②

　　南宋灭亡后，周密的自选词由国事忧患，转向故国情结的抒写。首先是抒写亡国巨痛。夏承焘《草窗著述考》指出："今存草窗诗词，皆结集于宋亡之前；其人元以后所作，必多国族之痛，遗黎之悲，除《绝妙好词》所录诸首外，今皆不可见矣。"③此论基本可信。周密《绝妙好词》中有些自选词，的确流露出强烈的故国情结。如其《法曲献仙音·吊雪香亭梅》：

　　　　松雪飘寒，岭云吹冻，红破数椒春浅。衬舞台荒，浣妆池冷，凄凉市朝轻换。叹花与人凋谢，依依岁华晚。

　　　　共凄黯。问东风、几番吹梦，应惯识当年，翠屏金辇。一片古今愁，但废绿、平烟空远。无语销魂，对斜阳、衰草泪满。又西泠残笛，低送数声春怨。

---

① 俞平伯：《唐宋词选释》，人民文学出版社 1979 年版，第 268 页。

② ［清］陈廷焯著，杜维沫校点：《白雨斋词话》卷二，人民文学出版社 1959 年版，第 38 页。

③ 夏承焘：《唐宋词人年谱》，商务印书馆 2017 年版，第 333 页。

　　关于雪香亭，厉鹗、查为仁之笺注援引周密《武林旧事》曰：
"集芳园在葛岭，元系张婉仪园，后归太后殿。内有古梅老松甚
多。理宗赐贾平章。旧有清胜堂、望江亭、雪香亭等。"① 显然，
厉、查二人以为，此词是为集芳园之雪香亭而作。江昱考证，"此
词以指聚景园为是"。② 刘永济申论江说云："南宋孝宗在杭州清波
门外建聚景园，奉高宗游幸，其后遂为累朝临幸之所。至理宗以
后，日渐荒废。按江昱《周词考证》，此词所指即此园中之一亭。
王沂孙次草窗韵一首题曰《聚景亭梅》，足证江说不误。"③ 无论
如何，此词为周密宋亡后游一荒芜园亭所作，是无疑的。名为吊
梅，实则悼宋。词上片主要写梅花及雪香亭荒废的凄凉景象。下
片用拟人化手法，以梅花的感受，寄托亡国之痛。"衬舞台荒，浣
妆池冷，凄凉市朝轻换"，以及"问东风、几番吹梦，应惯识当
年，翠屏金辇"诸句，何其哀痛！陈廷焯即评曰："感慨唏嘘，真
乃无一字不凄婉。'回首可怜歌舞地'。结更呜咽。"④ 再如《水龙
吟·白荷》：

　　　素鸾飞下青冥，舞衣半惹凉云碎。蓝田种玉，绿房
　　迎晓，一奁秋意。擎露盘深，忆君清夜，暗倾铅水。想

① ［宋］周密辑，［清］查为仁、厉鹗笺：《绝妙好词笺》卷七，中华书局 1957 年版，
　　第 401 页。
② ［宋］周密撰，［清］江昱辑：《蘋洲渔笛谱·集外词》，朱孝臧辑校编撰：《彊村丛
　　书》第 6 册，上海古籍出版社 1989 年版，第 4878 页。
③ 刘永济选释：《唐五代两宋词简析》，上海古籍出版社 1981 年版，第 119 页。
④ ［清］陈廷焯撰，孙克强等辑校：《白雨斋词话全编·云韶集辑评》卷八，中华书局
　　2013 年版，第 196 页。

鸳鸯、正结梨云好梦，西风冷、还惊起。　　应是飞琼仙
会。倚凉飙、碧簪斜坠。轻妆斗白，明珰照影，红衣羞
避。霁月三更，粉云千点，静香十里。听湘弦奏彻，冰
绡偷翦，聚相思泪。①

此词又见于《乐府补题》。陈维崧《乐府补题序》以为，"此
皆赵宋遗民作也"。②清代以来，《乐府补题》吟咏何事，争论不休。
夏承焘认为，是为元僧杨琏真伽盗发宋帝后陵事而作，并将词中
所咏物与感情指向宋帝与后妃，尚难令人信服。《乐府补题》选词
有寄托，大致不错，至于究竟寄托为何，是同一寄托还是各有寄
托，还值得讨论。③不过，《水龙吟·白荷》寓有亡国之恨，应该不
会有问题。"擎露盘深，忆君清夜，暗倾铅水"，出自李贺《金铜
仙人辞汉歌》"忆君清泪如铅水""携盘独出月荒凉"等语。诗前
有序曰："魏明帝青龙九年八月，诏宫官牵车西取汉孝武捧露盘仙
人，欲立置前殿。宫官既拆盘，仙人临载，乃潸然泪下。"④此词乃
周密宋亡以后作，引用此典，用意显而易见。王櫰跋《蘋洲渔笛
谱》曰："近观《征招》《酹月》之作，凄凉掩抑，顿挫激昂，此时

① ［宋］周密辑，［清］查为仁、厉鹗笺：《绝妙好词笺》卷七，中华书局1957年版，
　　第404—405页。
② ［清］陈维崧著，陈振鹏标点，李学颖校补：《陈维崧集·陈迦陵俪体文集》卷七，
　　上海古籍出版社2010年版，第401页。
③ 肖鹏：《〈乐府补题〉寄托发疑——与夏承焘先生商榷》，《文学遗产》1985年第1
　　期，第66—71页。
④ ［唐］李贺撰，叶葱奇编订：《李贺诗集》卷二，人民文学出版社1959年版，第
　　77页。

此意，犹宋玉之悼屈平也欤！一唱三叹，使人泫然增畴昔之感。"①
岂止《征招》《酻月》之作？《法曲献仙音·吊雪香亭梅》《水龙
吟·白荷》等词作，又何尝不然！

　　周密故国情结的另一重要表征，是不元蒙仕新朝。宋亡后，
周密的故旧交游，如陈允平、赵孟頫、戴表元、王沂孙、仇远等
人，先后出仕元蒙。周密因故国情结难释，退隐江浙一带，拒绝
出仕新朝，显示出封建士大夫所谓的高洁气节。这在其自选词中，
也有所表露，如《高阳台·寄越中诸友》：

　　　　小雨分江，残寒迷浦，春容浅入蒹葭。雪霁空城，
　　燕归何处人家。梦魂欲渡苍茫去，怕梦轻、还被愁遮。
　　感流年，夜汐东还，冷照西斜。　　萋萋望极王孙草，
　　认云中烟树，鸥外春沙。白发青山，可怜相对苍华。归
　　鸿自趁潮回去，笑倦游、犹是天涯。问东风，先到垂杨，
　　后到梅花。②

　　虽有许多旧交已仕元蒙，但也有志同道合的气节之士，甘守
寂寞。此词便为同时归隐闲居越州（今浙江绍兴）的友人邓牧、
谢翱等人所作。词以梅花隐喻甘受清贫的南宋遗民，象征着自己
和友人的高洁品格。对出仕新朝者，哪怕是故旧交游，周密也心
存鄙视。看其《高阳台·送陈君衡被召》一词：

① ［宋］周密撰，［清］江昱疏证：《蘋洲渔笛谱》，《续修四库全书》第1723册，上
　海古籍出版社2002年版，第188页。
② ［宋］周密辑，［清］查为仁、厉鹗笺：《绝妙好词笺》卷七，中华书局1957年版，
　第403—404页。

照野旌旗，朝天车马，平沙万里天低。宝带金章，
樽前茸帽风敧。秦关汴水经行地，想登临、都付新诗。
纵英游，叠鼓清笳，骏马名姬。　　　酒酣应对燕山雪，
正冰河月冻，晓陇云飞。投老残年，江南谁念方回。东
风渐绿西湖柳，雁已还、人未南归。最关情，折尽梅花，
难寄相思。①

友人陈允平应朝廷征召，往大都任职，周密赋此词送行。俞
陛云《宋词选释》释之曰："观其词意，当是受北朝干旄之召，为
当时显宦。故上阕言旌旗笳鼓，骏马名姬，极写行色之壮。下阕
但赋离情，于陈君衡出处，不加褒贬之词，仅言江湖投老，见
两人穷达殊途，新朝有振鹭之歌，而故国无归鸿之信，意在言外
也。"②词上片因"秦关汴水经行地"一句，境界为之大开，含蓄地
流露出对故国的怀念，以及山河依旧、物是人非之感叹。下片主
要抒发对远去友人的伤感及对其出仕元蒙政权的忧虑与不满。故
国眷恋之意，溢于言表，其高风亮节，也由此见之。正因如此，
周密的人格深为后人敬仰。王行《题周草窗画像卷》赞之曰："以
无所责守而志节不屈见称……介然特立，足以增亡国之光者矣。"③

---

① ［宋］周密辑，［清］查为仁，厉鹗笺：《绝妙好词笺》卷七，中华书局 1957 年版，
　　第 402 页。

② 俞陛云：《唐五代两宋词选释》，上海古籍出版社 1985 年版，第 550 页。

③ ［明］王行：《半轩集》卷八，《景印文渊阁四库全书》第 1231 册，台北商务印书馆
　　1986 年版，第 394—395 页。

刘毓崧更誉之为"宋代完人"。①

　　周密《绝妙好词》中的自选词，比较清晰地记录下了他在宋元易代之际，由深沉的家国忧患到强烈故国情结的一段特殊的心路历程。这是"除《绝妙好词》所录诸首外"，现存的周密词"皆不可见"的，也是宋代刻书业对宋代词学的一大贡献。

① ［清］刘毓崧著，刘承干校：《通义堂文集》卷一三《重刊周草窗词稿序》，《丛书集成续编》第196册，新文丰出版公司1989年版，第447页。

| 余论　宋代刻书业与宋人的词学传播意识 |

在宋代雕版印本成为文学传播新的主流媒介背景下，此处所谓的新传播媒介，主要是相对于手抄书籍、题壁、刻石，以及以歌妓演唱等传统的传播媒介而言的。词体自产生以来，便具有娱乐功能，歌妓一度成为歌词传播的重要媒介，歌妓的歌喉、舞姿、笑貌、服饰等非语言性传播符号，对词体的传播具有决定性作用，甚至形成崇尚女音的时代审美风尚。从聂冠卿《多丽》一词可以看到，当时唱词者多是些"翩若轻鸿体态，暮为行雨标格"、语娇声滴的妙龄歌妓，欣赏者尽是些高会词客。[①]如果词的内容、风格不适于歌妓演唱，是会惹人嘲笑的。俞文豹《吹剑续录》载：东坡在玉堂，有幕士善讴，因问："我词比柳词何如？"对曰："柳郎中词，只好十七八女孩儿，执红牙拍板，唱'杨柳外晓风残月'。学士词，须关西大汉，执铁板，唱'大江东去。'"[②]唱词者若非

---

① ［宋］黄昇选编，邓子勉校点：《唐宋诸贤绝妙词选》卷五，《唐宋人选唐宋词》下，上海古籍出版社 2004 年版，第 636 页。

② ［宋］俞文豹撰，张宗祥校订：《吹剑录全编》，古典文学出版社 1958 年版，第 38 页。

妙龄女郎，无论技艺如何高超，一般很难为时人接受。王灼《碧鸡漫志》载，"政和间，李方叔（廌）在阳翟，有携善讴老翁过之者。方叔戏作《品令》云：'歌唱须是玉人，檀口皓齿冰肤。意传心事，语娇声颤，字如贯珠。　老翁虽是解歌，无奈雪鬓霜须。大家且道，是伊模样，怎如念奴？'"由词可知，当时一般市井民众，多崇尚女音。难怪王灼叹息道："古人善歌得名，不择男女……今人独重女音，不复问能否。而士大夫所作歌词，亦尚婉媚，古意尽矣。"①南渡后，随着淡化诗词界限的尊体意识不断深入人心，词体的歌唱功能不断消减，并逐渐变为"长短句诗"，不再适合歌妓演唱，歌妓已不再是词体传播的主流媒介，而此时兴盛的板印书籍开始分担歌妓的媒介功能，并逐渐成为词体传播的新的主流媒介。

在此背景下，宋人的尚名观念发生了很大改变，包括词体在内的文学传播意识，得到了进一步强化。宋人的词学传播意识集中体现于谨慎的自我传播与自觉的他人传播两个层面。文学传播并非总以传播者的意图为转移，而有其偶然性与不可控性，雕版印刷又使这种不可控性愈加不可控。新媒介背景下的宋人词学传播意识，对宋词传播与保存，以及词体观念的演化、词体的演进，影响深远。

一、传播媒介的更新与宋人文学传播意识的强化

中国古人向来有追求"三不朽"的意识，而"三不朽"又是

---

① ［宋］王灼著，岳珍校正：《碧鸡漫志校正》卷一，人民文学出版社 2015 年版，第 20 页。

分层级的，太上立德，其次立功，其次立言。其实，这是一种尚
名意识，立言多是前二者求之不得后的选项。曹丕《与王朗书》
即云："人生有七尺之形，死为一棺之土，惟立德扬名，可以不朽。
其次莫如著篇籍。"①曹植谓"辞赋小道，固未足以揄扬大义，彰
示来世也"，即对立德、立功而言，由其"岂徒以翰墨为勋绩，辞
赋为君子哉"②之言可知，"翰墨"扬名仍为求上不得转为其次的
选项。韩愈《寄卢仝》所谓的"假如不在陈力列，立言垂范亦足
恃"，③也是此意。

　　时至北宋，宋人"尚名"意识更趋强烈，对"三不朽"的体
认，即为显著的表征。虽然仍有人以为"未能行其施，故可懿文
而已"，④但整体上看，宋人对"三不朽"的体识，较之于唐人，重
心已经发生了较大偏移。苏颂《小畜外集序》称：

　　　　或谓言不若功，功不若德。是不然也。夫见于行事
　　之谓德，推以及物之谓功，二者立矣。非言无以述之，
　　无述则后世不可见，而君子之道几乎熄矣。是以纪事述
　　志必资乎言，较于事，为其贯一也。自昔能言之类，世

---

①　[三国]曹丕：《魏文帝集》卷一，张溥辑：《汉魏六朝百三名家集》第1册，江苏
　　古籍出版社2002年版，第730页。

②　[三国]曹植著，赵幼文校注：《曹植集校注》卷一《与杨德祖书》，中华书局2016
　　年版，第227、228页。

③　[唐]韩愈著，钱仲联集释：《韩昌黎诗系年集释》卷七，上海古籍出版社1984年
　　版，第782页。

④　[宋]王禹偁：《王黄州小畜集》卷首，《宋集珍本丛刊》第1册，线装书局2004年
　　版，第525页。

不乏贤。若乃德与功偕，文备于道，嘉谟谠论，见信于
时主，遗风余烈，不泯于将来。①

　　对于"三不朽"，苏颂更重立言。他认为，无论是立德还是立
功，皆需"资乎言"，"非言无以述之"，而"无述则后世不可见"。
这样，立言的重要性，就相对得以凸显。这也是许多宋人的共识。
他们已意识到，相对于立德、立功，立言更为切实可行，更具自
主性与可操作性，凭此足可以不朽。庆历三年（1043），祖无择撰
《河南穆公集序》即称："积于中者之谓道，发于外者之谓文，有道
有文然后可以为君子……道之不行，而不废于学文，故虽身厄于当
时，而名显于后世者，由此也。"②司马光《题陈泊手书诗稿后》也
称："人生如寄，其才志之美所以能不朽于后者，赖遗文耳。"③绍
兴十九年（1149），徐琛撰《明州重刊徐骑省文集后序》云："其
（徐铉）英名伟节，得以不泯而为后学法，系《文集》是赖……偶
得善本，使公库镂板以传。"④同年，楼钥撰《王文定公内外制序》，
盛赞友人平生功业的同时，也明确宣称："然传于不朽，要不若遗

---

① 　［宋］苏颂著，王同策等点校：《苏魏公文集》卷六六，中华书局1988年版，第
　　1008—1009页。
② 　［宋］祖无择：《龙学文集》卷八，《景印文渊阁四库全书》第1098册，台北商务印
　　书馆1986年版，第828页。
③ 　［宋］司马光撰，李文泽、霞绍晖校点：《司马光集·补遗》卷一〇，四川大学出版
　　社2010年版，第1771页。
④ 　［宋］徐铉撰，李振中校注：《徐铉集校注》（附徐锴集）附录二，中华书局2018年
　　版，第1359页。

文之具备。"① 楼氏还索性代士大夫发言道："士大夫种学续文，孰不欲流传于后？"② 从学理层面上凸显出"立言"不朽的重要性。绍兴二十一年（1151），郑康佐将唐庚的文集"因其名类，勒为三十卷，命刻板摹既"，进一步实践层面上宣示："且将传示学者，使知至人必有至文，而先生之名可以不朽矣。"③ 郑氏所以有底气断言唐庚的声名"可以不朽"，很大程度上得益于"刻板"，即雕版印刷术。实际上，这也是宋人乐此不疲以"立言"求不朽的重要物质基础与前提。

唐末、五代始为印书，但尚未普及，一般书籍还"多是传写"。④ 宋太宗淳化（990—994）以降，"书籍刊镂者益多"，⑤ 随后便"锓板成市，板本布满乎天下"，⑥ "市人转相摹刻诸子百家之书，日传万纸。学者之于书，多且易致如此"。⑦ 宋代进入了

① ［宋］楼钥撰，顾大朋点校：《楼钥集》卷四九，浙江古籍出版社 2010 年版，第 922 页。

② ［宋］楼钥撰，顾大朋点校：《楼钥集》卷四九《筼溪文集·序》，浙江古籍出版社 2010 年版，第 916 页。

③ ［宋］唐庚著，黄鹏编著：《唐庚集编年校注·后跋》，中央编译出版社 2013 年版，第 551 页。

④ ［宋］罗璧：《罗氏识遗》卷一，《丛书集成新编》第 12 册，新文丰出版股份有限公司 1985 年版，第 432 页。

⑤ ［宋］叶梦得撰，宇文绍奕考异，侯忠义点校：《石林燕语》卷八，中华书局 1984 年版，第 116 页。

⑥ ［元］吴澄：《吴文正公集》卷一九《赠鬻书人杨良甫序》，《元人文集珍本丛刊》第 3 册，新文丰出版股份有限公司 1985 年版，第 353 页。

⑦ ［宋］苏轼撰，［明］茅维编，孔凡礼点校：《苏轼文集》卷一一《李氏山房藏书记》，中华书局 1986 年版，第 359 页。

印刷业高度发达时期，文学传播也随之进入了以雕版印刷为主流媒介的新时代。一切书文形态皆具有口语语言所没有的不朽性（monumentality）："书文是一种硬化了的语言，有其独立的存在。"[1] 雕版印刷的书文更如此。因为，"印刷的书籍是时间无限的标记"，[2] 同时也是空间的无限延伸，"它改变了依赖于早期传播手段的那些社会方面"。[3] 雕版印刷使得文学传播不仅更加便捷，传播流量巨增、流速加快、流程益远，[4] 而且还更具有即时性、现场性。日本学者内山精也以为，"能切实感觉自己的作品很快传播到不特定的许多读者手里，并被这许多读者同时解释着的诗人，和完全无法感受到这些的诗人相比，在创作的姿态上可能会产生明显的差异"。[5]

---

[1] （美）乔纳森·卡勒著，盛宁译：《结构主义诗学》引巴尔特语，中国社会科学出版社 1991 年版，第 201 页。

[2] （德）奥斯瓦尔德·斯宾格勒著，齐世荣等译：《西方的没落》，商务印书馆 1963 年版，第 653 页。

[3] （美）约书亚·梅罗维茨著，肖志军译：《消失的地域：电子媒介对社会行为的影响》，清华大学出版社 2002 年版，第 65 页。

[4] 周彦文《宋代坊肆刻书与诗文集传播的关系》一文称："当印刷术在宋代蓬勃发展起来以后，中国书籍的传播情形立刻产生了空前的变化。由于印术可以使一部书在雕板完成后，立刻快速的产生数百本内容相同的书籍；而且借着数量的庞大，可以产生比以前更深更远的影响，所以当时的统治者和知识分子，对于书籍的观念有了革命性转变。从前认为书籍只能在时间上流传久远的，现在却能更进一步的在空间上也广泛流传。"（周彦文：《宋代坊肆刻书与诗文集传播的关系》，《"国立中央图书馆"馆刊》新 28 卷第 1 期，1995 年 6 月，第 67—77 页。）

[5] （日）内山精也著，益西拉姆译：《苏轼文学与传播媒介——试论同时代文学与印刷媒体的关系》，王水照主编：《新宋学》第一辑，上海辞书出版社 2001 年版，第 261 页。

的确，由于文学传播媒介的更新，文学传播即时性、现场感的加强，宋人在文学创作上，整体较之前人，更加精益求精。不仅如此，而"每一种传播媒介都是一种独特的艺术形式；它突出人的一套潜力"，①宋人文学传播意识的"潜力"，因此被空前地"突出"出来。他们已经深刻意识到，雕版印刷作为一种新型的传播媒介，具有其他媒介无可比拟的优越性。熙宁五年（1072）五月，孔延之《会稽掇英总集序》即称：

> 后之为文章，自非藏之名山，副在缃帙。镂之板，屋室有时而变；勒之石，岸谷有时而易。况火于秦，莽、卓于汉，割裂于六朝、五代，则木石之能不散荡者，几矣……故题之板不如刊之石，刊之石不如墨诸纸。苟欲诵前人之清芬，搜斯文之放逸，而传之久远者，则纸本尚矣。②

在孔氏看来，题板不如刊石，刊石又不如"墨诸纸"的文学传播效果优异。"墨诸纸""纸本"，主要集中指向雕版印刷本。与传统的抄本相比，印本具有与生俱来的优越性。庆元二年（1196），黄沃跋《知稼翁集》也称：

> 虽埋石幽壤，陵谷难迁，而石之隐秘，初不可睹，孰若以未干之墨，寄之纸上，传十为百，传百为千乎？③

---

① （加）埃里克·麦克卢汉、（加）弗兰克·秦格龙编，何道宽译：《麦克卢汉精粹》，南京大学出版社 2000 年版，第 96 页。

② ［宋］孔延之编：《会稽掇英总集》卷首，《景印文渊阁四库全书》第 1345 册，台北商务印书馆 1986 年版，第 3 页。

③ ［宋］黄公度：《知稼翁集》卷末，《宋集珍本丛刊》第 44 册，线装书局 2004 年版，第 601 页。

以前，石刻一般被认为是优于题壁而利于长久流传的文学传播介质；但在雕版印本面前，就显得有些黯然失色。问题的关键在于，无论是题壁还是刻石的文学作品，多具有唯一性，一旦意外发生，将难以再现。雕版印本的显著优越性，在于其可复制性（即时复制与历时复制），能够批量生产，以数量取胜，更便于广泛传播。当然，石刻文字也可以拓片或拓本的形式保存与传播，但那还是转归于与板刻近似的印本形式。况且，其无论如何也没有板印本批量复制的便于传存。再说，在不考虑盗版的情况下，印本还可以减少抄写本容易导致的讹误。美国学者宇文所安《瓠落的文学史》称："我们现有的印刷版本多从宋朝开始，但是手抄本文化和印刷文化具有深刻的差别……在每一次对一部篇幅较长的文本的抄写过程中，都可能会产生无数或大或小的改动；下次再抄写，又接着发生同样的现象；等等，以此类推。因此，每一代手稿抄写都会产生出无穷无尽的错误和差异。"[1] 实际上，宋人对此已有意识，绍兴二十三年（1153），苗昌言题《三辅黄图》即言："世无板刻，传写多鲁鱼之谬。凡得数本，以相参校。"[2]

鉴于此，宋人多希冀借助雕版印本的优势，传播文学作品。宋伯仁自序其《雪岩吟草》即称："稿以随日而抄，岂望广传于世？"[3] 言外之意，以印本为传播媒介，作品方有希望"广传于

---

① ［美］宇文所安著，田晓菲译：《他山的石头记：宇文所安自选集》，生活·读书·新知三联书店2019年版，第21—22页。

② 何清谷撰：《三辅黄图校释》卷首，中华书局2005年版，第5页。

③ ［宋］宋伯仁撰：《雪岩吟草西塍集》卷首，［宋］陈起编：《江湖小集》卷七二，《文渊阁四库全书》第1357册，台北商务印书馆1986年版，第549页。

世"。为此，有的作者亲自编印其文集。周必大就曾"以胶泥铜版移换摹印"过其《玉堂杂记》。^①至于传播他人文学作品者，同样希望凭借雕版印刷本"以广其传"。绍兴十八年（1148），沈虞卿假守齐安时，"因以家箧所藏《小畜集》善本，更加点勘，鸠工镂板，以广其传，庶与四方学者共之"。^②

在这种背景下，宋代词人也表现出相当自觉、谨慎的词学传播意识。汪莘有感于"穷乡无人佣书，乃刊本而模"其词，因"欲各寄一本"于其友人。^③范开在辛弃疾词"近时流布于海内者率多赝本"的情势下，将亲得于辛之百余首词作，刻印行世，"将以祛传者之惑"，^④以广其传，其所外透出的强烈词学传播意识，很大程度都是附着在雕板印本这一传播介质之上的。借助于此，宋人的词学传播意识更加自觉、强烈，这主要体现在自我词学传播与他人词学传播两个层面。

二、自觉、谨慎的词学传播意识

在雕版印刷成为新主流传播媒介的背景下，宋人传播自家词作时，非常注重文本的创作、校雠编刻，以及干预、控制传播流

① ［宋］周必大撰，王蓉贵、（日）白井顺点校：《周必大全集·书稿》卷十三《程元成给事》，四川大学出版社 2017 年版，第 1878 页。

② ［宋］王禹偁：《王黄州小畜集部》卷末，《宋集珍本丛刊》第 1 册，线装书局 2004 年版，第 744 页。

③ ［宋］汪莘：《方壶诗余》卷首，朱孝藏辑校编撰：《彊村丛书》第 5 册，上海古籍出版社 1989 年版，第 3721—3722 页。

④ ［宋］辛弃疾撰，邓广铭笺注：《稼轩词编年笺注》（定本）附录二，上海古籍出版社 2007 年版，第 621 页。

等，从而对受众施加影响。

　　创作上，不惮修饰，精益求精。草稿写出后，作者往往不厌其烦地修改、润色。唐庚即有言："惟作诗甚苦……初读时未见可羞处，姑置之明日取读，瑕疵百出；辄复悲吟累日，反复改正，比之前时，稍稍有加焉。复数日取出读之，病复出。凡如此数四，方敢示人。"① 陈师道也是如此，他"或愀然而归，径登榻引被自覆，呻吟久之，矍然而兴，取笔疾书，则一诗成矣。因揭之壁间，坐卧哦咏，有窜易至数十日乃定"。② 而词作为音乐与文学的复合体，创作上不但要注重内容的构思，还要兼顾曲名的选择，以及与命意、音律等因素的配合，故而更需要"旬锻月炼"，反复修润。张炎《词源·制曲》对此有详言：

　　　　作慢词，看是甚题目，先择曲名，然后命意。命意既了，思量头如何起，尾如何结，方始选韵，而后述曲。最是过片，不要断了曲意，须要承上接下……词既成，试思前后之意不相应，或有重迭句意，又恐字面粗疏，即为修改。改毕，净写一本，展之几案间，或贴之壁。少顷再观，必有未稳处，又须修改。至来日再观，恐又有未尽善者，如此改之又改，方成无瑕之玉。倘急于脱稿，倦事修择，岂能无病，不惟不能全美，抑且未协音

———————

① ［宋］唐庚著，黄鹏编著：《唐庚集编年校注·自说》，中央编译出版社 2013 年版，第 435 页。

② 徐度撰，尚成校点：《却扫编》卷中，《宋元笔记小说大观》第 4 册，上海古籍出版社 2001 年版，第 4497 页。

声。作诗者且犹旬锻月炼，况于词乎！①

此虽就慢词而言，一般填词亦然。经过"改之又改"，词作方可"琢无瑕之玉"，才有可能传世。张氏还特别提及，作为特殊的文体，较之于诗，词作更须"旬锻月炼"。此并非张氏一家之言，而为公论。李清照《词论》、姜夔度的曲论、沈义父《乐府指迷》，都有相关的论述。

校仇编刻上，有很多词人生前就亲自编辑或出版过一己词集。晏几道《乐府补亡》，乃其"为高平公缀辑成编"。贺铸曾"自裒其平生所为歌词，名《东山乐府》"。②王观"以'冠柳'自名"③其词集，集盖为自编。自谓"少时汩于世俗，颇有所为，晚而悔之"的陆游，尚"念旧作终不可掩"，④便将一己词作编入《渭南文集》。《方壶诗余》的撰者汪莘，有感于"穷乡无人佣书，乃刊本而模"其词集，"欲各寄一本"于友人，其所谓"匪敢播诸众口"，⑤恐怕多少有些言不由衷。"刊于三山"⑥的刘镇词集《随如百咏》，也应

---

① ［宋］张炎著，夏承焘校注：《词源注》，人民文学出版社 1963 年版，第 13 页。

② ［宋］叶梦得：《石林居士建康集》卷八《贺铸传》，《宋集珍本丛刊》第 32 册，线装书局 2004 年版，第 801 页。

③ ［宋］陈振孙撰，徐小蛮、顾美华点校：《直斋书录解题》卷二一，上海古籍出版社 2015 年版，第 619 页。

④ ［宋］陆游：《陆游集·渭南文集》卷一四，中华书局 1976 年版，第 2101 页。

⑤ ［宋］汪莘：《方壶诗余》卷首，朱孝臧辑校编撰：《彊村丛书》第 5 册，上海古籍出版社 1989 年版，第 3721—3722 页。

⑥ ［宋］黄昇选编，邓子勉校点：《中兴以来绝妙词选》卷八，《唐宋人选唐宋词》下，上海古籍出版社 2004 年版，第 806 页。

为其亲手所校定。① 钱希武本姜夔词，刻于嘉泰二年（1202），当时姜夔也在世。宋自逊的《雅词》，也是其手订，于生前刻板印行。② 辛弃疾的《稼轩词》由范开刻印于淳熙十五年（1188），辛弃疾（1140—1207）当时尚在人世。一般说来，作者自编、自刻词集，可最大限度地保证一己词作的真实性，更益于以精品形式流播。正如四库馆臣所言："夫自编则多所爱惜，刊版则易于流传。"③ 这是词作者自觉、强烈的词学传播意识的一种集中呈示。

相对诗文来说，宋人对作为"小道""末技"的"小词"，多涉猎之，既爱之，又恨之，恰如胡寅《酒边集序》所言："文章豪放之士，鲜不寄意于此者，随亦自扫其迹，曰谑浪游戏而已。"④ 尽管如此，但还是有许多词人对词体表现出一定的认同感。陈师道《书旧词后》曰："余他文未能及人，独于词，自谓不减秦七、黄九。"⑤ 北宋中后期，特别是南渡以降，不少词人将词比附诗骚，

---

① 光绪二十九年（1903），刘毓盘《随如百咏校记》称："查为仁、厉鹗《绝妙好词合笺》曰：《随如百咏》有'丙戌清明和章质夫韵'《水龙吟》词，剧佳。则闽刻本樊榭犹所及见也。后村又曰：《随如百咏》丽不至亵，新能化陈，周、柳、辛、陆之能事，庶乎兼之。则其词必随如手定本，出而付剞劂氏者。"（谭新红、黄盼整理：《刘毓盘词学文集》，河南文艺出版社 2016 年版，第 334 页。）

② 戴复古《望江南》（壶山好）词小序称："壶山宋谦父寄新刊《雅词》，内有《壶山好》三十阕，自说平生。"宋自逊，字谦父，号壶山。（戴复古著，吴茂云、郑伟荣校点：《戴复古集》卷八，浙江大学出版社 2012 年版，第 272 页。）

③ ［清］永瑢等：《四库全书总目》卷一四八《集部总叙》，中华书局 1965 年版，第 1267 页。

④ ［宋］向子諲：《酒边集》卷首，［明］吴讷编：《百家词》上，天津市古籍书店 1992 年版，第 595 页。

⑤ ［宋］陈师道：《后山居士文集》卷九，上海古籍出版社 1984 年版，第 521 页。

词体得到进一步推尊，词人的词学传播意识，也更趋自觉、强烈。如陆游对于自己的词作，一面称"晚而悔之"，一面又"念旧作终不可掩"，收之于《渭南文集》，并特意为序，以识其过。[①] 赵以夫自序《虚斋乐府》也称："今老矣，不能为也，因书其后，以志吾过。"[②] 若真觉得自己有"过"，自行删除便是，何必多此一举。其词学传播意识之自觉与强烈，由此可以见之。

自觉的他人文学传播意识，是指传播者主动传播他人文学作品的意识。这类传播者主要包括作者的亲人后人、门人故旧，以及其崇拜者。

因种种缘故，作者不能亲力亲为编校己作时，往往寄希望于子孙后人。戴名世《天籁集序》即称："余惟子孙之欲不朽其先人者，其情无所不至，至于文字之可以公之于世者，即残编断简而不忍其没焉，必思所以流传于不朽。故古之作者，赖有贤子孙为之表彰，不致泯灭而无闻。"[③] 传播者传播先人的文学作品，这也是孝子贤孙追思、不朽其先人的一种重要路径。宋人于此，亦为然。绍熙五年（1194）孟冬，朱思序其叔父朱长文《吴郡乐圃先生余稿》即称："图书五厄，自古有之，为人后嗣而不能明著其先德于后世，是亦有所负焉。"[④] 诗文稿如此，词作亦然。周紫芝《竹坡老

---

① ［宋］陆游：《陆游集·渭南文集》卷一四，中华书局 1976 年版，第 2101 页。

② ［宋］赵以夫：《虚斋乐府》卷首，吴昌绶、陶湘辑：《景刊宋金元明本词》，上海古籍出版社 2012 年版，第 755 页。

③ ［清］戴名世撰，王树民编校：《戴名世集》卷二《天籁集序》，中华书局 1986 年版，第 30 页。

④ ［清］陆心源编，许静波点校：《皕宋楼藏书志》卷七七，浙江古籍出版社 2016 年版，第 1380 页。

人词》，即由其子周桑亲自编辑校雠的。^① 黄公度《知稼翁词》，也是由其子黄沃刊印。曾丰《知稼翁词集序》："淳熙戊申，故考功郎莆阳黄公公度之子沃，通守临川。明年，临川人士得考功乐章，其题为《知稼翁词》，请锓之木。通守重于诺，于余乎质焉。"^② 曹祖词，其子曹勋"尝以家集刻板"。^③ 辛弃疾《辛稼轩集》，先是由其嗣子辛稏，请刘克庄作序，"未遣书而卒"，后稏之子辛肃"具言先志"，再请刘为序。^④ 为先人刻书，可谓前赴后继。左誉《筜翁长短句》，乃由其孙辈编辑刊刻行世的。王明清称："左与言，天台之名士大夫也。其孙哀其乐章，求为序其后云……而乐府之词，调高韵胜，好事者尤所争先快睹，豪右左戚，尊席一笑，增气忘倦……君之孙文本，编次遗词若干首，名曰《筜翁长短句》，欲以刻行，求余为序。"^⑤ 与言，左誉之字，《筜翁长短句》为其孙刊刻。子刊父词，孙刻祖词，其用心之专，想而可知。也有些词集，是由作者的亲戚编辑刊刻的，如楼钥《求定斋诗余》，由"其婿黄定

① ［宋］周紫芝：《竹坡老人词》卷末，［明］吴讷编：《百家词》下，天津市古籍书店 1992 年版，第 1103 页。

② ［宋］黄公度：《知稼翁词集》卷首，［明］吴讷编：《百家词》下，天津市古籍书店 1992 年版，第 861 页。

③ ［宋］王灼著，岳珍校正：《碧鸡漫志校正》卷二，人民文学出版社 2015 年版，第 27 页。

④ ［宋］刘克庄著，辛更儒笺校：《刘克庄集笺校》卷九八《辛稼轩集》，中华书局 2011 年版，第 4113 页。

⑤ ［宋］王明清撰，汪新森、朱菊如校点：《玉照新志》卷四，《宋元笔记小说大观》第 4 册，上海古籍出版社 2001 年版，第 3954—3955 页。

之安道偶得残稿，遽锓之版"。① 他们都希望自己先人词作，以精品面貌流播世间，流露出浓郁而谨慎的词学传播意识。

门生编辑刻印乃师词集，也多是如此。淳熙十五年（1188）范开序辛弃疾《稼轩词》即称：

> 开久从公游，其残膏剩馥，得所霑焉为多。因暇日衰集冥搜，才逾百首，皆亲得于公者。以近时流布于海内者率多赝本，吾为此惧，故不敢独閟，将以祛传者之惑焉。②

作为门人，范开从辛弃疾游多年，保存辛词虽仅过百首，但真实性堪称权威，其编辑刊刻传世，主要是为"祛传者之惑"，保证其师词作以精品传世，也显示出其主动而严谨的词学传播意识。京镗《松坡居士乐府》，由门生黄汝嘉刻印于豫章学宫："公以镇抚之暇，酬唱盈编，抑扬顿挫，吻合音律，岷峨草木，有荣耀焉。汝嘉辄再锓木豫章学宫，附于诗集之后。惟公之词翰春容，随所寓而有，尚须编加衰次，将续刊之。"③ 曾惇的《曾使君新词》，也主要是由门人、故吏集体编纂刊行。谢伋《曾使君新词序》称：

> 临海使君南丰曾侯惇，字谹父，以故相孙习知台阁，工为文辞……及十三年岁在丙寅，谹父来守临海……既

---

① ［宋］楼钥撰，顾大朋点校：《楼钥集》卷四九《求定斋诗余序》，浙江古籍出版社2010年版，第931页。

② ［宋］辛弃疾撰，邓广铭笺注：《稼轩词编年笺注》（定本）附录二，上海古籍出版社2007年版，第621页。

③ ［宋］黄汝嘉：《松坡居士词跋》，［宋］京镗：《松坡居士词》卷末，［明］吴讷编：《百家词》上，天津市古籍书店1992年版，第857页。

秩满去郡，门生故吏相与哀次，属黄岩长刻诸板，将
传之。①

门生故吏集体合作，编辑刊刻曾惇词集，意在传承师学，使
其不泯，同时也显示出门人的集体词学传播意识。

为乡贤刊刻词集者，也出于同样的目的。绍熙五年（1194），
王称所作《书舟词序》云："今乡人有欲刊正伯（程垓）歌词，求
余书其首。"②乡人刊刻程垓《书舟词》，求名人为序，亦见其词学
传播意识之自觉、强烈。

门人故旧多能有机会搜集到他人不易得到的作品或稿本。绍
熙三年（1192）杨长孺跋《石湖词》云：

> 淳熙戊戌，先生归自浣花，是时家尊守荆溪，置酒
> 卜夜，触次从容，先生极谈锦城风景之盛，宦情之乐，
> 因举似数阕，如赋海棠云……此盖先生之最得意者。长
> 孺耳剽，恨未饱九鼎之珍也。后九年，忽得《余研亭稿》
> 二百十有二阕，遂入宅于后湖无尽藏中，豪（毫）发无
> 遗恨矣。又五年，长孺系官二水，丞相益国周公罗致幕
> 下，偶为乡人刘炳先、继先伯仲言之。炳先曰："昔蘧伯
> 玉耻独为君子，足下独私先生之制作可乎？"长孺对曰：
> "不敢。"乃以授之，俾传刻云。③

---

① ［宋］林表民辑，徐三见点校：《赤城集》卷一七，［清］宋世荦辑：《台州丛书乙
集》二，上海古籍出版社 2013 年版，第 268—269 页。

② ［宋］程垓：《书舟词》卷首，［明］吴讷编：《百家词》上，天津市古籍书店 1992
年版，第 569 页。

③ ［明］解缙等奉敕纂：《永乐大典》卷二二六六，中华书局 2012 年版，第 807 页。

　　身为门人，杨长孺有收集整理范成大词作的便利，他自感"豪（毫）发无遗恨"，其本颇具权威性。故其甚为自豪，与乡人刘炳先谈及此事，虽不无炫耀之嫌，但也看出其有一定的词学传播意识。同时，其乡人自觉的词学传播意识，也由此显出。

　　自觉传播他人文学作品，尤其是借助雕版印刷术刊刻他人作品，还有扬己之名、以求不朽的功用。杨冠卿编辑《群公词选》"锓木寓室，以广其传"，① 目的性就很明确。黄昇编辑的《花庵词选》，由"亲友刘诚甫谋刊诸梓，传之好事者"，这既可为编者流芳，又能为刻书者扬名，故黄昇谓"此意善矣"。② 而且，编辑者还可借传播他人词作之便，夹带自家私货。黄昇编辑《花庵词选》时，就将自己的 38 首词作附于《中兴以来绝妙词选》卷末，他料到此举可能会招人非议，故于《绝妙词选序》云："录余旧作数十首附于后，不无珠玉在侧之愧，有爱我者，其为删之。"③ 若真自觉有愧，自己删除就是了，何必更待别人？赵闻礼《阳春白雪》录己作 7 首，散于集中；周密《绝妙好词》（卷七）选己词 22 首，在宋人词选中，自选词所占比重最大。此举在传他人之词的同时，也搭上了便车，为自己词作的传播，增加了一道保险。黄昇所谓"此意善矣"，当含此意。黄昇、赵闻礼的词集已散佚，其能有

① ［宋］杨冠卿：《客亭类稿》卷七，《丛书集成续编》第 131 册，新文丰出版公司 1989 年版，第 228 页。

② ［宋］黄昇选编，邓子勉校点：《中兴以来绝妙词选》卷首，《唐宋人选唐宋词》下，上海古籍出版社 2004 年版，第 685 页。

③ ［宋］黄昇选编，邓子勉校点：《中兴以来绝妙词选》卷首，《唐宋人选唐宋词》下，上海古籍出版社 2004 年版，第 685 页。

若干首词传于后世，多凭借其选本中的自选词。后世辑本黄昇的
《散花庵词》、赵闻礼的《钓月词》，也主要源于各自选本中的自
选词。

特别是那些"有力好事之人，若自揣德业学问不足过人，而
欲求不朽者，莫如刊布古书一法"，若"其书终古不废，则刻书之
人终古不泯"。① 不仅如此，印本甚至还可惠及一地，使其人不朽。
王次翁假守道州时，序刻寇准诗集称："盖以慰邦人无穷之思……
亦庶几托公诗以不朽乎！"②

求名有时与射利不可分，尤其是书坊刻书。除不告而刻外，
还会主动向作者或其后人约稿的。乾道九年（1173）印行的周紫芝
《竹坡老人词》，就是由书坊向其子周来约稿的。主要因"鬻书者
利其得"。③ 又，据南宋藏书家、目录学家陈振孙著录，《草堂诗余》
《类分乐章》《群公诗余前后编》《五十大曲》《万曲类编》等大部
头词选本，"皆书坊编集者"，④ 也多为射利的产物。可见，因雕版
印刷而获利，是传播他人词作的一大重要动力。

以上主要以词别集、选集为中心，探讨了词集编辑刊刻者的

① ［清］张之洞撰，范希曾补正：《书目答问补正》，上海古籍出版社 2001 年版，第
256 页。
② ［宋］王次翁：《寇忠愍公诗集序》，［宋］寇准：《寇忠愍公诗集》卷首，《宋集珍
本丛刊》第 2 册，线装书局 2004 年版，第 4 页。
③ ［宋］周紫芝：《竹坡老人词》卷末，［明］吴讷编：《百家词》下，天津市古籍书店
1992 年版，第 1103 页。
④ ［宋］陈振孙撰，徐小蛮、顾美华点校：《直斋书录解题》卷二一，上海古籍出版社
2015 年版，第 633 页。

词学传播意识。词丛刻，也如此。如长沙书坊所刻《百家词》，也体现出很自觉的词学传播意识。

当然，宋人编辑刊刻词集所体现出的词学传播意识，又多具有一定的选择性和偏向性。编辑刊刻者（包括编辑刊刻自家词集者）往往向人们展示的是"他之以为然"的一面，而故意"默杀了他之以为不然处"，[①] 人为阻止其进入流播渠道。焚烧自己不满意的词作，不失为一种有效的方法。黄庭坚、贺铸、张耒等人，皆曾为之。特别是为维护先人的良好形象，子孙后人往往是绞尽脑汁。元祐年间，曹组"每出长短句，脍炙人口……潦倒无成，作《红窗迥》及杂曲数百解，闻者绝倒"，被视为"滑稽无赖之魁"。其子曹勋"尝以家集刻板，欲盖父之恶"。[②] 陈亮之子陈沆，专传乃父豪放磊落词作，更是刻意为之。毛晋跋《龙川词》即称：

> 余正喜同甫不作妖语媚语，偶阅《中兴词选》，得《水龙吟》以后七阕，亦未能超然；但无一调合本集者，或云赝作。盖花庵与同甫俱南渡后人，何至误谬若此。或花庵专选绮艳一种，而同甫子沆所编本集特表阿翁磊落骨干，故若出二手。[③]

因《中兴以来绝妙词选》所选录的陈亮词作"无一调合本集

---

① 鲁迅：《集外集·选本》，《鲁迅全集》第 7 卷，人民文学出版社 2005 年版，第 139 页。

② ［宋］王灼著，岳珍校正：《碧鸡漫志校正》卷二，人民文学出版社 2015 年版，第 27 页。

③ ［宋］陈亮著，夏承焘校笺，牟家宽注：《龙川词校笺》卷末，上海古籍出版社 1982 年版，第 71 页。

者，或云赝作"，显然有武断之嫌；称之为"误谬"，更是无稽之谈。谓二者选择观念不同，传播目的有异，大体方向不错，但称《花庵词选》"专选绮艳一种"，又为皮相之谈。是选主要以存史为目的，入选词作风格力求多元化，于陈亮词"专选绮艳一种"，或许限于选源。陈沆欲向人展示乃父"磊落骨干"的形象，故特重慷慨磊落之词，删汰"绮艳"词作，理之所然。因此，如果仅依赖此类传播途径，有时可能难以窥见一家词作之全貌。

三、文学传播的偶然性与不可控性

《四库全书总目·别集类一》云："文章公论，历久乃明。天地英华所聚，卓然不可磨灭者，一代不过数十人，其余可传可不传者，则系乎有幸有不幸。"[①]《四库全书总目·梁溪遗稿》又云："盖文章传不传，亦有幸不幸焉。"[②] 实际上，宋人也已意识了这一问题。杨万里《江西续派二曾居士诗集序》就指出："古之君子，道充乎其中，必思施乎其外。故用于时者施也，传于后者亦施也。然用于时或不传于后，传于后或不用于时，二者皆难并也。是有幸有不幸焉。生而用，没而传，幸之幸也。生而用，没而不传，幸之不幸也。生而不用，没而有传，不幸之幸也。至有生既不用于时，没又不传于后，岂非不幸之不幸也欤？"[③] "施乎其外"者，

① ［清］永瑢等:《四库全书总目》卷一四〇，中华书局 1965 年版，第 1271 页。
② ［清］永瑢等:《四库全书总目》卷一五九，中华书局 1965 年版，第 1369 页。
③ ［宋］杨万里撰，辛更儒笺校:《杨万里集笺校》卷八三，中华书局 2007 年版，第 3344—3345 页。

就包括文学在内的立言。淳熙十年（1183），钱象祖《书澅水集后》也称："由汉唐以来，士之有德行文章、功名事业，载于金石，不见于传记，不可胜言。后世泯绝无闻者多矣。岂真无闻耶？盖系乎幸不幸也。"在钱氏看来，"载于金石"者，较其他媒介易于流传，是为幸运。从某种意义上说，文学作品传与不传，确实和幸与不幸有一定的关联。如天灾、火灾、战乱等因素，皆可能造成某些文学作品失传，这是文学传播的偶然性；但文学传播更有其必然性。钱象祖所谓的"信知天下自有公论"①之言论，就已触及这一问题，尽管尚显朦胧。

相对来说，郑总看得更清楚些，其《眉山唐先生文集序》称，唐庚之文章，"太学之士得其文甲乙相传，爱而录之。爱之多而不胜录也。鬻书之家遂丐其本而刊焉"。由于人们喜欢而传抄，传抄不能满足需要时，便刊印流播。所以如此，主要因唐庚的文章"博雅超诣，执神之机"，人们有意以之"为法"。②这已明显触及作品的质量问题，质量才是文学作品传与不传的关键。尽管如此，文学作品的传与不传，仍非作者所能左右的，这实际上已涉及文学传播的不可控性问题。也就是说，具有自觉、谨慎的文学传播意识，是一回事；文学传播能否受其支配，实际传播效果如何，又是另一回事。文学传播往往并不沿着创作者或传播者的预期路

① ［宋］李复：《澅水集》卷末，《景印文渊阁四库全书》第1121册，台湾商务印书馆1986年版，第158、159页。
② ［宋］唐庚著，黄鹏编著：《唐庚集编年校注》附录，中央编译出版社2013年版，第548页。

径进行，而是表现出某种程度的不可控性。

从传播学的角度观之，一方面，传播具有损耗性，这种损耗既有自然因素，也有人为原因，既有偶然性，又有必然性。因此，文学作品传播就不可避免会产生残损、佚失等损耗现象。另一方面，传播与接受的信息，具有一定的不对等性，传播者发出的信息与接受者收到的信息并不总是相同的。^①受众可以依据自家需要与审美旨趣，对接收到的信息进行选择、加工，甚至予以扭曲。包括词作在内的文学作品的误传，就是为文学传播不可控的一个重要表征。张端义称，秦观《踏莎行》中词句"雾失楼台，月迷津渡，桃源望断知何处？可堪孤馆闭春寒，杜鹃声里斜阳暮"，宋人有诗话以为："'斜阳暮'语近重叠。或改'帘栊暮'。既是'孤馆闭春寒'，安得见所谓帘栊？二说皆非。尝见少游真本，乃'斜阳树'，后避庙讳，故改定耳。山谷词'杯行到手莫留残，不到月斜人散'，诗话谓或作'莫留连'，意思殊短。又尝见山谷真迹，乃是'更留残'，词意便有斡旋也。"^②这是词传播中局部语意偏离原作的现象。陈善《扪虱新话》载："予在平江，见朱漕说《坡集》和贺方回《青玉案》，卒章有'曾湿西湖雨'之句，人以为坡词，此乃华亭姚晋道作也。"^③这是将甲词误传为乙词，在宋词的传

---

① （英）丹尼斯·麦奎尔、（瑞典）斯文·温德尔著，祝建华译:《大众传播模式论》，上海译文出版社 2008 年版，第 17 页。

② ［宋］张端义撰，李保民校点:《贵耳集》卷下，《宋元笔记小说大观》第 4 册，上海古籍出版社 2001 年版，第 4312 页。

③ ［宋］陈善:《扪虱新话》下集卷四，《丛书集成新编》第 12 册，新文丰出版股份有限公司 1985 年版，第 270 页。

播过程中，这种现象并不少见。胡仔《苕溪渔隐丛话·前集》卷五十九就指出了多处：曾慥以李邴《念奴娇》（素光练静）误为徐师川作，将孙和仲《点绛唇》（流水泠泠）误为惠洪之作；以晁冲之《汉宫春》（潇洒江梅）误作李邴。后集卷三十九，称曹组《婆罗门引》（帐云暮卷）误为杨景作。①

从文本生成的机制及其特征来看，"书写构成了一种产生意义的机制，书写文字之所以是书写文字，就在于它能够自己行动，尽管书写文字的作者不在场，但这并不影响他文字的命运，反而会使文字脱离他权威的控制，引发更多的阅读"。②作为一种特殊书写方式的文学作品，又往往会"超越它们自己产生的心理学——社会学条件，从而使自己面向无限度的系列读物（这些读物本身处在不同的社会文化条件中）"。③这在很大程度上导致了文学传播的某种不可控性，而宋代发达的雕板印刷业，又进一步加剧了这种不可控性。尽管作者可千方百计地严格把控词作质量关，但并不

---

① 《念奴娇》一词，载于《乐府雅词》卷中。《点绛唇》《汉宫春》《婆罗门引》三词，收在《乐府雅词·拾遗》上，第一首没标明姓名，后二首皆标出，这与现在通行的《四部丛刊初编》本"序引"所称"咸不知姓名"，明显存在着矛盾。曾慥《乐府雅词》编成于绍兴十六年（1146），胡仔《苕溪渔隐丛话·前集》成书于绍兴十八年（1148），后集成书于乾道三年（1167），去曾慥编辑《乐府雅词》不远（特别是前集离《乐府雅词》的编成，仅隔二年的时间），其所见《乐府雅词·拾遗》收录的词作有主名，当为可信。据此，《拾遗》二卷所收词作当是有主名与无主名者并存，今通行本即如此。马端临《文献通考》卷二百四十六，著录一正集十二卷拾遗二卷本《乐府雅词》，所录曾序即称"或不知姓名"，似乎更为可取。
② 刘方：《唐宋变革与宋代审美文化转型》，学林出版社 2009 年版，第 256 页。
③ （法）保罗·利科尔著，陶远华等译：《解释学与人文科学》，河北人民出版社 1987 年版，第 142 页。

能保证其能按自己的意愿进入传播渠道，其中还是或多或少地伴随着些许不尽如人意。例如，作者亲自删除或改定前的某些语句，可凭借量产化的印本之便利，很易传播下去。曾季狸《艇斋诗话》记载，苏轼《念奴娇·赤壁怀古》词有句云："人道是三国周郎赤壁。"陈师道见之，称不必道三国，"苏轼遂改云'当日'"。而流传之印本两出，"不知东坡已改之矣"。① 这恐怕是有违苏轼初衷的。宋代雕版印刷业的发达，还为书肆的逐时增添改换，以及盗版书籍的印行，提供了便利，这更加大了文学传播的不可控性。即使经过精心编纂的欧阳修文集，也难免此运。可见，不管门生故吏，以及作者的子孙如何用心，无论其才识多么超群，都难以摆脱文学传播不可控规律之制约。

　　尽管如此，得益于宋代发达刻书业的支撑，一些词集的作者或编纂者，能够在有生之年寓目自己的词集，或者编刻的他人词集传播于世，必定会对其创作心态、词体观念、传播意识等产生一定的影响。因此，"在研究宋代文学时，我们可能有必要以印刷媒体为一个视点来探讨作者的表现意图"。②

---

① ［宋］曾季狸：《艇斋诗话》，丁福保辑：《历代诗话续编》上，中华书局 2006 年版，第 307 页。

② （日）内山精也著，益西拉姆译：《苏轼文学与传播媒介——试论同时代文学与印刷媒体的关系》，王水照主编：《新宋学》第一辑，上海辞书出版社 2001 年版，第 261 页。

参考文献

［周］左丘明传，［晋］杜预注，［唐］孔颖达正义，浦卫忠等整理：《春秋左传正义》，北京大学出版社 2000 年版。

［汉］毛亨传，［汉］郑玄笺，［唐］孔颖达疏，龚抗云等整理：《毛诗正义》，北京大学出版社 2000 年版。

［汉］赵岐注，［宋］孙奭疏，廖名春、刘佑平整理：《孟子注疏》，北京大学出版社 2000 年版。

程树德撰，程俊英、蒋见元点校：《论语集释》，中华书局 2013 年版。

［汉］班固撰，［唐］颜师古注：《汉书》，中华书局 1962 年版。

［宋］范晔撰，［唐］李贤等注：《后汉书》，中华书局 1965 年版。

［唐］李延寿：《南史》，中华书局 1975 年版。

［唐］魏征、令狐德棻：《隋书》，中华书局 1973 年版。

［后晋］刘昫等：《旧唐书》，中华书局 1975 年版。

［宋］薛居正等：《旧五代史》，中华书局 1976 年版。

［宋］欧阳修撰，［宋］徐无党注：《新五代史》，中华书局 1974 年版。

［元］脱脱等：《宋史》，中华书局 1977 年版。

［宋］李焘撰，上海师范大学古籍整理研究所、华东师范大学古籍整理研究所点校：《续资治通鉴长编》，中华书局 2004 年版。

［宋］李心传编撰，胡坤点校：《建炎以来系年要录》，中华书局 2013 年版。

［清］黄以周等辑注，顾吉辰点校：《续资治通鉴长编拾补》，中华书局 2004 年版。

［清］毕沅编著，"标点续资治通鉴小组"校点：《续资治通鉴》，中华书局1957年版。

［宋］徐梦莘：《三朝北盟会编》，上海古籍出版社1987年版。

［宋］郑樵：《通志》，浙江古籍出版社2000年版。

司义祖整理：《宋大诏令集》，中华书局1962年版。

［清］吴任臣撰，徐敏霞、周莹点校：《十国春秋》，中华书局1983年版。

何清谷：《三辅黄图校释》，中华书局2005年版。

［宋］欧阳忞：《舆地广记》，中华书局1985年版。

［宋］祝穆撰，祝洙增订，施和金点校：《方舆胜览》，中华书局2003年版。

［宋］范成大撰，陆振岳点校：《吴郡志》，江苏古籍出版社1999年版。

［宋］孟元老撰，邓之诚注：《东京梦华录注》，中华书局1982年版。

［宋］耐得翁：《都城纪胜》，《东京梦华录》（外四种）本，古典文学出版社1956年版。

［宋］吴自牧：《梦粱录》，浙江人民出版社1980年版。

［宋］周密著，钱之江校注：《武林旧事》，浙江古籍出版社2011年版。

［宋］四水潜夫辑：《武林旧事》，《东京梦华录》（外四种）本，古典文学出版社1956年版。

［宋］王溥：《唐会要》，中华书局1955年版。

［宋］王溥：《五代会要》，上海古籍出版社1978年版。

［宋］李心传撰，徐规点校：《建炎以来朝野杂记》，中华书局2000年版。

［宋］马端临著，上海师范大学古籍研究所、华东师范大学古籍研究所点校：《文献通考》，中华书局2011年版。

［清］徐松辑：《宋会要辑稿》，中华书局1957年版。

［清］徐松辑，刘琳等校点：《宋会要辑稿》，中华书局2014年版。

［宋］窦仪等撰，吴翊如点校：《宋刑统》，中华书局1984年版。

［宋］王尧臣等编次，［清］钱东垣等辑释：《崇文总目》，《丛书集成新编》本，新文丰出版股份有限公司1985年版。

［宋］晁公武撰，孙猛校证：《郡斋读书志校证》，上海古籍出版社2011年版。

［宋］尤袤：《遂初堂书目》，《丛书集成新编》本，新文丰出版股份有限公司1985年版。

［宋］陈振孙撰，徐小蛮、顾美华点校：《直斋书录解题》，上海古籍出版社

2015年版。

［明］杨士奇等：《文渊阁书目》，《丛书集成新编》本，新文丰出版股份有限公司1985年版。

［明］毛晋撰，潘景郑校订：《汲古阁书跋》，古典文学出版社1958年版。

［清］曹寅：《楝亭书目》，《丛书集成续编》本，新文丰出版公司1989年版。

［清］毛扆编：《汲古阁珍藏秘本书目》，《丛书集成新编》本，新文丰出版股份有限公司1985年版。

［清］季振宜：《季沧苇藏书目》，商务印书馆1935年版。

［清］倪灿撰，［清］卢文弨订正：《宋史艺文志补》，《丛书集成新编》本，新文丰出版股份有限公司1985年版。

［清］钱曾撰，丁瑜点校：《读书敏求记》，书目文献出版社1984年版。

［清］孙从添：《藏书记要》，古典文学出版社1957年版。

［清］于敏中等著，徐德明标点：《天禄琳琅书目》，上海古籍出版社2007年版。

［清］朱彝尊撰，林庆彰等主编：《经义考新校》，上海古籍出版社2010年版。

［清］永瑢等：《四库全书总目》，中华书局1965年版。

［清］永瑢等：《四库全书简明目录》，古典文学出版社1957年版。

［清］黄丕烈著，屠友祥校注：《荛圃藏书题识》，上海远东出版社1999年版。

［清］黄丕烈，王国维等：《宋版书录考》，北京图书馆出版社2003年版。

［清］钱泰吉：《曝书杂记》，中华书局1985年版。

［清］瞿镛编纂，瞿果行标点，瞿凤起覆校：《铁琴铜剑楼藏书目录》，上海古籍出版社2000年版。

［清］丁丙著，曹海花点校：《善本书室藏书志》，浙江古籍出版社2016年版。

［清］陆心源编，许静波点校：《皕宋楼藏书志》，浙江古籍出版社2016年版。

［清］张之洞撰，范希曾补正：《书目答问补正》，上海古籍出版社2001年版。

［清］叶德辉：《书林清话》，中华书局1957年版。

［唐］刘知己撰，［清］浦起龙释：《史通通释》，上海古籍出版社1978年版。

［清］赵翼著，王树民校证：《廿二史劄记校证》，中华书局2013年版。

［清］郭庆藩撰，王孝鱼点校：《庄子集释》，中华书局2016年版。

汪荣宝撰，陈仲夫点校：《法言义疏》，中华书局1987年版。

［元］夏文彦：《图绘宝鉴》，《景印文渊阁四库全书》本，台北商务印书馆

1986 年版。

［明］朱存理纂辑，王允亮点校：《珊瑚木难》，浙江人民美术出版社 2012 年版。

［宋］吴曾：《能改斋漫录》，上海古籍出版社 1979 年版。

［宋］洪迈撰，孔凡礼点校：《容斋随笔》，中华书局 2005 年版。

［宋］王楙撰，郑明、王义耀校点：《野客丛书》，上海古籍出版社 1991 年版。

［宋］赵与时著，齐治平校点：《宾退录》，上海古籍出版社 1983 年版。

［宋］徐度撰，尚成校点：《却扫编》，《宋元笔记小说大观》本，上海古籍出版社 2001 年版。

［宋］王应麟著，［清］翁元圻等注，栾保群、田松青、吕宗力校点：《困学纪闻》（全校本），上海古籍出版社 2008 年版。

［宋］罗璧：《罗氏识遗》，《丛书集成新编》本，新文丰出版股份有限公司 1985 年版。

［宋］叶寘撰，孔凡礼点校：《爱日斋丛抄》，中华书局 2010 年版。

［明］杨慎撰，王大亨笺证：《丹铅总录笺证》，浙江古籍出版社 2013 年版。

［明］屠隆著，汪超宏等点校：《鸿苞》，浙江古籍出版社 2012 年版。

［清］顾炎武著，黄汝成集释，栾保群、吕宗力校点：《日知录集释》，上海古籍出版社 2014 年版。

［明］方以智：《通雅》，《景印文渊阁四库全书》本，台湾商务印书馆 1986 年版。

［梁］殷芸撰，王根林校点：《殷芸小说》，《汉魏六朝笔记小说大观》本，上海古籍出版社 1999 年版。

［汉］应劭撰，王利器校注：《风俗通义校注》，中华书局 1981 年版。

［唐］封演撰，赵贞信校注：《封氏闻见记校注》，中华书局 2005 年版。

［宋］王得臣撰，俞宗宪点校：《麈史》，上海古籍出版社 1986 年版。

［宋］沈括撰，金良年点校：《梦溪笔谈》，中华书局 2015 年版。

［宋］吕希哲：《吕氏杂记》，《丛书集成续新编》本，新文丰出版股份有限公司 1985 年版。

［宋］惠洪撰，陈新点校：《冷斋夜话》，中华书局 1988 年版。

［宋］朱弁撰，孔凡礼点校：《曲洧旧闻》，中华书局 2002 年版。

［宋］叶梦得撰，宇文绍奕考异，侯忠义点校：《石林燕语》，中华书局 1984

年版。

　　［宋］叶梦得撰，徐时仪校点：《避暑录话》，《宋元笔记小说大观》本，上海古籍出版社 2001 年版。

　　［宋］赵彦卫撰，傅根清点校：《云麓漫抄》，中华书局 1996 年版。

　　［宋］费衮撰，金圆校点：《梁溪漫志》，上海古籍出版社 1985 年版。

　　［宋］陆游撰，李剑雄、刘德权点校：《老学庵笔记》，中华书局 1979 年版。

　　［宋］岳珂撰，朗润点校：《愧郯录》，中华书局 2016 年版。

　　［宋］陈鹄撰，孔凡礼点校：《西塘集耆旧续闻》，中华书局 2002 年版。

　　［宋］罗大京撰，王瑞来点校：《鹤林玉露》，中华书局 1983 年版。

　　［宋］张端义撰，李保民校点：《贵耳集》，《宋元笔记小说大观》本，上海古籍出版社 2001 年版。

　　［宋］陈郁：《藏一话腴》，《景印文渊阁四库全书》本，台北商务印书馆 1986 年版。

　　［宋］陈善著，［明］毛晋订：《扪虱新话》，《续修四库全书》本，上海古籍出版社 2002 年版。

　　［宋］陈善：《扪虱新话》，《丛书集成新编》本，新文丰出版股份有限公司 1985 年版。

　　［宋］周密撰，张茂鹏点校：《齐东野语》，中华书局 1983 年版。

　　［明］镏绩：《霏雪录》，《丛书集成新编》本，新文丰出版股份有限公司 1985 年版。

　　［明］焦竑撰，葛剑雄点校：《焦氏笔乘》，上海古籍出版社 1986 年版。

　　［明］高濂著，王大淳点校：《遵生八笺》，浙江古籍出版社 2017 年版。

　　［宋］江少虞：《宋朝事实类苑》，上海古籍出版社 1981 年版。

　　［明］胡应麟：《少室山房笔丛》，中华书局 1958 年版。

　　［宋］王钦若、杨亿等：《册府元龟》，《景印文渊阁四库全书》本，台北商务印书馆 1986 年版。

　　［宋］祝穆：《古今事文类聚》，《景印文渊阁四库全书》本，台北商务印书馆 1986 年版。

　　［宋］谢维新编：《古今合璧事类备要》，《景印文渊阁四库全书》本，台北商务印书馆 1986 年版。

　　［宋］王应麟辑：《玉海》，广陵书社 2003 年版。

《诗渊》，书目文献出版社 1985 年版。

[明] 解缙等奉敕纂：《永乐大典》，中华书局 2012 年版。

[唐] 范摅撰，唐雯校笺：《云溪友议》，中华书局 2017 年版。

[五代] 孙光宪撰，贾二强点校：《北梦琐言》，中华书局 2002 年版。

[宋] 欧阳修撰，李伟国点校：《归田录》，中华书局 1981 年版。

[宋] 魏泰撰，李裕民点校：《东轩笔录》，中华书局 1983 年版

[宋] 王谠撰，周勋初校证：《唐语林校证》，中华书局 1987 年版。

[宋] 袁褧撰，袁颐续，尚成校点：《枫窗小牍》，《宋元笔记小说大观》本，上海古籍出版社 2001 年版。

[宋] 范公偁撰，孔凡礼点校：《过庭录》，中华书局 2002 年版。

[宋] 王明清：《挥麈录》，上海书店出版社 2001 年版。

[宋] 邵伯温撰，李剑雄、刘德权点校：《邵氏闻见录》，中华书局 1983 年版。

[宋] 邵博撰，刘德权、李剑雄点校：《邵氏闻见后录》，中华书局 1983 年版。

[宋] 周辉撰，刘永翔校注：《清波杂志校注》，中华书局 1994 年版。

[宋] 岳柯撰，吴企明点校：《桯史》，中华书局 1981 年版。

[宋] 叶绍翁撰，沈锡麟、冯惠民点校：《四朝闻见录》，中华书局 1989 年版。

[宋] 周密撰，吴企明点校：《癸辛杂识》，中华书局 1988 年版。

[三国魏] 曹植著，赵幼文校注：《曹植集校注》，中华书局 2016 年版。

[三国魏] 阮籍著，陈伯君校注：《阮籍集校注》（典藏本），中华书局 2015 年版。

[晋] 陆机著，杨明校笺：《陆机集校笺》，上海古籍出版社 2016 年版。

[唐] 白居易著，顾学颉校点：《白居易集》，中华书局 1979 年版。

[唐] 柳宗元撰，尹占华、韩文奇校注：《柳宗元集校注》，中华书局 2013 年版。

[唐] 韩愈著，钱仲联集释：《韩昌黎诗系年集释》，上海古籍出版社 1984 年版。

[唐] 李贺撰，叶葱奇编订：《李贺诗集》，人民文学出版社 1959 年版。

[唐] 徐夤：《徐公钓矶文集》，《四部丛刊三编》本。

[唐] 司空图著，祖保泉、陶礼天笺校：《司空表圣诗文集笺校》，安徽大学出版社 2002 年版。

[唐] 贯休著，胡大浚笺注：《贯休歌诗系年笺注》，中华书局 2011 年版。

［宋］徐铉撰，李振中校注：《徐铉集校注》，中华书局 2018 年版。

［宋］王禹偁：《王黄州小畜集》，《宋集珍本丛刊》本，线装书局 2004 年版。

［宋］杨亿：《武夷新集》，《宋集珍本丛刊》本，线装书局 2004 年版。

［宋］范仲淹著，李勇先、王蓉贵校点：《范仲淹全集》，四川大学出版社 2007 年版。

［宋］释契嵩：《镡津集》，《景印文渊阁四库全书》本，台北商务印书馆 1986 年版。

［宋］苏颂，王同策等点校：《苏魏公文集》，中华书局 1988 年版。

［宋］司马光撰，李文泽、霞绍晖校点：《司马光集》，四川大学出版社 2010 年版。

［宋］欧阳修著，李逸安点校：《欧阳修全集》，中华书局 2001 年版。

［宋］苏洵著，曾枣庄、金成礼笺注：《嘉祐集笺注》，上海古籍出版社 1993 年版。

［宋］苏轼撰，［明］茅维编，孔凡礼点校：《苏轼文集》，中华书局 1986 年版。

［宋］苏辙著，曾枣庄、马德富校点：《栾城集》，上海古籍出版社 2009 年版。

［宋］曾巩撰，陈杏珍、晁继周点校：《曾巩集》，中华书局 1984 年版。

［宋］黄庭坚著，刘琳、李勇先、王蓉贵点校：《黄庭坚全集》，中华书局 2021 年版。

［宋］黄庭坚：《豫章先生遗文》，《宋集珍本丛刊》本，线装书局 2004 年版。

［宋］贺铸著，王梦隐、张家顺校注：《庆湖遗老诗集校注》，河南大学出版社 2008 年版。

［宋］黄裳撰，［宋］黄玠编：《演山集》，《景印文渊阁四库全书》本，台北商务印书馆 1986 年版。

［宋］李之仪：《姑溪居士全集》，《丛书集成新编》本，新文丰出版股份有限公司 1985 年版。

［宋］唐庚：《唐先生集》，《宋集珍本丛刊》本，线装书局 2004 年版。

［宋］唐庚著，黄鹏编著：《唐庚集编年校注》，中央编译出版社 2013 年版。

［宋］尤袤：《梁溪遗稿》，《丛书集成续编》本，新文丰出版公司 1989 年版。

［宋］叶梦得：《石林居士建康集》，线装书局 2004 年版。

［宋］李清照著，徐培均笺注：《李清照集笺注》，上海古籍出版社 2002 年版。

［宋］李清照著，黄墨谷辑校：《重辑李清照集》，中华书局 2009 年版。

［宋］陈与义撰，吴书荫、金德厚点校：《陈与义集》：中华书局 2007 年版。

［宋］汪应辰：《文定集》，学林出版社 2009 年版。

［宋］吕本中：《东莱先生诗集》，《宋集珍本丛刊》本，线装书局 2004 年版。

［宋］吕本中撰，韩酉山校注：《吕本中诗集校注》，中华书局 2017 年版。

［宋］黄公度：《知稼翁集》，《宋集珍本丛刊》本，线装书局 2004 年版。

［宋］张孝祥著，徐鹏校点：《于湖居士文集》，上海古籍出版社 2009 年版。

［宋］张孝祥撰，宛敏灏校笺：《张孝祥词校笺》卷首，中华书局 2010 年版。

［宋］周紫芝：《太仓稊米集》，《景印文渊阁四库全书》本，台北商务印书馆 1986 年版。

［宋］朱熹著，戴扬本、曾抗美校点：《晦庵先生朱文公文集》，《朱子全书》本，上海古籍出版社、安徽教育出版社 2010 年版。

［宋］周必大撰，王蓉贵、（日）白井顺点校：《周必大全集》，四川大学出版社 2017 年版。

［宋］楼钥撰，顾大朋点校：《楼钥集》，浙江古籍出版社 2010 年版。

［宋］王炎：《双溪文集》，《宋集珍本丛刊》本，线装书局 2004 年版。

［宋］袁燮：《絜斋集》，商务印书馆 1935 年版。

［宋］范成大著，富寿荪标校：《石湖集》，上海古籍出版社 2006 年版。

［宋］杨万里撰，辛更儒笺校：《杨万里集笺校》，中华书局 2007 年版。

［宋］陆游著，钱仲联校注：《剑南诗稿校注》，上海古籍出版社 2005 年版。

［宋］陆游：《陆游集》，中华书局 1976 年版。

［宋］叶适著，刘公纯、王孝鱼、李哲夫点校：《叶适集》，中华书局 2010 年版。

［宋］杨冠卿：《客亭类稿》，《丛书集成续编》本，新文丰出版公司 1989 年版。

［宋］赵师秀：《清苑斋诗集》，《景印文渊阁四库全书》本，台北商务印书馆 1986 年版。

［宋］魏了翁：《重校鹤山先生大全文集》，《宋集珍本丛刊》本，线装书局 2004 年版。

［宋］魏了翁：《鹤山集》，《景印文渊阁四库全书》本，台北商务印书馆 1986 年版。

［宋］张至龙:《雪林删余》,《汲古阁景宋钞南宋群贤六十家小集》本,古书流通处,1921年影印本。

［宋］陈亮著,邓广铭点校:《陈亮集》,中华书局1987年版。

［宋］朱熹撰,朱杰人、严佐之、刘永翔主编:《朱子全书》,上海古籍出版社、安徽教育出版社2010年版。

［宋］程公许:《沧洲尘缶编》,《景印文渊阁四库全书》本,台北商务印书馆1986年版。

［宋］刘克庄著,辛更儒笺校:《刘克庄集笺校》,中华书局2011年版。

［宋］王柏撰,胡宗楙考异:《鲁斋王文宪公文集》,《丛书集成续编》本,新文丰出版公司1989年版。

［宋］林正大:《风雅遗音》,《四库全书存目丛书》本,齐鲁书社1997年版。

［宋］许棐:《梅屋集》,《景印文渊阁四库全书》本,台北商务印书馆1986年版。

［宋］许棐:《献丑集》,《四库全书存目丛书》本,齐鲁书社1997年版。

［宋］刘辰翁撰,段大林校点:《刘辰翁集》,江西人民出版社1987年版。

［宋］周密著,杨瑞点校:《周密集》,浙江古籍出版社2015年版。

［元］戴表元著,陈晓冬、黄天美点校:《戴表元集》,浙江古籍出版社2014年版。

［元］吴澄:《吴文正公集》,《元人文集珍本丛刊》本,新文丰出版股份有限公司1985年版。

［元］刘将孙著,李鸣、沈静校点:《刘将孙集》,吉林文史出版社2009年版。

［元］袁桷著,杨亮校注:《袁桷集校注》,中华书局2012年版。

［明］李东阳著,周寅宾校点:《李东阳集》,岳麓书社2008年版。

［明］李东阳著,钱振民点校:《李东阳续集》,岳麓书社1997年版。

［明］钟惺著,李先耕、崔重庆标校:《隐秀轩集》,上海古籍出版社2017年版。

［清］戴名世撰,王树民编校:《戴名世集》,中华书局1986年版。

［清］朱彝尊:《曝书亭集》,国学整理社1937年版。

［清］陈维崧著,陈振鹏标点,李学颖校补:《陈维崧集》,上海古籍出版社2010年版。

［清］袁枚著,周本淳标校:《小仓山房诗文集》,上海古籍出版社1988年版。

［清］张金吾:《爱日精庐文稿》,《上海图书馆未刊古籍稿本》本,复旦大学出版社 2008 年版。

［清］黄廷鉴:《第六弦溪文钞》,《丛书集成新编》本,新文丰出版股份有限公司 1985 年版。

［清］阮元撰,邓经元点校:《揅经室集》,中华书局 1993 年版。

［清］刘毓崧著,刘承干校:《通义堂文集》,《丛书集成续编》本,新文丰出版公司 1989 年版。

［梁］萧统编,［唐］李善、吕延济、刘良、张铣、吕向、李周翰注:《六臣注文选》,中华书局 1987 年版。

［梁］萧统编,［唐］李善注:《文选》,上海古籍出版社 1986 年版。

［唐］元结,殷璠等选:《唐人选唐诗》(十种),上海古籍出版社 1978 年版。

［宋］孔延之编:《会稽掇英总集》,台北商务印书馆 1986 年版。

［宋］吕祖谦编,齐治平点校:《宋文鉴》,中华书局 1992 年版。

［宋］林表民辑,徐三见点校:《赤城集》,［清］宋世荦辑:《台州丛书乙集》,上海古籍出版社 2013 年版。

［宋］陈起辑:《汲古阁景宋钞南宋群贤六十家小集》,古书流通处 1921 年版。

［宋］陈起编:《江湖小集》,《景印文渊阁四库全书》本,台北商务印书馆 1986 年版。

［宋］陈起编:《江湖后集》,《景印文渊阁四库全书》本,台北商务印书馆 1986 年版。

［金］元好问编:《中州集》,中华书局 1959 年版。

［元］方回评选,李庆甲集评校点:《瀛奎律髓汇评》,上海古籍出版社 2005 年版。

［宋］佚名辑:《新刊国朝二百家名贤文粹》,《续修四库全书》本,上海古籍出版社 2002 年版。

［明］张溥辑:《汉魏六朝百三名家集》,江苏古籍出版社 2002 年版。

［清］董诰等编:《全唐文》,中华书局 1983 年版。

［清］沈德潜选:《古诗源》,中华书局 2006 年版。

［清］徐乃昌辑:《积学斋丛书》,光绪十九年(1893)南陵徐氏刊本。

吴昌绶:《松邻遗集》,《清代诗文集汇编》本,上海古籍出版社 2010 年版。

张钧衡辑:《适园丛书》,民国乌程张氏刊本。

四川大学古籍所编:《宋集珍本丛刊》,线装书局 2004 年版。

新文丰出版公司编辑部编著:《元人文集珍本丛刊》,新文丰出版公司 1985 年版。

北京大学古文献研究所编、傅璇琮等主编:《全宋诗》,北京大学出版社 1998 年版。

曾枣庄,刘琳主编:《全宋文》,上海辞书出版社、安徽教育出版社 2006 年版。

[梁] 刘勰著,范文澜注:《文心雕龙注》,人民文学出版社 1958 年版。

[梁] 刘勰著,刘永济校释:《文心雕龙校释》,中华书局 1962 年版。

[宋] 欧阳修著,郑文校点:《六一诗话》,人民文学出版社 1962 年版。

[宋] 欧阳修:《六一诗话》,《历代诗话》本,中华书局 2004 年版。

[宋] 陈师道:《后山诗话》,《历代诗话》本,中华书局 2004 年版。

[宋] 阮阅编,周本淳校点:《诗话总龟》,人民文学出版社 1987 年版。

[宋] 叶梦德撰,逯铭昕校注:《石林诗话校注》,人民文学出版社 2011 年版。

[宋] 朱弁撰,陈新点校:《风月堂诗话》,中华书局 1988 年版。

[宋] 胡仔纂集,廖德明校点:《苕溪渔隐丛话》,人民文学出版社 1962 年版。

[宋] 曾季貍:《艇斋诗话》,《历代诗话续编》本,中华书局 2006 年版。

[宋] 严羽著,郭绍虞校释:《沧浪诗话校释》,人民文学出版社 1983 年版。

[宋] 魏庆之著,王仲闻点校:《诗人玉屑》,中华书局 2007 年版。

[宋] 刘克庄撰,王秀梅点校:《后村诗话》,中华书局 1983 年版。

[宋] 陈模撰,郑必俊校注:《怀古录校注》,中华书局 1993 年版。

[宋] 周密撰,孔凡礼点校:《浩然斋雅谈》,中华书局 2010 年版。

[明] 李东阳著,李庆立校释:《怀麓堂诗话》,人民文学出版社 2009 年版。

[清] 吴乔:《围炉诗话》,《清诗话续编》本,上海古籍出版社 2016 年版。

[清] 庞垲:《诗义固说》,《清诗话续编》本,上海古籍出版社 2016 年版。

[清] 管世铭著,金武祥校刊:《读雪山房唐诗序例》,《清诗话续编》本,上海古籍出版社 2016 年版。

[清] 厉鹗辑撰:《宋诗纪事》,上海古籍出版社 2013 年版。

[清] 何文焕辑:《历代诗话》,中华书局 2004 年版。

[清] 郑方坤编辑,陈节、刘大治点校:《全闽诗话》,福建人民出版社 2006 年版。

丁福保辑:《历代诗话续编》,中华书局 2006 年版。

丁福保辑:《清诗话》,上海古籍出版社 1999 年版。

郭绍虞编选,富寿荪校点:《清诗话续编》,上海古籍出版社 2016 年版。

张伯伟编校:《稀见本宋人诗话四种》,江苏古籍出版社 2002 年版。

[南唐] 李璟、李煜撰,[宋] 无名氏辑,王仲闻校订:《南唐二主词校订》,中华书局 2007 年版。

[南唐] 冯延巳:《阳春集》,《百家词》本,天津市古籍书店 1992 年版。

[宋] 晏殊著、[宋] 晏几道著,张草纫笺注:《二晏词笺注》,上海古籍出版社 2008 年版。

[宋] 欧阳修撰,黄畲笺注:《欧阳修词笺注》,中华书局 1986 年版。

[宋] 柳永著,薛瑞生校注:《乐章集校注》,中华书局 1994 年版。

[宋] 柳永著,陶然、姚逸超校笺:《乐章集校笺》,上海古籍出版社 2016 年版。

[宋] 苏轼:《东坡词》,《百家词》本,天津市古籍书店 1992 年版。

[宋] 苏轼著,[清] 朱孝臧编年,龙榆生校笺、朱怀春标点:《东坡乐府笺》:上海古籍出版社 2009 年版。

郑同庆、王宗堂:《苏轼词编年校注》,中华书局 2002 年版。

[宋] 黄庭坚著,马兴荣、祝振玉校注:《山谷词校注》,上海古籍出版社 2011 年版。

[宋] 秦观撰,徐培均注:《淮海居士长短句》,上海古籍出版社 1985 年版。

[宋] 陈师道:《后山居士词》,《百家词》本,天津市古籍书店 1992 年版。

[宋] 晏几道:《小山词》,《彊村丛书》本,上海古籍出版社 1989 年版。

[宋] 周邦彦著,孙虹校注、薛瑞生订补:《清真集校注》,中华书局 2007 年版。

[宋] 周邦彦著,罗忼烈笺注:《清真集笺注》,上海古籍出版社 2008 年版。

[宋] 向子諲:《酒边集》,《百家词》本,天津市古籍书店 1992 年版。

[宋] 李清照著,王延梯注:《漱玉集注》,山东文艺出版社 1984 年版。

[宋] 朱敦儒著,邓子勉校注:《樵歌校注》,上海古籍出版社 2010 年版。

[宋] 周紫芝:《竹坡老人词》,《百家词》本,天津市古籍书店 1992 年版。

[宋] 张元干著,曹济平笺注:《芦川词笺注》,上海古籍出版社 2010 年版。

[宋] 陈亮著,夏承焘校笺、牟家宽注:《龙川词校笺》,上海古籍出版社

1982 年版。

［宋］陆游著，夏承焘、吴熊和笺注，陶然订补：《放翁词编年笺注》，上海古籍出版社 2012 年版。

［宋］黄公度：《知稼翁词集》，《百家词》本，天津市古籍书店 1992 年版。

［宋］姜夔：《白石道人歌曲》，《彊村丛书》本，上海古籍出版社 1989 年版。

［宋］姜夔著，夏承焘笺校：《姜白石词编年笺校》，上海古籍出版社 1998 年版。

［宋］姜夔著，陈书良笺注：《姜白石词笺注》，中华书局 2009 年版。

夏承焘校，吴无闻注释：《姜白石词校注》，广东人民出版社 1983 年版。

［宋］刘过：《龙洲词》，《百家词》本，天津市古籍书店 1992 年版。

［宋］辛稼轩：《稼轩长短句》，上海人民出版社 1975 年版。

［宋］辛弃疾撰，邓广铭笺注：《稼轩词编年笺注》（定本），上海古籍出版社 2007 年版。

［宋］姜夔：《白石道人词集》，《四印斋所刻词》本，上海古籍出版社 2012 年版。

［宋］吴文英撰，孙虹、谭学纯校笺：《梦窗词集校笺》（典藏本），中华书局 2017 年版。

［宋］吴文英著，吴蓓笺校：《吴梦窗词汇校笺释集评》，浙江古籍出版社 2007 年版。

［宋］汪莘：《方壶诗余》，《彊村丛书》本，上海古籍出版社 1989 年版。

［宋］刘克庄著，钱仲联笺注：《后村词笺注》，上海古籍出版社 1980 年版。

［宋］郭应祥：《笑笑词》，《百家词》本，天津市古籍书店 1992 年版。

［宋］曹冠：《燕喜词》，《四印斋所刻词》本，上海古籍出版社 2012 年版。

［宋］王炎：《双溪诗余》，《四印斋所刻词》本，上海古籍出版社 2012 年版。

［宋］冯取恰：《双溪词》，《彊村丛书》本，上海古籍出版社 1989 年版。

［宋］赵以夫：《虚斋乐府》，《景刊宋金元明本词》本，上海古籍出版社 2012 年版。

［宋］史达祖：《梅溪词》，《四印斋所刻词》本，上海古籍出版社 2012 年版。

［宋］史达祖撰，雷履平，罗焕章校注：《梅溪词》，上海古籍出版社 1988 年版。

［宋］黄昇：《玉林词》，《百家词》本，天津市古籍书店 1992 年版。

［宋］戴复古：《石屏词》，《百家词》本，天津市古籍书店 1992 年版。

［宋］张炎撰，吴则虞校辑：《山中白云词》，中华书局 1983 年版。

［宋］周密：《草窗韵语》，乌程蒋氏密韵楼景宋本。

［宋］周密撰，江昱考证：《蘋洲渔笛谱》，《彊村丛书》本，上海古籍出版社 1989 年版。

［宋］周密：《蘋洲渔笛谱》，中华书局 1985 年版。

［元］白朴撰，徐凌云校注：《天籁集编年校注》，安徽大学出版社 2005 年版。

王重民辑：《敦煌曲子词集》，商务印书馆 1956 年版。

［五代］赵崇祚辑，李一氓校：《花间集校》，人民文学出版社 1958 年版。

［后蜀］赵崇祚编，杨景龙校注：《花间集校注》，中华书局 2015 年版。

无名氏编，蒋哲伦校点：《尊前集》，《唐宋人选唐宋词》本，上海古籍出版社 2004 年版。

题［唐］温庭筠撰，蒋哲伦校点：《金奁集》，《唐宋人选唐宋词》本，上海古籍出版社 2004 年版。

［宋］黄大舆编，许隽超校点：《梅苑》，《唐宋人选唐宋词》本，上海古籍出版社 2004 年版。

［宋］曾慥选，曹元忠原校，葛渭君补校：《乐府雅词》，《唐宋人选唐宋词》本，上海古籍出版社 2004 年版。

［宋］黄昇选编，邓子勉校点：《唐宋诸贤绝妙词选》，《唐宋人选唐宋词》本，上海古籍出版社 2004 年版。

［宋］黄昇选编，邓子勉校点：《中兴以来绝妙词选》，《唐宋人选唐宋词》本，上海古籍出版社 2004 年版。

［宋］黄昇辑：《景宋本中兴以来绝妙词选》，《景刊宋金元明本词》本，上海古籍出版社 2012 年版。

［宋］黄昇选：《花庵词选》，中华书局 1958 年版。

［宋］黄昇选编，蒋哲伦导读、云山整理辑评：《花庵词选》，上海古籍出版社 2007 年版。

［宋］不著辑人：《增修笺注妙选草堂诗余》，《四部丛刊初编》本。

［宋］□□辑，（□）□□注：《景明洪武本草堂诗余》，《景刊宋金元明本词》本，上海古籍出版社 2012 年版。

［宋］阙名编：《草堂诗余》，中华书局 1958 年版。

［宋］佚名编，［宋］何士信增修，杨万里校点：《草堂诗余》，《唐宋人选唐宋词》本，上海古籍出版社 2004 年版。

［宋］不著辑人，［明］杨慎批点：《草堂诗余》，《丛书集成续编》本，新文丰出版公司 1989 年版。

［明］沈际飞辑评：《草堂诗余》，明崇祯间刻本。

［宋］赵闻礼选：《阳春白雪》，《粤雅堂丛书》本，道光光绪间南海伍氏刊本。

［宋］赵闻礼选编，葛渭君校点：《阳春白雪》，上海古籍出版社 1993 年版。

［宋］赵闻礼编，葛渭君校点：《阳春白雪》，《唐宋人选唐宋词》本，上海古籍出版社 2004 年版。

［宋］周密辑，［清］查为仁、厉鹗笺：《绝妙好词笺》，中华书局 1957 年版。

［宋］周密辑，［清］查为仁、厉鹗笺：《绝妙好词笺》，上海古籍出版社 1984 年版。

［宋］周密选编，［清］朱孝臧原校，葛渭君补校：《绝妙好词》，《唐宋人选唐宋词》本，上海古籍出版社 2004 年版。

［宋］陈恕可辑：《乐府补题》，《文渊阁四库全书》本，台北商务印书馆 1986 年版。

佚名：《乐府补题》，《彊村丛书》本，上海古籍出版社 1989 年版。

［明］吴讷编：《百家词》，天津市古籍书店 1992 年版。

［明］毛晋辑：《宋六十名家词》，上海古籍出版社 1989 年版。

［清］朱彝尊、汪森编：《词综》，上海古籍出版社 1978 年版。

［清］沈辰垣等编：《历代诗余》，上海书店 1985 年版。

［清］张惠言辑：《词选》，中华书局 1957 年版。

［清］周济编：《宋四家词选》，古典文学出版社 1958 年版。

［清］戈载辑：《宋七家词选》，曼陀罗华阁重刊本。

［清］王鹏运辑：《四印斋所刻词》，上海古籍出版社 2012 年版。

［清］戈载：《词林正韵》，《四印斋所刻词》本，上海古籍出版社 2012 年版。

朱孝臧辑校编撰：《彊村丛书》，上海古籍出版社 1989 年版。

吴昌绶、陶湘辑：《景刊宋金元明本词》，上海古籍出版社 2012 年版。

赵万里辑：《校辑宋金元人词》，国家图书馆出版社 2013 年版。

上海古籍出版社编，唐圭璋、蒋哲伦、王兆鹏等校点：《唐宋人选唐宋词》，上海古籍出版社 2004 年版。

［宋］鲖阳居士:《复雅歌词》,《词话丛编》本,中华书局 2005 年版。

［宋］杨湜:《古今词话》,《词话丛编》本,中华书局 2005 年版。

［宋］王灼:《碧鸡漫志》,《词话丛编》本,中华书局 2005 年版。

［宋］王灼著,岳珍校正:《碧鸡漫志校正》,人民文学出版社 2015 年版。

［宋］张炎:《词源》,《词话丛编》本,中华书局 2005 年版。

［宋］张炎著,夏承焘校注:《词源注》,人民文学出版社 1963 年版。

［宋］沈义父:《乐府指迷》,《词话丛编》本,中华书局 2005 年版。

［明］杨慎:《词品》,《词话丛编》本,中华书局 2005 年版。

［清］沈雄:《古今词话》,《词话丛编》本,中华书局 2005 年版。

［明］俞彦:《爰园词话》,《词话丛编》本,中华书局 2005 年版。

［清］邹祇谟:《远志斋词衷》,《词话丛编》本,中华书局 2005 年版。

［清］田同之:《西圃词说》,《词话丛编》本,中华书局 2005 年版。

［清］查礼:《铜鼓书堂词话》,《词话丛编》本,中华书局 2005 年版。

［清］焦循:《雕菰楼词话》,《词话丛编》本,中华书局 2005 年版。

［清］周济:《介存斋论词杂著》,《词话丛编》本,中华书局 2005 年版。

［清］宋翔凤:《乐府余论》,《词话丛编》本,中华书局 2005 年版。

［清］黄氏:《蓼园词评》,《词话丛编》本,中华书局 2005 年版。

［清］李佳:《左庵词话》,《词话丛编》本,中华书局 2005 年版。

［清］陈廷焯著,杜维沫校点:《白雨斋词话》,人民文学出版社 1959 年版。

［清］陈廷焯著,屈兴国校注:《白雨斋词话足本校注》,齐鲁书社 1983 年版。

［清］陈廷焯撰,孙克强等辑校:《白雨斋词话全编》,中华书局 2013 年版。

［清］胡薇元:《岁寒居词话》,《词话丛编》本,中华书局 2005 年版。

王国维:《人间词话》,上海古籍出版社 2008 年版。

郑文焯撰,龙沐勋辑:《大鹤山人词话》,《词话丛编》本,中华书局 2005 年版。

陈洵:《海绡说词》,《词话丛编》本,中华书局 2005 年版。

唐圭璋编:《词话丛编》,中华书局 2005 年版。

刘师培著,舒芜校点:《中国中古文学史》《论文杂记》,人民文学出版社 1959 年版。

顾廷龙校阅:《艺风堂友朋书札》,上海古籍出版社 1980 年版。

陈寅恪:《金明馆丛稿二编》，上海古籍出版社 1980 年版。

《胡适古典文学研究论集》，上海古籍出版社 1988 年版。

郑宾于:《中国文学流变史》，中州古籍出版社 1991 年版。

陈植锷:《北宋文化史述论》，中国社会科学出版社 1992 年版。

张宏生:《江湖诗派研究》，中华书局 1995 年版。

陈文新:《中国文学流派意识的发生和发展》，武汉大学出版社 2007 年版。

钱伯城、郭群一整理，顾廷龙校阅:《艺风堂友朋书札》，上海人民出版社 2018 年版。

《鲁迅全集》，人民文学出版社 2005 年版。

《王国维遗书》，上海古籍出版社 2011 年版。

张元济著，顾廷龙编《涉园序跋集录》：古典文学出版社 1957 年版。

张舜徽:《中国文献学》，中州书画社 1982 年版。

杨绳信编著:《中国版刻综录》，陕西人民出版社 1987 年版。

傅增湘:《藏园群书题记》，上海古籍出版社 1989 年版。

李致忠:《宋版书叙录》，北京图书馆出版社 1994 年版。

祝尚书:《宋人别集叙录》，中华书局 1999 年版。

汪辟疆，傅杰著:《目录学研究》，华东师范大学出版社 2000 年版。

王岚:《宋人文集编刻流传丛考》，江苏古籍出版社 2003 年版。

杨守敬撰，张雷校点:《日本访书志》，辽宁教育出版社 2003 年版。

祝尚书:《宋人总集叙录》，中华书局 2004 年版。

钱仲联主编:《历代别集序跋综录》，江苏教育出版社 2005 年版。

李明杰:宋代版本学研究，齐鲁书社 2006 年版。

缪荃孙著，黄明、杨同甫标点:《艺风藏书记》，上海古籍出版社 2007 年版。

祝尚书编:《宋集序跋汇编》，中华书局 2010 年版。

袁咏秋、曾季光主编:《中国历代国家藏书机构及名家藏读叙传选》，北京大学出版社 1997 年版。

罗树宝编著:《中国古代印刷史》，印刷工业出版社 1993 年版。

李万健:《中国古代印刷术》，大象出版社 1997 年版。

宿白:《唐宋时期的雕版印刷》，文物出版社 1999 年版。

李致忠:《古代版印通论》，紫禁城出版社 2000 年版。

李瑞良:《中国古代图书流通史》，上海人民出版社 2000 年版。

周宝荣:《宋代出版史研究》,中州古籍出版社 2003 年版。

张秀民著,韩琦增订:《中国印刷史》,浙江古籍出版社 2006 年版。

黄韵静:《南宋出版家陈起研究》,花木兰文化出版社 2006 年版。

孙毓修:《中国雕版源流考》《中国书史》,上海古籍出版社 2008 年版。

曹之:《中国出版通史》(隋唐五代卷),中国书籍出版社 2008 年版。

李致忠:《中国出版通史》(宋辽西夏金元卷),中国书籍出版社 2008 年版。

肖占鹏、李广欣:《唐代编辑出版史》,南开大学出版社 2009 年版。

范军:《中国出版文化史论稿》,华中师范大学出版社 2011 年版。

杨玲:《宋代出版文化》,文物出版社 2012 年版。

于翠玲:《印刷文化的传播轨迹》,中国传媒大学出版社 2015 年版。

王志毅:《文化生意——印刷与出版史札记》,浙江大学出版社 2015 年版。

田建平:《宋代出版史》,人民出版社 2017 年版。

任二北:《敦煌曲初探》,上海文艺联合出版社 1954 年版。

夏承焘:《唐宋词人年谱》,上海古籍出版社 1979 年版。

唐圭璋:《词学论丛》,上海古籍出版社 1986 年版。

饶宗颐:《词集考》(唐五代宋金元编),中华书局 1992 年版。

施蛰存主编:《词籍序跋萃编》,中国社会科学出版社 1994 年版。

吴熊和:《吴熊和词学论集》,杭州大学出版社 1999 年版。

谢桃坊:《宋词辨》,上海古籍出版社 1999 年版。

吴世昌著,吴令华辑注,施议对校:《词林新话》,北京出版社 2000 年版。

陈匪石著,钟振振校点:《宋词举》(外三种),江苏古籍出版社 2002 年版。

刘崇德:《燕乐新说》,黄山书社 2003 年版。

吴承学、彭玉平编:《詹安泰文集》,中山大学出版社 2004 年版。

王兆鹏:《词学史料学》,中华书局 2004 年版。

沈松勤:《唐宋词社会文化学研究》,浙江大学出版社 2004 年版。

吴梅:《词学通论》,上海古籍出版社 2006 年版。

唐圭璋编著:《宋词纪事》,中华书局 2008 年版。

邓子勉:《宋金元词籍文献研究》,上海古籍出版社 2008 年版。

朱迎平:《宋代刻书业与文学》,上海古籍出版社 2008 年版。

薛砺若:《宋词通论》,上海三联书店 2014 年版。

《龙榆生词学论文集》,上海古籍出版社 2009 年版。

肖鹏：《群体的选择——唐宋人词选与词人群通论》，凤凰出版社 2009 年版。

钱易生：《唐宋词传播方式研究》，复旦大学出版社 2009 年版。

谭新红：《宋词传播方式研究》，武汉大学出版社 2010 年版。

谭新红、黄盼整理：《刘毓盘词学文集》，河南文艺出版社 2016 年版。

夏承焘：《唐宋词人年谱》，商务印书馆 2017 年版。

（法）丹纳著，傅雷译：《艺术哲学》，人民文学出版社 1963 年版。

（美）雷·韦勒克、（美）奥·沃伦著，刘象愚、邢培明、陈圣生、李哲明译：《文学理论》，生活·读书·新知三联书店 1984 年版。

（联邦德国）H. R. 姚斯、（美）R. C. 霍拉勃著，周宁、金元浦译：《接受美学与接受理论》，辽宁人民出版社 1987 年版。

（德）汉斯·罗伯特·耀斯著，顾建光、顾静宇、张乐天译：《审美经验与文学解释学》，上海译文出版社 1997 年版。

（英）丹尼斯·麦奎尔、（瑞典）斯文·温德尔著，祝建华：《大众传播模式论》，上海译文出版社 2008 年版。

（加）埃里克·麦克卢汉著，何道宽译：《理解媒介》，商务印书馆 2000 年版。

（加）埃里克·麦克卢汉、（加）弗兰克·秦格龙编，何道宽译：《麦克卢汉精粹》，南京大学出版社 2000 年版。

（法）皮埃尔-马克·德比亚齐著，汪秀华译：《文本发生学》，天津人民出版社 2005 年版。

（法）费夫贺、（法）马尔坦著，李鸿志译：《印刷书的诞生》，广西师范大学出版社 2006 年版。

（日）内山精也著，朱刚等译：《传媒与真相：苏轼及其周围士大夫的文学》，上海古籍出版社 2013 年版。

（日）浅见洋二著，金程宇、（日）冈田千穗译：《距离与想象：中国诗学的唐宋转型》，上海古籍出版社 2013 年版。

（日）岛田翰撰，杜泽逊、王晓娟点校：《古文旧书考》，上海古籍出版社 2014 年版。

季品锋：《印刷术与词体演进关系初探》，苏州大学 2003 年硕士学位论文。

袁庚申：《宋代福建刻书与文学关系研究》，河北师范大学 2010 年硕士学位论文。

袁同礼《宋代私家藏书概略》，《图书馆学季刊》第 2 卷第 2 期，1928 年。

任二北：《研究词集之方法》，《东方杂志》第二十五卷第九号，商务印书馆 1928 年 5 月。

舍之：《历代词选集叙录》（二），《词学》第二辑，华东师范大学出版社 1983 年版。

唐有勤：《试论宋代雕板印刷事业的发展及其原因》，《南充师院学报》（哲学社会科学版）1985 年第 1 期。

张希清：《论宋代科举取士之多与冗官问题》，《北京大学学报》（社会科学版）1987 年第 5 期。

张宏生：《〈江湖集〉编者陈起交游考》，《文献》1989 年第 4 期。

胡益民、周月亮：《江湖集编者陈起交游续考》，《文献》1991 年第 1 期。

赵成山：《罗振玉收藏整理古代文献图籍述略》，《文献》1994 年第 3 期。

贺慧宇：《略论宋代寿词的历史流程》，《船山学刊》1999 年第 1 期。

陈庆元：《词中的江湖派——南宋后期闽北词人群述评》，《词学》第十二辑，华东师范大学出版社 2000 年版。

张智华：《南宋所编诗文选本在中国学术史上的地位》，《北京师范大学学报》（人文社会科学版）2000 年第 5 期。

肖东发：《中国印刷图书文化的起源》上，《出版科学》2002 年第 1 期。

肖东发：《中国印刷图书文化的起源》下，《出版科学》2002 年第 2 期。

顾宏义：《宋代国子监刻书考论》，《古籍整理研究学刊》2003 年第 4 期。

李致忠：《五代版印实录与文献记录》，《文献》2007 年第 1 期。

周彦文：《宋代坊肆刻书与诗文集传播的关系》，《"国立中央图书馆"馆刊》新 28 卷第 1 期，1995 年 6 月。

| 后　记 |

　　本书是在海南省哲学社会科学专项课题"宋代刻书业与宋代词学"的基础上修订而成的。自课题解题至今，时过六载有余。其间由于将主要精力投入"明代郎署官与文学权力之关系研究""明人宋诗观及其流变研究"两个国家社科基金项目的研究中，本书稿的修改、打磨，多是插空进行的，时断时续。因学识所限，虽几经修改，仍不尽如人意，讹误疏漏，在所难免，恳祈方家不吝赐教。

　　本书的出版，得到了海南师范大学学术出版基金、海南师范大学文学院中国语言文学一级学科博士点的鼎力资助，在此一并致谢。另外，还要特别感谢海南师范大学文学院院长王学振教授的大力支持与关怀，感谢人民出版社侯俊智主任的辛勤付出。

薛　泉

2023 年 12 月 26 日　济南

责任编辑：侯俊智
责任校对：秦　婵
封面设计：王春峥
排　　版：圈圈点点

图书在版编目（CIP）数据

宋代刻书业与宋代词学 / 薛泉　著 .—北京：人民
　　出版社，2024.4
ISBN 978-7-01-025963-5

Ⅰ.①宋… Ⅱ.①薛… Ⅲ.①刻书－图书史－研究－
　　中国－宋代 ②宋词－诗词研究 Ⅳ.①G256.22
　　②I207.23

中国国家版本馆 CIP 数据核字（2023）第 180941 号

宋代刻书业与宋代词学
SONGDAI KESHUYE YU SONGDAI CIXUE

薛　泉　著

人民出版社 出版发行
（100706　北京市东城区隆福寺街 99 号）

中煤（北京）印务有限公司印刷　新华书店经销

2024 年 4 月第 1 版　2024 年 4 月北京第 1 次印刷
开本：710 毫米 ×1000 毫米　1/16　印张：18.25
字数：196 千字

ISBN 978-7-01-025963-5　定价：78.00 元

邮购地址 100706　北京市东城区隆福寺街 99 号
人民东方图书销售中心　电话(010)65250042　65289539

版权所有·侵权必究
凡购买本社图书，如有印制质量问题，我社负责调换。
服务电话：(010)65250042